贵州师范大学2016年博士科研启动项目

明清之际《大学》诠释研究

陈　群／著

科学出版社

北京

内 容 简 介

本书以"经典解释"为基本研究方法，详述了明清之际的刘宗周、王夫之、陈确等近十位哲人的《大学》诠释。作为理论基础，本书提炼了《大学》诠释的三大基本问题，并比较了作为解释范例的朱子、王阳明之诠释；以诠释主旨的不同，分别详述了刘蕺山前后期以"知止"、"诚意"为中心的诠释；在详述王船山之诠释的同时，分析了其前后期解释的差异，并着重比较其与朱子的差异；在重新论定陈乾初为学宗旨的基础上，详述其《大学》诠释，并以"知行"问题为基础重新梳理了其《大学辨》；分"尊王视域下的诠释"、"尊朱视域下的诠释"和"回归先秦哲学视域下的诠释"三系，扼要地分析了明清之际其他诸子的《大学》诠释；最后，对明清之际的《大学》诠释作了总体评价，指出其价值，衡定其不足。

本书可供中国古代思想史、中国史领域的学者及相关专业的本科生、研究生阅读和参考。

图书在版编目（CIP）数据

明清之际《大学》诠释研究／陈群著. —北京：科学出版社，2017.3
ISBN 978-7-03- 051679-4

Ⅰ．①明⋯ Ⅱ．①陈⋯ Ⅲ．①儒家 ②《大学》-研究
Ⅳ．①B222.15

中国版本图书馆 CIP 数据核字（2017）第 022809 号

责任编辑：陈 亮 范鹏伟／责任校对：郑金红
责任印制：张 伟／封面设计：黄华斌

科学出版社 出版
北京东黄城根北街 16 号
邮政编码：100717
http://www.sciencep.com

北京建宏印刷有限公司 印刷
科学出版社发行 各地新华书店经销

*

2017 年 3 月第 一 版 开本：720×1000 1/16
2021 年 1 月第三次印刷 印张：17 1/2
字数：300 000
定价：108.00 元
（如有印装质量问题，我社负责调换）

目 录

绪论 ……………………………………………………………………… 1

第一章 明清之际《大学》诠释的理论背景及路向 …………………… 8

第一节 《大学》诠释的基本问题 ……………………………………… 9
一、《大学》诠释的版本问题 …………………………………………… 9
二、《大学》诠释的义理问题 …………………………………………… 18
三、《大学》的作者及学派归属 ………………………………………… 21

第二节 朱子、阳明的《大学》诠释之比较 ………………………… 24
一、阳明学是对朱子学的反思与批判 ………………………………… 24
二、朱子、阳明论三纲领、八条目及其关系之比较 ………………… 28

第三节 明清之际《大学》诠释的路向 ……………………………… 49

第二章 刘宗周的《大学》诠释 ………………………………………… 53

第一节 《大学》诠释的历程、版本问题及"《大学》为疑案"说 …… 53
一、从《大学古记》到《大学古文参疑》的诠释历程 ……………… 54
二、从《古记》本到《参疑》本的版本问题 ………………………… 60
三、"《大学》为疑案"说 ……………………………………………… 67

第二节 《大学古记》、《大学古记约义》以"知止"为中心的诠释 …… 69

一、"知止"、"知先后"、"知本"、"本末"及"先后"新诠……69
　　　二、以"知止"统领三纲领、八条目……74
　　　三、知止与慎独之关系及以"慎独"为中心的《大学》诠释……82
　第三节　《大学古文参疑》以"诚意"为中心的诠释……86
　　　一、以意统摄心、知、物……88
　　　二、以"诚意"统摄三纲领、八条目……95

第三章　王夫之的《大学》诠释……104

　第一节　《大学》诠释的历程及"《大学》乃立教之法、为学之方"说……104
　　　一、《大学》诠释的历程及对朱子《大学》诠释态度之变化……107
　　　二、"《大学》乃立教之法、为学之方"说……111
　第二节　三纲领、八条目新诠……114
　　　一、"明德"即"身心意知之德"……114
　　　二、格致相因……119
　　　三、"正心"即"持志"……124
　　　四、心意之辨与"以诚灌意"……130
　第三节　三纲领、八条目之关系……136
　　　一、"先后之辨"与"八条目各尽其事"……137
　　　二、"理可通而事有异"的内圣外王之道……141

第四章　陈确的《大学》诠释……148

　第一节　陈确哲学的为学宗旨重探及辨《大学》的缘由……148
　　　一、为学宗旨：重行、重践履的"孔孟之道"……149
　　　二、辨《大学》之缘由：纠《大学》之近禅以回归"孔孟"……159
　第二节　归宗"知止"的《大学》诠释……163

第三节　以知行为中心辨《大学》非圣经·················172
　　　　一、从"迹"上辨《大学》非圣经·················174
　　　　二、以"知行合一"为根本的从"理"上辨《大学》非
　　　　　　圣经·································178

第五章　明清之际其他诸子的《大学》诠释述要·············189
　　第一节　尊王视域下的诠释：孙奇逢、李颙的《大学》诠释·····189
　　　　一、孙奇逢的诠释·······························189
　　　　二、李颙的诠释·································192
　　第二节　尊朱视域下的诠释：吕留良的《大学》诠释·········196
　　第三节　回归先秦儒学视域下的诠释：颜李学派、潘平格的
　　　　　　《大学》诠释·································202
　　　　一、颜李学派的诠释·····························202
　　　　二、潘平格的诠释·······························210

结语　明清之际《大学》诠释的启示、理论贡献及评价········216
　　　　一、明清之际《大学》诠释的启示·················216
　　　　二、明清之际《大学》诠释的理论贡献·············225
　　　　三、明清之际《大学》诠释的评价·················236

参考文献·······································242

附录　朱子论《大学》"八条目"之关系·················258

后记···270

绪　　论

在中国源远流长的经典诠释传统中，本书关注《大学》的诠释问题。《大学》本是《礼记》的一篇，在唐之前都是随着《礼记》而被注解和关注的，影响甚微；然而随着宋明儒学的兴起，《大学》不仅得以从《礼记》中单列出来，并且一跃而为《四书》之首，为宋明儒所竞相诠释。但随着宋明儒学的式微，《大学》又重回《礼记》。并且据《经义考》可知[①]，宋明儒几乎无人不涉及《大学》[②]。因此，若离开《大学》诠释去研究宋明儒学，是不够全面的，甚至是不可能的。有鉴于此，本书选取"《大学》诠释"作为研究对象。

然而以"《大学》诠释"为研究对象却较为困难。首先，《大学》作为《礼记》的一篇，本身并无确定的作者与学派归属，因此对其思想加以定位即存在困难。其次，《大学》的版本问题一直未有定论。最后，也是最为关键的问题是，宋明儒几乎无人不对《大学》加以诠释，若作穷尽式的研究则极为困难，研究人物的确定就成为难题。不过，若对《大学》诠释史稍作梳理即会发现，它有较为清晰的主题：其一，《大学》的版本问题；其二，如何理解三纲领、八条目及其关系，亦即《大学》诠释的思想、义理问题；其三，《大学》的作者与学派归属问题。就这三大问题而言，无疑当以第二个问题为中心。第一个问题是以第二个问题为基础的，

[①] 朱彝尊著，林庆彰等主编：《经义考新校》六，上海：上海古籍出版社，2010年，第2854—2982页。
[②] 当然，在形式上有专门注解与论及相关概念、观念的不同。

正是由于观念（思想）上的差异，才导致版本的差异①。而第三个显然亦是以第二问题为基础的，《大学》可能的作者与学派归属问题就是由其诠释观念来决定的。因此，只要抓住第二个问题，诠释者的《大学》诠释即可得以基本把握。不过，仅就义理问题而言，若每一个解释者都代表一种诠释的话，那么按照《经义考》所载，有上百家之多。这样一来，本书似乎难以确定研究对象。当然，这只是理论如此，实则深入各种诠释之中就会发现，问题要相对简单一些。举例而言，任何解释者都必然会对"格物"予以解释，然而刘蕺山指出："格物之说，古今聚讼有七十二家，约言之亦不过数说。'格'之为义，有训'至'者，程子、朱子也；有训'改革'者，杨慈湖也；有训'正'者，王文成也，有训'格式'者，王心斋也；有训'感通'者，罗念庵也。其义皆有所本，而其说各有可通，然从'至'为近。"②今人牟宗三先生作了进一步的概括，指出实际上具有代表意义或者说差异较大的只有三种观点：其一，朱子的穷理说；其二，王阳明的正物说；其三，刘蕺山的格究"物有本末"之物而致知本、知止之知说③。当然，《大学》诠释史上对于格物的解释固然不止于刘蕺山、牟宗三所论，但刘、牟之说也说明一个事实，对于《大学》"格物"的解释存在相似甚至相同之处，并非一人一说。由对格物的解释可以推知，对《大学》的解释亦当如此。

其实，就《大学》诠释而言，虽然解释者代代辈出，但综而论之，《大学》诠释始终围绕着朱子、阳明的《大学》诠释来展开讨论。虽然在朱子之前有二程对《大学》的表彰、改订，有吕大临的《大学解》、苏总龟的《大学解》、萧欲仁的《大学篇》、廖刚的《大学讲义》、谭惟寅的《大学义》等各种解释，然而这些文献大都已经亡佚，即便是保存下来的

---

① 关于文本与思想的关系问题，丁四新先生曾以《周易》、《老子》的不同版本所呈现出来的思想差异为案例，对这一问题进行了讨论。他指出，就《周易》、《老子》两种文本来看，文本与思想之间存在双向互动，即文本的改变会引发思想的变化，而思想的转变亦会影响文本的改变（参见丁四新：《早期〈老子〉、〈周易〉"文本"的演变及其与"思想"之相互作用》，载《中国社会科学》2013年第2期，第118—129页）。虽然丁先生所论未及《大学》的版本与思想的张力问题，但其观点对于《大学》诠释中的版本与思想之间的张力问题同样有效。不过，就《大学》诠释而言，显然是思想、观念的改变对《大学》版本的变化影响更大，甚至《大学》的版本是由其思想、观念所决定的。
② 刘蕺山：《大学杂言》，《刘宗周全集》第1册，杭州：浙江古籍出版社，第657页。
③ 参见牟宗三：《从陆象山到刘蕺山》，上海：上海古籍出版社，2001年，第338页。

也因思想有限而不及朱子影响之大,几乎无人问津[①]。可以说,在二程之后,朱子的诠释影响最大。朱子集毕生精力于《大学》,他以"格物穷理"为中心的《大学》诠释,成为以理学诠释《大学》的范例。在朱子之后,虽然诠释《大学》者人数颇众,但影响甚微,更多地表现为对朱子诠释的再诠释。尤其是在皇庆二年(1313),元仁宗定朱子《四书集注章句》为科举取士的标准之后,朱子的《大学》诠释几乎等同于《大学》的"本义"。在朱子之后,真正对朱子诠释加以批判并有重大影响的是王阳明。阳明认为朱子后学在发展中走向辞章、训诂等支离之学,故而以"致良知"为中心重新诠释《大学》,成为以心学诠释《大学》的范例。

既然朱子、阳明的诠释是《大学》诠释的范例,那么只要把握了朱子、阳明的诠释,即把握了《大学》诠释的主脉。当然,这只是就整体而言,若细究每一个解释者的诠释,显然总会在某一概念、观念的论述上有所差异。既然《大学》诠释存在如上的情况,那么就可以首先梳理出朱子、阳明的《大学》诠释,然后选取一段时间内的《大学》诠释为研究对象,这样就既可以看出《大学》诠释中朱子、阳明的诠释作为范例的影响,亦可看出不同诠释者对于《大学》的不同解释。换言之,这一研究的意义在于既能梳理《大学》诠释的主脉,又能揭示一定时期内的不同解释。正是在这一意义上,笔者选择以"明清之际"这一段时期内的《大学》诠释为研究对象。之所以以"明清之际的《大学》诠释"为研究对象,根本原因在于"明清之际"在极短的时间内,呈现出各种不同思潮。仅就儒学而言,既有坚持阳明心学者,又有主张程朱理学者,亦有坚持张载的气学者,此外还有主张回归先秦儒学的孔孟之道者。总之,儒学的已有形态都存在于这一时期内。这样一来,对于研究"《大学》诠释"而言极为有利。这是因为,分析持不同儒学观念的解释者对《大学》的不同解释,可以揭示《大学》诠释的多样性。并且,虽然这一时期儒学观念多样,但始终都与朱子、阳明的理学与心学之争有关,故而其《大学》诠释也始终围绕着朱子、阳明的《大学》诠释来展开。因此通过研究"明清之际的《大学》诠释",既可以看出朱子、阳明的诠释作为范例的影响,又可揭示不同的诠释之间的差异。

[①] 上述资料,参见朱彝尊著,林庆彰等主编:《经义考新校》六,上海:上海古籍出版社,2010年,第2856—2858页。

最后需要说明的是，本书的研究是个案式的研究，即不是对明清之际哲人的《大学》诠释予以一一梳理。之所以采取个案研究的方式，与《大学》诠释的特质有关。就《大学》诠释而言，朱子、阳明的诠释是其范例，即后人的诠释基本都是围绕着朱子、阳明的诠释来展开。当然，各家都会在一定意义上有自己的创见，但也不能否定大量的解释者基本就是对朱子、阳明诠释的再诠释，本身并无多少创见。因此若作全面的研究，就会使得一些论述显得重复与多余。故而本书在明清之际的众多诠释中，选取最具代表性的刘蕺山、王夫之、陈确三人的《大学》诠释作为主要研究对象。在此先对选择的原则作一说明。本书是对明清之际的《大学》诠释作个案式的研究，那么研究对象必须具有代表性就是一个根本原则，它包含以下四个方面：其一，本书选取的时间段是"明清之际"，因此研究对象必须是在明清之际思想上具有代表性的人物。其二，本书研究的是"《大学》诠释"，若某位哲人在明清之际的哲学中虽然颇为重要，但他本人并未对《大学》作集中的研究、诠释，那么本书只能割舍不论。其三，本书研究的主题之一是揭示朱子、阳明的诠释作为《大学》诠释范例的意义，因此被研究的对象最为重要的特性是其诠释包含对朱子、阳明诠释吸收与批评。当然，就朱子、阳明的诠释作为范例而言，几乎任何一位在阳明之后的诠释者都会涉及对朱子、阳明诠释的吸收与批评。因此这里是指在明清之际的众多诠释者中，选择最具备这一特性的诠释者作为研究对象。其四，本书选取的研究对象不能仅仅是对朱子、阳明《大学》诠释的诠释，而是更多地对朱子、阳明的诠释提出批评与修正，即必须要有自己对于《大学》的独特理解。

继而，简要陈述何以刘蕺山、王夫之、陈确的《大学》诠释符合上述四点理由，亦即说明何以以此三人的《大学》诠释为主要的研究对象。与明清之际其他尊王一系的儒者相比[1]，刘蕺山无疑是最有影响和理论深度的，这可从牟宗三先生将其视为宋明儒学的殿军这一判定中见出[2]。刘蕺山为学有三变，即早期的主敬、中期的慎独、晚期的诚意。中晚两期为学主旨的提出，均与《大学》诠释相关。《大学》与《中庸》均涉及慎独，

---

[1] 在本书第一章的第三节，笔者将会对明清之际《大学》诠释的路向作一区分，分为尊王一系、尊朱一系、回归先秦儒学一系。详见下文论述。

[2] 参见牟宗三：《从陆象山到刘蕺山》，上海：上海古籍出版社，2007年，第314—378页。

然而在刘蕺山为学的中期无疑是以《中庸》为主的,其提出慎独的主旨与《中庸》关系更大,但这并非说刘蕺山慎独说与《大学》无关。在中期中,刘蕺山即对《大学》有所诠释,包括《大学古记》、《大学古记约义》以及《大学杂言》。这一时期的主旨是"知止"、"知本",理解这一主旨的关键在于刘蕺山对格物致知的解释。刘蕺山认为格物就是"格其物有本末之物",致知就是"致其知所先后之知",亦即"知本"。这样一来,他就通过对格物致知的全新解释,形成了其以知止、知本为主旨的《大学》诠释。很明显,刘蕺山的格致说与朱子不同,同样与阳明的"正物"说不同。然而在其晚期以"诚意"为主旨诠释《大学》时,又明显受到阳明诠释的影响。在晚期的《大学参疑》中,他明确提出遵从阳明的"《大学》之道,诚意而已矣"。理解刘蕺山晚期以"诚意"为主旨的《大学》诠释,关键在于他对"意"的解释。他将"意"理解为"心之所存,非所发",即"意"是"心"之本,这是对阳明学的修正。正是通过对"意"的新解,他认为"意"是"修身为本"的本之本,故而《大学》之道就是阳明所说的"诚意而已矣"。这样看来,在晚期,刘蕺山的解释的确受阳明诠释的影响。当然,他并非完全遵从阳明之意,而是在以"诚意"为主旨下,对阳明的《大学》诠释加以修正,但总体上仍属于尊王一系的思想。更为重要的是,他还在《参疑》中对朱子的《格物致知补传》进行了批评,指出其《格物致知补传》不仅不必要,且会引发支离的问题。这样看来,刘蕺山的《大学》诠释基本满足上述要求,因此,以之为研究对象的确较为可取,也较为必要。

王夫之的学问旨趣无疑是归宗横渠,即"希张横渠之正学"。然而在对《四书》,尤其是对《大学》的诠释上,他是遵从朱子的[①]。这从其后期的《四书训义》完全照录朱子的《章句》,然后在《章句》的基础上加以阐释即可看出;并且在《礼记章句》中,唯独对《大学》与《中庸》未做《章句》,只是照录朱子的《章句》。即便在早期的《读四书大全说》中,王夫之对"格物"、"诚意"、"明德"、"新民"及"明德与新民的关系"等概念与问题的理解上,仍然与朱子的解释较为相似。这样,以王夫之的《大学》诠释作为尊朱的代表,应当是可取的。当然,这并非指王夫之完

---

① 关于这一问题,陈来先生有较为详细而允当的分析,见陈来:《诠释与重建——王船山哲学的精神》,北京:生活·读书·新知三联书店,2010年,第52—53页。

全承袭朱子之论，他是在朱子《大学》诠释的基础上，作了创造性的发挥①。王夫之与朱子的最大差异在于对"正心"的理解。朱子是以"诚意"消解"正心"，而王夫之则以"持志"解释"正心"，使得"正心"在《大学》诠释中具有工夫论的意义。在其他一些概念和问题上，王夫之也有别于朱子。比如朱子特别注重"格物致知"，认为其是《大学》之首事，王夫之则认为八条目各有其事；而就格物致知的关系而言，朱子无疑是强调格物的，但王夫之却主张格物、致知为两事，格致相因。这些都说明王夫之对《大学》有了新的解释，但从整体上仍属于尊朱的。就其理论深度和对《大学》的创造性诠释而言，是明清之际的陆世仪、张履祥、吕留良、陆陇其等其他尊朱者所不及的。此外，王夫之在对待阳明的问题上，直接斥之为禅。然而王夫之对"明德之心"的解释，对"致知"的解释，却明显具有阳明学的因素。这样看来，以王夫之的《大学》诠释作为尊朱一系的代表加以研究，是较为可取的。

　　明清之际的儒学还出现了回归先秦儒家的思潮，这一思潮的特点是极为重视践行、重视工夫，主要包括陈确、潘平格、颜元以及李塨等②。就《大学》诠释而言，无疑陈确的《大学辨》是其代表。陈确之辨《大学》，认定《大学》非孔曾之圣经。其所以辨《大学》，最重要的原因在于他认为《大学》掺杂佛老之学于其中③，导致对孔孟之道的背离。而宋明儒学中，与《大学》紧密相关的就是朱子与阳明，故而陈确的辨《大学》，实际辨的就是朱子、阳明的《大学》。这在《大学辨》的内容上，也可以得到说明。陈确认为《大学》"知止"一说近禅，实际上是以朱子的"知止于至善"来理解的；其认为"格物致知"分离知行而为支离之说，这同样是对朱子以"格物致知"为"知"、诚意为"行"的批评。在这一点上，陈确极为推重阳明的"知行合一"一说。然而对阳明以"致良知"解释

---

① 参见陈来先生的论述，陈来：《诠释与重建——王船山哲学的精神》，北京：生活·读书·新知三联书店，2010年，第53页。
② 当然，就对陈确的理解而言，学界多有讨论，概括为前述的三种范式。但不可否认，在陈确的著作中，他时时称引孔孟。以《大学辨》与《性解》为例，陈确辨《大学》，认定《大学》非孔孟之书，这是极为明晰的。其《性解》对宋明儒学的批评，也是时时紧扣孔孟的解释来批评的。所以，就为学宗旨来看，陈确是明确地遵从孔孟的，而反理学、早期启蒙说的判定，无疑是后人以现代观点对陈确的理学所产生的效应的判定，并非陈确的意图。
③ 关于陈确辨《大学》的原因，可以参看詹海云的研究，见詹海云：《陈乾初大学辨研究——兼论其在明末清初学术史上的意义》，台北：明文书局，1986年。

"致知",则直斥之为禅,认为此说流于情识。这样看来,陈确的《大学》诠释同样涉及如何看待朱子、阳明之诠释的问题。尤为重要的是,陈确的《大学辨》所使用的方法,开启了后来乾嘉学的源头,是明清之际儒学转型的重要一环。在上述意义上,有必要对陈确的《大学》诠释加以研究。

综上可知,刘蕺山、王夫之、陈确的《大学》诠释,是对《大学》诠释中尊朱与尊王问题的集中体现。更为重要的是,他们都对《大学》的诠释又有所扩新,这对于研究《大学》诠释极有意义。因此,本书选取三人的《大学》诠释为研究对象。

第一章

明清之际《大学》诠释的理论背景及路向

本书以"《大学》诠释"为研究对象，按照一般的论述而言，首先应当区分《大学》的"本意"与"诠释"，并对《大学》的"本意"作出讨论。但由于前人对这一问题已有极多论述①，本书不拟再讨论这一问题，而是直接进入对《大学》诠释问题的讨论。

---

① 一般而言，学者都承认有所谓"本意"，这一点笔者也是这样看的，但笔者以为这一"本意"只是解释者自己所认定的"本意"，而并非真正的"本意"。因此，"本意"在论述中是极为重要的，但切忌将自己的"本意"当成了文本的"本意"。在现代学者看来，郑玄、朱子、阳明、蕺山等对于《大学》的解释显然属于诠释的范畴，而认为自己的解释有可能就是《大学》的本意，甚至有学者直接将论文题名为"本意"。但仅就现代学者所作的研究来看，不难发现，他们对于《大学》的解释本身并无一致之处。至少在现当代学界，对于《大学》究竟是属于思孟学派的作品还是属于荀子学派的作品这一问题即尚无定论，何又能判断其所论就是《大学》的"本意"呢？因此，本书认为一切解释都是对《大学》的诠释。不过，笔者仍然认为有"本意"的存在，即存在于诠释者自己的理解中，同时"本意"之说也是极有意义的，它是论述的基础。因此，在此列举现当代学人中对于《大学》"本意"的研究较有代表性的成果：冯友兰：《中国哲学史》上册，北京：商务印书馆，2011年，第380—388页；冯友兰：《中国哲学史新编》中，北京：人民出版社，2007年，第119—127页；徐复观著，李维武编：《徐复观文集》第三卷，《中国人性论史·先秦篇》，武汉：湖北人民出版社，2002年，第251—263页；刘又铭：《大学思想证论》，政治大学中国文学研究所1992年博士论文；王建宏：《〈大学〉本义——礼制文明精神的总结》，载《西北大学学报》（哲学社会科学版）2008年第6期，第26—28页；任蜜林：《〈大学〉本义试探》，《哲学研究》2011年第8期，第64—69页；丁为祥：《〈大学〉今古本辨正》，《陕西师范大学学报》（哲学社会科学版）2011年第4期，第77—91页；梁涛：《〈大学〉早出新证》，《中国哲学史》2000年第3期，第88—95页；姜广辉主编，梁涛著：《中国经学思想史》第一卷，北京：中国社会科学出版社，2003年，第620—634页。

第一节 《大学》诠释的基本问题

《大学》本是《礼记》中的一篇，随着宋明儒学的兴起、发展而逐渐成为儒学的经典，即如有学者所指出的："《大学》经典地位的抬升和确立，是宋代理学发展的结果，又与整个宋明儒学的发展相始终。"① 《大学》成为儒学经典，与先贤的诠释密切相关。在对《大学》的不断诠释中，逐渐形成了一些共同的主题，产生了一部《大学》诠释史。在此，拟对《大学》诠释的主题作简要的梳理。概括而言，《大学》诠释有三大主题：其一，版本问题；其二，义理问题——对三纲领、八条目及其关系的解释；其三，《大学》的作者与学派归属问题。

一、《大学》诠释的版本问题

李纪祥的《两宋以来大学改本之研究》一书，对这一问题作了详细梳理，并且在梳理版本问题时，也在一定程度上涉及《大学》诠释中的义理问题②。在此，将以李书为基础，勾勒出《大学》诠释中版本问题之概要。之所以产生版本问题，与《大学》的内容有关。这是因为《大学》存在着具有"解释"意味的文句，如：

> 所谓诚其意者……故君子必诚其意。
> 所谓修身在正其心者……此谓修身在正其心。
> 所谓齐其家在修其身者……此谓身不修不可以齐其家。
> 所谓治国必先齐其家者……此谓治国在齐其家。
> 所谓平天下在治其国者……
> ……此谓知本。
> ……此谓知之至也。

上述引文明显是对"诚意"、"修身在正其心"、"齐家在修其身"、"治国在齐其家"及"平天下在治其国"等概念或者命题的解释。足见，《大学》

---

① 刘依平：《〈大学〉经典地位的确立与宋代理学的关系》，载《现代哲学》2012年第6期，第126页。
② 李纪祥：《两宋以来大学改本之研究》，台北：学生书局，1988年。

的确存在提出概念、命题，然后再加以解释的现象①。然而对比上述的解释与被解释者可知，二者似乎未能一一对应。上述解释的对象包括诚意、修身在正其心、齐其家在修其身、治国必先齐其家、平天下在治其国、知本以及知之至，在《大学》中与之对应的是"古之欲明明德于天下者，先治其国。欲治其国者，先齐其家，欲齐其家者，先修其身。欲修其身者，先正其心。欲正其心者，先诚其意。欲诚其意者，先致其知。致知在格物。物格而后知至，知至而后意诚，意诚而后心正，心正而后身修，身修而后家齐，家齐而后国治，国治而后天下平"一段论述，对比之下则会发现，至少对"致知在格物"未有解释。为了有效解决此一问题，只有以下两种方案：其一，认为《大学》本身内含有对"致知在格物"的解释，只是须要对《大学》文字加以调整即可补上"致知在格物"传；其二，认为"致知在格物"传已经佚失，须要补入此传。无可否认，无论采用何种方案，都必须对《大学》的文字加以调整，因此导致了版本问题。

此外，在"所谓诚其意者"的大段论述中，的确存在着解释"明德"、"新民（亲民）"、"止于至善"的文字，即：

《康诰》曰："克明德。"《大甲》曰："顾諟天之明命。"《帝典》曰："克明峻德。"皆自明也。

汤之《盘铭》曰："苟日新，日日新，又日新。"《康诰》曰："作新民。"《诗》曰："周虽旧邦，其命维新。"是故君子无所不用其极。

《诗》云："邦畿千里，维民所止。"《诗》云："缗蛮黄鸟，止于丘隅。"子曰："于止，知其所止，可以人而不如鸟乎？"《诗》云："穆穆文王，于缉熙敬止！"为人君，止于仁；为人臣，止于敬；为人子，止于孝；为人父，止于慈；与国人交，止于信。

上引文句无疑与"明德"、"新民（亲民）"及"止于至善"最为接近。然而这两段文字却被置于解释何谓诚意的段落中，这就说明要使得《大学》更好地被理解，恐怕需要对其中相关文句进行调整。以上两点即是《大学》版本问题的原因。

依据李纪祥之见，宋代以来以及海外的《大学》改本，累计达百种之

---

① 需要指出的是，此处的《大学》指古本，即后来收入《十三经注疏》中郑玄注、孔颖达疏的《礼记注疏》的注疏本。

多①。在此,仅对在《大学》诠释史上具有重要意义的一些改本作出说明。首先,来看被阳明称为"古本"的郑玄、孔颖达注疏本②。郑、孔的注疏本是《大学》的最早版本,是后来所有改本的底本。如前所指出的,郑、孔注疏本最大的问题是,其中一些概念或者命题未能得到解释,或者说解释的文字错乱了,使得"解释"与"被解释者"未能一一对应。为方便后面的论述,先将注疏本全文录下:

> 大学之道,在明明德,在亲民,在止于至善。(段1)③
>
> 知止而后有定,定而后能静,静而后能安,安而后能虑,虑而后能得。(段2)
>
> 物有本末,事有终始。知所先后,则近道矣。(段3)
>
> 古之欲明明德于天下者,先治其国。欲治其国者,先齐其家,欲齐其家者,先修其身。欲修其身者,先正其心。欲正其心者,先诚其意。欲诚其意者,先致其知。致知在格物。(段4)
>
> 物格而后知至,知至而后意诚,意诚而后心正,心正而后身修,身修而后家齐,家齐而后国治,国治而后天下平。(段5)
>
> 自天子以至于庶人,一是皆以修身为本。(段6)
>
> 其本乱而末治者否矣。其所厚者薄,而其所薄者厚,未之有也。(段7)
>
> 此谓知本,此谓知之至也。(段8)
>
> 所谓诚其意者,毋自欺也。如恶恶臭,如好好色,此之谓自谦。故君子必慎其独也。小人闲居为不善,无所不至,见君子而后厌然,掩其不善,而著其善。人之视己,如见其肺肝然,则何益矣。此谓诚于中,形于外,故君子必慎其独也。曾子曰:"十目所视,十手所指,其严乎!"富润屋,德润身,心广体胖,故君子必诚其意。(段9)
>
> 《诗》云:"瞻彼淇澳,菉竹猗猗。有斐君子,如切如磋,如琢如磨。瑟兮僩兮,赫兮喧兮。有斐君子,终不可喧兮!""如切如磋"者,道学也。"如琢如磨"者,自修也。"瑟兮僩兮"者,恂慄也。"赫兮喧

---

① 李纪祥:《两宋以来大学改本之研究》,台北:学生书局,1988年。
② 阳明将郑玄注、孔颖达疏的注疏本称为"古本",因而作有《大学古本旁释》及《大学古本序》。参见:《大学古本旁释》、《大学古本序》,《王阳明全集》下,第1315—1319页、第1320页。
③ 这样的"段1"至"段27",并非注疏本本身所有,而是为了论述方便,将注疏本分成此处的27段文字。如此,在以后涉及需要列举版本时,即以"段1"等编号进行说明。

兮"者,威仪也。"有斐君子,终不可諠兮"者,道盛德至善,民之不能忘也。(段10)

《诗》云:"于戏,前王不忘!"君子贤其贤而亲其亲,小人乐其乐而利其利,此以没世不忘也。(段11)

《康诰》曰:"克明德。"《大甲》曰:"顾諟天之明命。"《帝典》曰:"克明峻德。"皆自明也。(段12)

汤之《盘铭》曰:"苟日新,日日新,又日新。"《康诰》曰:"作新民。"《诗》曰:"周虽旧邦,其命维新。"是故君子无所不用其极。(段13)

《诗》云:"邦畿千里,维民所止。"《诗》云:"缗蛮黄鸟,止于丘隅。"子曰:"于止,知其所止,可以人而不如鸟乎?"《诗》云:"穆穆文王,于缉熙敬止!"为人君,止于仁;为人臣,止于敬;为人子,止于孝;为人父,止于慈;与国人交,止于信。(段14)

子曰:"听讼,吾犹人也。必也使无讼乎!"无情者不得尽其辞。大畏民志,此谓知本"。(段15)

所谓修身在正其心者,身有所忿懥,则不得其正,有所恐惧,则不得其正,有所好乐,则不得其正,有所忧患,则不得其正。心不在焉,视而不见,听而不闻,食而不知其味。此谓修身在正其心。(段16)

所谓齐其家在修其身者,人之其所亲爱而辟焉,之其所贱恶而辟焉,之其所畏敬而辟焉,之其所哀矜而辟焉,之其所敖惰而辟焉。故好而知其恶,恶而知其美者,天下鲜矣。故谚有之曰:"人莫知其子之恶,莫知其苗之硕。"此谓身不修不可以齐其家。(段17)

所谓治国必先齐其家者,其家不可教而能教人者,无之。故君子不出家而成教于国。孝者,所以事君也;弟者,所以事长也;慈者,所以使众也。《康诰》曰:"如保赤子。"心诚求之,虽不中不远矣。未有学养子而后嫁者也。一家仁,一国兴仁;一家让,一国兴让;一人贪戾,一国作乱:其机如此。此谓一言偾事,一人定国。尧、舜率天下以仁,而民从之。桀、纣率天下以暴,而民从之。其所令反其所好,而民不从。是故君子有诸己而后求诸人,无诸己而后非诸人。所藏乎身不恕,而能喻诸人者,未之有也。故治国在齐其家。《诗》云:"桃之夭夭,其叶蓁蓁。之子于归,宜其家人。"宜其家人,而后可以教国人。《诗》云:"宜兄宜弟。"宜兄宜弟，而后可以教国人。《诗》云："其仪不忒，正是四国。"其为父子兄弟足法，而后民法之也。此谓治国在齐其家。（段18）

所谓平天下在治其国者，上老老而民兴孝，上长长而民兴弟，上恤孤而民不倍，是以君子有絜矩之道也。（段19）

所恶于上，毋以使下，所恶于下，毋以事上；所恶于前，毋以先后；所恶于后，毋以从前；所恶于右，毋以交于左；所恶于左，毋以交于右；此之谓絜矩之道。（段20）

《诗》云："乐只君子，民之父母。"民之所好好之，民之所恶恶之，此之谓民之父母。《诗》云："节彼南山，维石岩岩。赫赫师尹，民具尔瞻。"有国者不可以不慎，辟则为天下僇矣。（段21）

《诗》云："殷之未丧师，克配上帝。仪监于殷，峻命不易。"道得众则得国，失众则失国。（段22）

是故君子先慎乎德。有德此有人，有人此有土，有土此有财，有财此有用。德者本也，财者末也。外本内末，争民施夺。是故财聚则民散，财散则民聚。是故言悖而出者，亦悖而入；货悖而入者，亦悖而出。（段23）

《康诰》曰："惟命不于常。"道善则得之，不善则失之矣。（段24）

《楚书》曰："楚国无以为宝，惟善以为宝。"舅犯曰："亡人无以为宝，仁亲以为宝。"（段25）

《秦誓》曰："若有一介臣，断断兮无他技，其心休休焉，其如有容焉。人之有技，若己有之；人之彦圣，其心好之，不啻若自其口出。实能容之，以能保我子孙黎民，尚亦有利哉！人之有技，媢疾以恶之；人之彦圣，而违之俾不通：实不能容，以不能保我子孙黎民，亦曰殆哉！"唯仁人放流之，迸诸四夷，不与同中国。此谓唯仁人为能爱人，能恶人。见贤而不能举，举而不能先，命也；见不善而不能退，退而不能远，过也。好人之所恶，恶人之所好，是谓拂人之性，灾必逮夫身。是故君子有大道，必忠信以得之，骄泰以失之。（段26）

生财有大道，生之者众，食之者寡，为之者疾，用之者舒，则财恒足矣。仁者以财发身，不仁者以身发财。未有上好仁而下不好义者也，未有好义其事不终者也，未有府库财非其财者也。孟献子曰："畜马乘不察于鸡豚，伐冰之家不畜牛羊，百乘之家不畜聚敛之臣。与其有聚敛之臣，宁有盗臣。"此谓国不以利为利，以义为利也。长国家而务财用者，必自小人矣。彼为善之，小人之使为国家，灾害并至。虽有善者，亦无如之何矣！此谓国不以利为利，以义为利也。（段27）

据李纪祥之说，郑玄的《注》并未对《大学》分章，而孔颖达的《疏》则将《大学》分为三大部分：第一部分，从"段1"到"段8"；第二部分，从"段9"到"段15"；第三部分，从"段16"到"段27"。①孔《疏》的分段，尚未形成朱子所谓的经传体例。且孔《疏》极为重视"诚意"，这与郑《注》的观念是一致的。注疏本的价值在于为《大学》改本提供了底本，但是这个底本并不一定就是《大学》的原本。

在宋以前，《大学》都是作为《礼记》的一篇。至北宋时，司马光撰写的《大学广义》及《六家中庸大学解》，使得《大学》首次以单行本传世。但真正开启《大学》诠释的则是程颢、程颐兄弟。二程不仅将《大学》单列，而且关注其版本问题。二程分别撰有《大学》改本，其版本为：

明道：段1～段3、段12、段13、段11、段14、段4～段9、段16～段21、段10、段15、段22～段27。（"～"表示接续符号。下同）②

伊川：段1～段7、段15、段8、段12、段13、段11、段14、段9、段16～段21、段10、段24～段26、段22、段23、段27。③

明道与伊川本大同小异，二者相同之处是，都遵从了提出概念、命题—解释概念、命题的模式。然而具体而言，明道本是先列出三纲领，后列出八条目，并分别解释；伊川本则是先列出三纲领和八条目，然后再一并作解释④。此外，二者还存在着是否对"致知在格物"作出解释的差异。按明道之意，"自天子以至于庶人……此谓知本，此谓知之至也"是对"致知在格物"的解释；而伊川却未对"致知在格物"作出解释。在伊川本中，

---

① 参见李纪祥：《两宋以来大学改本之研究》，台北：学生书局，1988年，第20—21页。
② （宋）程颢、程颐：《明道先生改正大学》，《二程集》下，北京：中华书局，2004年，第1126—1129页。
③ （宋）程颢、程颐：《伊川先生改正大学》，《二程集》下，北京：中华书局，2004年，第1129—1132页。
④ 当然，两家均未提出三纲领、八条目的概念，只是为了言说方便，才借用朱子的说法。

与"知"相关的文句是"子曰：听讼……此谓知本，此谓知之至也"，但这一文句在伊川本中位于对三纲领的解释之前，若将之视为对"致知在格物"的解释，则不符合伊川的"先列出三纲领和八条目，然后再一并作解释"的模式，因此不可视之为对"致知在格物"的解释。

二程的改本在《大学》诠释史上，尤其是在《大学》改本问题上有其重大贡献：其一，二程改本开启了《大学》改本的先例；其二，二程改本形成了以三纲领、八条目作为《大学》核心概念的诠释模式[①]；其三，二程改本的提出概念、命题—解释命题、概念的模式，对后世有着深刻的影响，几乎成为《大学》改本中必须遵循的原则。这一模式后来被朱子确定为经传模式。

朱子本是这样的：

> 段1~段7、段12~段14、段10、段11、段15、补传+段8（去掉"此谓知本"）、段9、段16~27。[②]

朱子本建立在伊川本的基础上。与伊川本相比，朱子本做了以下的修改：其一，在《大学》原文之外，以伊川之意为依据，增补了一个"格物致知传"。这一做法虽然朱子也知道并非《大学》原文，而是"取程子之意而补之"[③]。但这一补传却是《大学》诠释史上最大的改动之一，并且在义理方面有极大影响，是《大学》诠释理学化的典型。从此，后人更为大胆地怀疑《大学》版本。其二，朱子单列"本末"传。此点较为特殊，但也使得朱子本存在问题。朱子明确提出了以三纲领、八条目作为《大学》的核心概念，然而在此之外又有"本末"传，这在文本上显得极不协调。朱子的《大学》诠释后来获得官方的认可，皇庆二年（1313），元仁宗确定以朱子的《四书集注章句》开科取士。从此，《大学》作为四书之首也获得了超越群经的地位。就版本而言，它的重要意义在两个方面：其一，明确提出了"经—传"的文本模式；其二，明确提出以三纲领、八条目作为

---

① 无疑，正式提出以三纲领、八条目作为《大学》的核心概念者是朱子，但从二程改本中可以看出，他们基本上是持这一观念的，只是未曾正式指出。
② （宋）朱熹撰，朱杰人、严佐之、刘永翔主编：《四书章句集注》，《朱子全书》第6册，上海、合肥：上海古籍出版社、安徽教育出版社，2002年，第16—28页。
③ （宋）朱熹撰，朱杰人、严佐之、刘永翔主编：《四书章句集注》，《朱子全书》第6册，上海、合肥：上海古籍出版社、安徽教育出版社，2002年，第20页。

《大学》的核心。这两点成为此后对《大学》加以诠释所必须遵循的原则。如王阳明虽然对朱子的《大学》诠释极力批判，并在版本上坚持注疏本，但他仍然坚持了朱子的这两大原则。直到当代，在"格物"这一概念的理解上，唐君毅先生虽然对朱子作了极大批判，但他所定的唐君毅本《大学》仍然坚持了朱子的这两大原则①。当然，朱子本由于受到其理学准认知主义的影响，在内容上作了过多的修改，从而很难说是接近《大学》"原本"的版本。这也凸显了文本与思想之间的张力，使得朱子的《大学》诠释，尤其是在版本问题上有进一步推究的必要。

朱子本影响巨大。从朱子之后直至阳明之前，大家几乎以朱子本为《大学》"原本"，而抛弃了郑、孔的注疏本②。例如，湛甘泉在早期仍然坚持朱子本③。不过，随着阳明展开对朱子《大学》诠释的批判，朱子的影响逐渐减弱。在阳明之后，《大学》形成了朱子本与古本分立之势。在伪石经本④出现之后，《大学》又形成了朱子本、古本与伪石经本三足鼎立之势⑤。伪石经的版本是这样的：

> 段 1、段 4、段 3、段 14（诗云缗蛮……不如鸟乎）、段 2、段 14（诗云邦畿千里，惟民所止）、段 15、段 6、段 7、段 5、段 8、段 9、段 16（在"此谓修身在正其心"前加"颜渊问仁，子曰非礼勿动，非礼勿听，非礼勿言，非礼勿动"）、段 17、段 18（语句次序调整为："所谓治国必先齐其家者……慈者所以使众也"后接"一家仁……一人定国"，再接"《康诰》曰：如保赤子……而后嫁者也"，再接"故治国在齐其家"，再接"诗云桃之夭夭……此谓治国在齐其家"）、段 19、段 20、段 21（诗云乐之君子……此之谓民之父母）、段 26（泰誓曰……灾必逮夫身）、段 21（诗云节彼南山……为天下僇矣）、段 23（是故君子先慎乎

---

① 参见唐君毅：《中国哲学原论·导论篇》，北京：中国社会科学出版社，2005 年，第 181—212 页。
② 李纪祥指出："自元代后，朱子之《四书》行，《大学》遂改尊朱子《章句》。于是注疏本几悬而不用；永乐之后，注疏本更疏见于世，士子少知。"参见李纪祥：《两宋以来大学改本之研究》，台北：学生书局，1988 年，第 15 页。
③ 陈来先生的《有无之境——王阳明哲学的精神》一书，在论述湛甘泉与阳明辨论格物时指出甘泉于正德十三年（1518）才从怀疑《大学》古本转向信任古本，那么在之前甘泉显然是尊信朱子改本的。参见陈来：《有无之境——王阳明哲学的精神》，北京：北京大学出版社，2007 年，第 157 页。
④ 伪石经版本《大学》乃明代丰坊所作。之所以称为"伪石经"，是因为此书托之所谓"魏正始石经"。
⑤ 参见李纪祥：《两宋以来大学改本之研究》，台北：学生书局，1988 年，第 132 页。

德……财散则民聚）、段22、段25（楚书曰……惟善以为宝）、段23（是故言悖而出……亦悖而出）、段24、段25（舅犯曰……仁亲以为宝）、段27（语句次序调整为："仁者以身发财……非其财者也"后接"孟献子曰……以义为利也"，再接"是故君子有大道……骄泰以失之"）

在三种版本中，伪石经本的改动是最大的，对古本《大学》的绝大部分段落都有改动。不过，这一改本同样呈现出一定的文本结构。按照李纪祥先生的概括，其结构为：总纲—格致—诚意—正修—修齐—齐治—治平—总结①。与朱子改本不同的是，伪石经本提出了"总—分—总"的文本结构，尤其是最后的"总结"部分颇为特殊。然而伪石经本《大学》在流传不久即遭到质疑，如陈耀文即批评了它。此后更是陆续有人加以批驳，其中许孚远、吴应宾、毛奇龄及全祖望等人的批驳最具代表意义②。尽管遭到众多的批驳，但刘斯原、唐伯元、管志道、陈禹谟、周应宾、朱元弼及刘蕺山等却对其推崇备至。其中，刘蕺山说：

> 是乃近世又传有曹魏《石经》，与《古本》更异，而文理益觉完整，以决"格致"之未尝缺传彰彰矣。余初得之，酷爱其书。近见海监吴秋圃著有《大学通考》，辄辨以为赝鼎。余谓："言而是，虽或出于后人也何病？况足为古文羽翼乎！"③

足见，刘氏在知道伪石经乃伪作后仍对其推崇有加，并以之为基础重新对《大学》加以改造，形成其《大学古文参疑》本④。总之，伪石经本《大学》在当时的确影响较大。然而伪本毕竟是伪本，在轰动一时之后它即逐渐失去影响。

就上述五种《大学》诠释史上较为重要的版本而言，明道本仅仅是移动文句，既无增字亦无减字；伊川本及朱子本需要删去一处"此谓知本"，而朱子本和伪石经本需要增补大量的文句。然而何以各种改本的改动会有如此大的差异呢？可能的原因之一是，诠释者对《大学》思想的解

---

① 参见李纪祥：《两宋以来大学改本之研究》，台北：学生书局，1988年，第145页。
② 对伪石经之为伪作的辩驳，李纪祥先生所论颇为详细，参见李纪祥：《两宋以来大学改本之研究》，台北：学生书局，1988年，第159—166页。
③ 刘蕺山：《大学古文参疑·序》，《刘宗周全集》第1册，杭州：浙江古籍出版社，第607—608页。
④ 对于刘宗周的改本问题，本书第二章将有专论。参见：《大学古文参疑》，《刘宗周全集》第1册，第608—624页。

释有别,亦即接下来要说明的《大学》诠释中的义理问题。

二、《大学》诠释的义理问题

在历史上,《大学》的诠释集中在"三纲领"、"八条目"上。"三纲领"指明明德、新民及止于至善;八条目指格物、致知、诚意、正心、修身、齐家、治国及平天下①。在朱子后,《大学》诠释的义理问题集中于对何谓三纲领、八条目的解释上,它们构成了《大学》诠释的基本问题。同时,由于《大学》本身存在有关八条目关系的论述,因此衍生了另一义理问题,即三纲领之间、八条目之间的关系问题。概括起来,在义理方面,《大学》诠释的核心问题包含两个方面:其一,何谓三纲领、八条目,这是基本的义理问题;其二,三纲领之间、八条目之间以及三纲领、八条目之间的关系问题。

这两大核心论题的出现并非一蹴而就,而是经历了一个过程。在《大学》诠释史上,郑玄是最早的注解者。他以诚意为中心对《大学》作了解释。不过,他的解释既未明确区分基本的概念,亦未对概念间的关系作进一步的讨论。在郑《注》的基础上,孔颖达进一步作了解释和补充。郑《注》、孔《疏》主要是对《大学》作一些名词训诂,较少有义理阐发。另外,南梁皇侃、北周熊安生的《礼记义疏》,应当对《大学》有所阐释,惜乎已亡佚而不存。进入宋代,随着理学的兴起,《大学》迎来了其诠释的黄金期,它被朱子列为《四书》之首,与《中庸》、《孟子》及《论语》一同构成《四书》,成为取代《五经》的儒家经典。

还需要注意的是,唐代的韩愈、李翱二人作为宋明儒学的先驱,虽然未像宋明儒一样构建起一套形而上学体系,但二人崇尚儒学以辨斥佛老之学的价值方向与宋明儒是一致的。而就《大学》诠释而言,二人亦有贡献。首先,韩愈为对抗佛老,在《原道》中引入《大学》的"古之欲明明德于天下……先诚其意"一段话以阐明儒学精神②。他发挥《大学》"正心先诚意"的观念,认为儒学的正心应当是在国、家、父子的人伦中去正

---

① 朱子在《四书章句集注》中解释完"明明德"、"新民"及"止于至善"之后,指出:"此三者,大学之纲领也。"在解释完"格物"、"致知"、"诚意"、"正心"、"修身"、"齐家"、"治国"及"平天下"后指出:"此八者,大学之条目也。"这是他对三纲领、八条目的概括。参见朱熹:《四书章句集注》,《朱子全书》第6册,(宋)朱熹撰,朱杰人、严佐之、刘永翔主编,第16—17页。

② 参见陈荣捷编著:《中国哲学文献选编》,杨儒宾等译,南京:江苏教育出版社,2006年,第394页。

心，而不是如佛老之空守其心。虽然韩愈只是借用《大学》这一段文字，而未作诠释，但是对于《大学》的诠释本身仍然具有意义，诚如陈荣捷先生所说："他们常引述《大学》、《中庸》与《易经》诸书，并发觉这些经典的重要性，新儒学思想乃大部分建基于这些经典之上。"①韩愈引入《大学》的文字，为宋明儒者提供了经典参考的价值，亦促使《大学》逐渐宋明儒学化。这是韩愈对于《大学》诠释的贡献。在韩愈之后，李翱在《复性书》中对"致知在格物"作了解释，认为它是指以明辨是非的人心去裁制事物②。李翱将"格物"解释为"来物"，显然受到郑玄的影响，但也隐含了宋明儒学的一些思想因素，最为明显的是以人心为昭灵明辨之心。他还指出，由知至而后可以意诚、心正，乃至平天下，这显然已经隐含了宋明儒由内圣以决定外王的共同观念。显然，较之韩愈，李翱的解释更接近宋明儒之意。总之，二人对《大学》的引入与解释对宋明儒学有其影响。

尔后，司马光作《大学广义》及《中庸大学解义》，首次将《大学》单列为书③。温公的这一做法进一步抬升了《大学》的地位。温公之后，二程不仅开启了《大学》改本的先例，而且开启了以宋明儒学解释《大学》的先例④。其中在义理方面，二程的阐释具有以下两点重要意义：其一，从理本论去解释明德，明明德即明理；其二，以"格物"作为《大学》的核心，并以穷理解释格物。从此，《大学》的诠释走上理学化的道路。可以说，真正开启以宋明儒学诠释《大学》路向的是二程，二程的阐释是《大学》上升为经书的根本步骤。据《经义考》所载，二程之后，后人亦对《大学》多有诠释，至少有吕大临的《大学解》、苏总龟的《大学解》、萧欲仁的《大学篇》、廖刚的《大学讲义》、谭惟寅的《大学义》、何㒒的《大学讲义》、喻樗的《大学解》、张九成的《大学说》等⑤。除廖书外，余皆亡佚。总之，自二程改本《大学》并加以一定的解释之后，哲人

---

① 陈荣捷编著：《中国哲学文献选编》，杨儒宾等译，南京：江苏教育出版社，2006年，第390页。
② 参见陈荣捷编著：《中国哲学文献选编》，杨儒宾等译，南京：江苏教育出版社，2006年，第395页。
③ 朱彝尊指出："取《大学》于《戴记》，讲说而专行之，实自温公始。"参见朱彝尊著，林庆彰等主编：《经义考新校》，上海：上海古籍出版社，2010年，第2854页。
④ 二程不仅各自撰有《大学》改本，并且对《大学》多有解释。虽然二程的解释并非如朱子一样是对《大学》的注释，但在《二程集》中的确有多处载有二人的解释。申淑华对二程的《大学》解释有一定的整理，参见申淑华：《素位之学——陈乾初哲学思想研究》，北京：中国社会科学出版社，2012年，第106—108页。
⑤ 参见朱彝尊著，林庆彰等主编：《经义考新校》，上海：上海古籍出版社，2010年，第2856—2859页。

对《大学》的关注逐渐增多，最终形成了朱子的大宗。

依据牟宗三、刘述先二位先生所论，就为学历程来看，参究中和问题是朱子确定其思想体系的关键所在①。但不可否认的是，就对经典的诠释而言，对《大学》的解释才是朱子用心最多，也最能代表其思想体系的著作。朱子的《大学》诠释，无论从版本还是从义理来看，都堪称最具影响的诠释。他提出的"经—传"模式，后人几乎无人反对；他概括出三纲领、八条目作为《大学》的核心，后人大都未有异见；他将《大学》八条目推至格物致知，使得后人无论对《大学》加以诠释与否，都未能避免对这两个概念加以阐释；他提出八条目的关系问题，几乎成为《大学》本身所"固有"的问题，成为诠释者所不得不面对的问题。总而言之，朱子将《大学》诠释中所可能遇到的各种问题都予以提出并作出解释，涉及本书所述《大学》诠释中三大主题的每一个问题。可以说，朱子的《大学》诠释是研究这一主题所无法绕过的。在朱子之后，据《经义考》所载，对《大学》加以诠释的不下数百种。但这些诠释都未能脱离朱子所论，要么是对朱子的观点的再诠释，要么是对朱子的观点的批评。其中阳明的诠释无疑影响最大，但他同样是针对朱子提出的各种问题而加以批评，最终形成了以致良知为中心之不同于朱子的《大学》诠释。在阳明之后，任何一个诠释者都必然要对朱子、阳明的诠释加以再诠释或者批评。因而可以说朱子、阳明的诠释是《大学》诠释的范例。

综上可知，《大学》上升为儒家经典，与宋明儒学的兴起有着必然联系。当然，宋明儒所依据的经典并非只有《大学》，还有《论语》、《孟子》、《中庸》以及《周易》②。然而在这五部经典中，《大学》颇为不同，

---

① 牟、刘二位先生在分析朱子的成学历程时，都认为朱子是通过参究中和问题而完成其哲学体系的建构的。参见牟宗三：《心体与性体》下，上海：上海古籍出版社，1999年，第1—140页；刘述先：《朱子哲学思想的发展与完成》，台北：学生书局，1982年，第71—138页。
② 关于宋明儒学所依据的经典这一问题，牟宗三、劳思光二位先生均有讨论。牟、劳二位先生均认为宋明儒学所依据的经典是《周易》、《论语》、《孟子》、《大学》及《中庸》，但二人对于五部经典的定位却存在差异。最为明显的差异是：牟先生认为《周易》、《论语》、《孟子》及《中庸》代表了孔孟智慧，是儒学的正统；而《大学》则只是在形式上论说工夫纲领，不能作为儒学道统的延续者。尤其是伊川—朱子对于《大学》的诠释，开出了儒学的"别子为宗"。劳先生却认为代表儒学正统的只有《论语》、《孟子》所讨论的心性论，因此认为以《易传》、《中庸》为经典的周濂溪—张横渠是宇宙论时期，以《大学》为经典的程伊川—朱子则是形上学时期，均非儒学的正统；而只有以《论语》、《孟子》为经典的陆象山—王阳明之心性论，才是儒学的正统。参见牟宗三：《心体与性体》上，上海：上海古籍出版社，2007年，第14—19页；劳思光：《新编中国哲学史·三卷上》，桂林：广西师范大学出版社，2005年，第47—54页。

它集中讨论的是工夫论，对于本体论则几乎未有涉及。因此，宋明儒在诠释《大学》时，均须各自设定本体，然后再讨论工夫①。《大学》的三纲领（明明德、亲民、止于至善）和八条目（格物、致知、诚意、正心、修身、齐家、治国以及平天下）都属于工夫的范畴。这一点与《论语》、《孟子》、《中庸》及《周易》有别。如《孟子》既有对本体即性、本心及天等的阐述，又有对尽心、存心、知言及养气等工夫的阐述②。因此，解释者在理解《大学》时首先须要对本体加以界定。而正是因为对本体的界定有别，所以会以与本体最为接近的工夫作为《大学》诠释的中心。如朱子以理为本体，他即以"格物"（即格物穷理）为其诠释《大学》的中心；王阳明以良知为本体，他即以"致知"（即致良知）为中心；刘蕺山以意根独体为本体，他即以"诚意"为中心。这样看来，在《大学》诠释中，"明德"、"至善"、"知"及"意"等均有可能被诠释者赋予了本体的意涵；而在《大学》所含的工夫中，任何一种工夫亦有可能成为诠释的中心。这就导致了《大学》诠释的多样化。当然，从《大学》诠释史来看，它仍以朱子、阳明的诠释作为典范。

三、《大学》的作者及学派归属

《大学》本是《礼记》的一篇，其作者问题一直没有定论。与此相关，它的学派归属问题也有待讨论。关于这一问题，主要有两种观点：其一，认为《大学》属于思孟学派的作品，作者与"孔子—曾子—子思"一脉有关，甚至就是孔子、曾子或者子思所述或所作。其二，认为《大学》属于荀子一脉的作品，其作者为荀子后学。此外，宋罡认为是刘歆所作，卫挺生认为是周文王所作，陈元德认为是戴圣所作，赵泽厚认为是董仲舒所作③。由于后述诸说立论过于牵强，在此将只讨论影响较大的"孔子—曾子—子思"一脉说与荀子一脉说。

---

① 由于对本体的理解不同，诸家所论《大学》的工夫亦不同。宋明儒学的根本问题就是如何成就圣贤，这一问题以"本体—工夫"为论述中心。在成就圣贤的问题上，首先，要对人成为圣贤的根据作出说明，此即本体论。其次，是如何成就圣贤的问题，此即工夫论。一般而言，工夫指的是如何复归本体、呈现本体的方法和途径。工夫论是由本体论来决定的。
② 当然，"本体"与"工夫"为宋明儒所使用，孟子时尚未使用这些概念，这里仅从宋明儒诠释经典的角度来立论。
③ 上述诸贤的论述均参见李纪祥：《两宋以来大学改本之研究》，台北：学生书局，1988年，第2页。

明确指出《大学》为孔曾之说者是朱子。在朱子之前，明道曾指出："《大学》乃孔氏遗书，须从此学乃不差。"①伊川曾说："《大学》，孔子之遗言也。学者由是而学，则不迷于入德之门也。"②朱子沿袭二程所说，且在分为经传的基础上，提出了经为"孔子之意，而曾子述之"、传为"曾子之意"而曾子弟子"述之"的观点③。朱子此说对后世影响甚大，如阳明虽然对朱子的《大学》诠释大加批判，但在其作者的问题上却与朱子看法一致。至于"曾子之门人记之"的"门人"所指为谁，后人亦有讨论，如刘蕺山认为朱子所说的"曾子之门人"应当即指子思。他说：

> 汉儒贾逵云："子思穷居于宋，惧圣道之不明，乃作《大学》以经之，《中庸》以纬之。"今细绎二书，《中庸》原是《大学》注疏，似出一人之手，经纬之说，殊自可思……《中庸》一书，多仲尼之言而子思述之，则《大学》一书，多孔、曾之言而子思述之，亦何疑焉！④

刘蕺山的理由是，既然《中庸》是对《大学》的注疏，而《中庸》是由子思记述的孔子之言，那么由此推知《大学》也应当是由子思记述的孔子、曾子之言。蕺山此论显然出于臆断，且是推衍朱子观点的结果。其实持《大学》为子思所作的观点者代不乏人，如在明代即有葛寅亮、王柏、丰坊等人持这一看法⑤。不过与朱子、刘蕺山的区别在于，他们认为《大学》是子思所作，而不是由子思记述的。在当代学人中，郭沂先生也持这种观点⑥。自朱子提出《大学》为孔曾之言，到后人以《大学》为子思所作，实际上都是以朱子的"孔子—曾子—子思—孟子"这一道统观为基础。他们视《大学》为与《论语》《孟子》《中庸》一脉相承的文献，认为它彰显了孔孟之道。

与上述观点不同，亦有反对《大学》为孔子、曾子之说者，如杨简和陈确。而在作者与学派归属的问题上，另一较有影响的观点是，以《大

---

① （宋）程颢、程颐：《二程集》上，北京：中华书局，2004年，第18页。
② （宋）程颢、程颐：《二程集》上，北京：中华书局，2004年，第1204页。
③ 即"右经一章，盖孔子之意，而曾子述之。凡二百五字。其传十章，则曾子之意而门人记之也"。《四书章句集注》，《朱子全书》第6册，第17页。
④ 刘蕺山：《大学古记约义》，《刘宗周全集》第1册，杭州：浙江古籍出版社，第643页。
⑤ 参见李纪祥：《两宋以来大学改本之研究》，台北：学生书局，1988年，第2页；申淑华：《素位之学——陈乾初哲学思想研究》，北京：中国社会科学出版社，2012年，第99页。
⑥ 郭沂：《子思书再探讨——兼论〈大学〉作于子思》，《中国哲学史》2003年第4期，第27—33页。

学》为荀子学,冯友兰、刘又铭二位先生即为此说的代表。冯先生从六个方面详细阐释了《大学》与《荀子》在哲学上的一致性①:其一,《礼记·学记》的思想源于荀子,而《学记》有"大人之学"的论述,与《大学》一致;并且《荀子·致士》的"明其德"即《大学》的"明明德","天下归之"即相当于《大学》的"亲民"。其二,《荀子·解蔽》言"止"与《大学》言"止"一致;并且荀子以圣人为至足,又以"圣也者,尽伦者也",这与《大学》的"为人君止于仁"一致。其三,《荀子·君道》的"闻修身,未闻为国也"强调为政当以"仪"(即"效法"君德)为主,与《大学》认为为政者当修身以德而民众效法之为政思想一致。其四,《大学》与《荀子》对于"正心"的论述一致,尤其是二者都强调正心应当专一而诚。其五,《大学》、《荀子》都有"慎独"之说。其六,《大学》的"致知在格物"与荀子强调人不能离开物去获得知识的观念一致。从《大学》与《荀子》在思想观念上的一致,冯先生将《大学》视为荀子一脉的思想文献,他说:"如果把《大学》和《荀子》比较,就看出其间不仅有些意思基本相同,而且有些字句也是相同的。我认为照这个方向解释《大学》,可能得到它的本来意义。"②显然,在冯先生看来,以荀子哲学去解释《大学》,即是《大学》的"原意"。冯友兰此说后来遭到郭沫若和徐复观等人的批评③。不过,刘又铭先生却非常推崇冯说。刘先生对冯说作了三个方面的推进和论证④:其一,就文本结构而言,认为《荀子》与《大学》极为相似,并且可以判断《大学》在《荀子》之后而受其影响⑤。其二,"大学"作为概念,最早见于荀子。其三,《大学》引

---

① 冯友兰先生的论述见于多处,《中国哲学史新编》为其最后定论,论述最为详细。因此本书以此书所论为准。参见冯友兰:《中国哲学史新编》中,北京:人民出版社,2007年,第119—127页。
② 冯友兰:《中国哲学史新编》中,北京:人民出版社,2007年,第120页。
③ 郭、徐二位先生都认为《大学》仍属于思孟一脉,而非荀子一脉。在具体的论述中,郭先生专门对冯说加以批评,以此论证《大学》为孟子学;徐先生承认《大学》受荀子思想的影响,并增补了两处证据。但徐先生认为从根本上讲《大学》是以心性论为主,与荀子以礼为主不同,故而认为《大学》还是属于思孟一脉的作品。参见郭沫若:《十批判书》,北京:人民出版社,2012年,第106—108页;徐复观著,李维武编:《徐复观文集》第三卷《中国人性论史·先秦篇》,武汉:湖北人民出版社,2002年,第248—251页。
④ 刘又铭先生对《大学》是荀学的论证,主要见于其博士论文,此外亦散见于一些论文中,如刘又铭:《〈大学〉思想的历史变迁》,载黄俊杰主编:《东亚儒者的〈四书〉诠释》,上海:华东师范大学出版社,2008年,第3—34页。
⑤ 参见刘又铭:《大学思想证论》,政治大学中国文学研究所1992年博士论文,第9—11页。

书与《荀子》引书有较多相同及相近处①。因此,冯、刘二位先生自然不赞同以《大学》为子思所作的观点,他们认为《大学》的作者应当是受荀学影响之人或某一荀子后学。

此外,就《大学》的作者与学派归属问题,梁涛先生持折中的意见,认为《大学》应当是受到了"思孟学派"及荀子学说的双重影响②。不可否认,《大学》的作者与学派归属问题虽然在结论上较之另外两个问题简单,但它同样未有定论,因此,将之视为《大学》诠释的主题之一理当更为合适。并且需要指出的是,作为《大学》诠释史上的三大问题,它们之间的关系十分密切。从思维的发生学角度来看,三大问题当以义理问题为根本。诠释者正是基于对《大学》的核心概念作出解释,然后根据这些解释方能判断《大学》文本是否有缺失的部分,是否有移动文本的需要。质言之,版本问题很大程度上就是由义理问题所决定的。当然,正是基于对《大学》的义理建构,才能去探寻文本的可能作者,才能去探寻《大学》的学派归属。

第二节　朱子、阳明的《大学》诠释之比较③

朱子、阳明的《大学》诠释之所以可以称为《大学》诠释的范例,主要是就其对于后世的影响来说的④。不过,作为范例,朱子、阳明的《大学》诠释尚须满足一个条件,即二者在义理上是对立的。因此,本书实有必要对二子的《大学》诠释作一比较,以彰显二者在义理上的对立。

一、阳明学是对朱子学的反思与批判

宋明儒学的分系,最早可以追溯到朱子与陆象山之争。朱子以"近

---

① 刘先生的第二点论证在其论文的《〈大学〉的撰著时代》中亦有提及,第二、三两点论述参见刘又铭:《大学思想证论》,政治大学中国文学研究所1992年博士论文,第80—87页。
② 梁涛先生的观点参见姜广辉主编,梁涛著:《中国经学思想史》第一卷,北京:中国社会科学出版社,2003年,第634—637页。
③ 笔者曾将此节有关朱子《大学》诠释的一些内容,以《朱子论〈大学〉"八条目"之关系》为题发表于《中州刊》2015年第4期上。
④ 关于这一问题,本书的《绪言》部分有一定的说明,并且将在《结语》中对这一问题作详细说明。

禅"论定陆象山之学,而陆象山则以"支离"判定朱子之学,这一争论后来被概括为"道学问"与"尊德性"之别。由于朱子对二程,尤其是伊川之学特别推崇,倡导"性即理"的观念;象山推崇孟子,倡导"心即理"的观念,所以学者将朱子、象山的争论概括为"理学"与"心学"之争。"理学"与"心学"的区分,是传统的划分法,而现代学者另有多种划分法,如冯友兰先生的理学、心学、气学三系说[1],张岱年先生的理本论、气本论、心本论三系说[2],张立文先生的理学(道学)、心学、气学三系说[3],牟宗三先生的三系说(周敦颐—程颢—张载—胡宏—刘蕺山、程颐—朱子、陆象山—王阳明)[4],劳思光先生的三期一系说(周敦颐—张载的宇宙论初期、二程—朱子的理本论的形而上学中期、陆象山—王阳明的心性论后期)[5],陈来先生的气学(张载为代表)、数学(邵雍为代表)、理学(程颐、朱子为代表)、心学(陆九渊、王阳明)四系说[6],及向世陵先生的性学、道学(即理学)、气学、心学四系说[7]。上述各种划分法对于朱子与阳明的分判是一致的,都肯定了朱子、阳明的确存在差异。其实,阳明哲学不仅有别于朱子学,而且是针对朱子学的弊端而发的。这一点,正如唐君毅先生所指出的:

> 阳明之学,世皆谓其承陆学,本文上篇,亦尝就陆王同处诸大端,一一举出。然自细处看,则阳明之学,所归宗近象山,其学之问题,则皆承朱子而来;其立义精处,正多由朱子义,转进一层而致。[8]

的确,虽然陆象山与王阳明均被归于心学一系,但阳明学是建立在对朱子

---

[1] 参见向世陵:《理气性心之间——宋明理学的分系与四系》,北京:人民出版社,2008年,第213—222页。
[2] 参见向世陵:《理气性心之间——宋明理学的分系与四系》,北京:人民出版社,2008年,第224—225页。
[3] 参见向世陵:《理气性心之间——宋明理学的分系与四系》,北京:人民出版社,2008年,第228页。
[4] 参见牟宗三:《心体与性体》上,上海:上海古籍出版社,2007年,第36—52页。
[5] 参见劳思光:《新编中国哲学史·三卷上》,桂林:广西师范大学出版社,2005年,第30—36页。
[6] 参见陈来:《宋明理学》,沈阳:辽宁教育出版社,1991年,第11—13页。
[7] 参见向世陵:《理气性心之间——宋明理学的分系与四系》,北京:人民出版社,2008年,第265页。
[8] 唐君毅:《中国哲学原论·原教篇》,北京:中国社会科学出版社,2006年,第187页。

学的批评的基础上①。这一点贯穿于阳明学的发展过程之中。

"格物致知"说无疑是朱子学最具代表性的观念,其影响之大,以至于与阳明同时的心学代表人物湛甘泉仍然坚持朱子对《大学》的诠释路线和重点。如《传习录·下》载有:"正德乙亥九川初见于龙江,与甘泉论格物之说,甘泉持旧说,曰:'是求之于外了。'甘泉曰:'若以格物理为外,是自小其心也。'"②所谓"旧说",即朱子的格物说。湛甘泉不仅坚持朱子的格物说,还认为阳明"求之于外"的批评是"自小其心",由此足见朱子格物说的影响之大。阳明生当彼时,的确也曾受朱子的影响,并且他认为自己是真正去做过格物的工夫之人③。不过,阳明却未限于朱子的格物说,反而证明了朱子格物说的不当,由此提出了新的格物说。阳明早年亦曾为朱子格物说所困,《年谱》弘治五年载有:"是年为宋儒格物之学。先生始侍龙山公于京师,遍求考亭遗书读之。一日思先儒谓'众物必有表里精粗,一草一木,皆涵至理',官署中多竹,即取竹格之,沉思其理不得,遂遇疾。先生自委圣贤有分,乃随世就辞章之学。"④直至37岁龙场悟道时,阳明才终于意识到朱子格物致知论的不当之处,认为:"圣人之道,吾性自足,向之求理于事物者误也。"⑤日后,他又提出"心即理"说以批评朱子"心与理分"的观点。就阳明学的形成而言,龙场悟道所萌发的"心即理"思想极为重要,是阳明学与朱子学决裂的开始,是阳明建立心学的基础⑥。

一年之后(即正德四年,1509年),阳明在与席书论朱陆异同时提出

---

① 唐君毅先生从知行关系、致良知、天理人欲及评论佛道等方面,指出阳明哲学是针对朱子学而发,是对朱子学的修正。参见唐君毅:《中国哲学原论·原教篇》,北京:中国社会科学出版社,2006年,第187—193页。
② (明)王守仁撰,吴光等编校:《传习录·下》,《王阳明全集》上,上海:上海古籍出版社,2011年,第102页。
③ 阳明说:"众人只说格物要依晦翁,何曾把他的说去用?我着实曾用来。"参见(明)王守仁撰,吴光等编校:《传习录·下》,《王阳明全集》上,上海:上海古籍出版社,2011年,第136页。
④ (明)王守仁撰,吴光等编校:《年谱一》,《王阳明全集》下,上海:上海古籍出版社,2011年,第1348—1349页。
⑤ 参见《年谱》正德三年戊辰条所记。(明)王守仁撰,吴光等编校:《年谱一》,《王阳明全集》下,上海:上海古籍出版社,2011年,第1354页。
⑥ 如陈来先生明确指出:"另一方面,弘治十八年(34岁)与湛若水(甘泉)定交之后,受湛氏'自得'之学的影响,使他得以坚定了'向内用力'的方向,预示了他终究要与朱子的格物说彻底决裂。"参见陈来:《有无之境——王阳明哲学的精神》,北京:生活·读书·新知三联书店,2009年,第149页。

的知行合一说,也是针对朱子而提出来的。按照陈来先生的概括,朱子的知行观包括知先行后、行重于知及知行互发三个方面①。而阳明是否恰当地理解了朱子的知行观,则不得而知。他将朱子的知行观概括为"分知行为二"②,从而提出批评道:"今却就将知行分作两件去做,以为必先知了然后能行。我如今且去讲习讨论做知的工夫,待知得真了方去做行的工夫,故遂终身不行,亦遂终身不知。"③这明显是针对朱子的"先知后行"说而来的,说明阳明的知行观正是建立在对朱子知行观之批判的基础上。

就阳明学的形成而言,"心即理"、"知行合一"两说明显是由对朱子学的批评而来的。这一点在阳明的经典诠释中亦有体现。除《大学》外,阳明对儒家经典并无过多的诠释,其对《孟子》的诠释勉强可以作为成果之一④。阳明讨论最多的是《孟子·尽心》中的"尽心知性知天"、"存心养性事天"以及"夭寿不二、修身以俟"三者。对这三个命题的诠释,亦充满了对朱子的批判。他说:

> "尽心由于知性,致知在于格物",此语的然。然推本吾子之意,则其所以为是语者,尚有未明也。朱子以"尽心、知性、知天"为物格、知致,以"存心、养性、事天"为诚意、正心、修身,以"夭寿不二、修身以俟"为知至仁尽、圣人之事。若鄙人之见,则与朱子正相反矣。夫"尽心、知性、知天"者,生知安行,圣人之事也;"存心、养性、事天"者,学知利行,贤人之事也;"夭寿不二、修身以俟"者,困知勉行,学者之事也。⑤

---

① 参见陈来:《朱子哲学研究》,北京:生活·读书·新知三联书店2010年,第363—377页。
② 虽然陈来先生指出,朱子的知行观需要从不同的层面去理解,从而得出三个方面的观点;并认为三个方面的整体构成了朱子知行观的全部内容。但阳明的理解是,这三者都是分离了知与行。诚然,就"知行互发"而言,并不能说是分离知行;但就总体而言,"先知后行"及"行重于知"而言,又的确有分离知行的倾向。
③ (明)王守仁撰,吴光等编校:《传习录·上》,《王阳明全集》上,上海:上海古籍出版社,2011年,第5页。
④ 阳明的确没有对任何一部经典作专门的注解、诠释,即便是论及最多的《大学》,除早期的《大学古文旁释》是对《大学》全文作了一定的注解外,其后期诠释的代表作《大学问》实际上就是对朱子所谓经的部分作了解释。而对于《孟子》的诠释,虽然"致良知"说与其相关外,讨论较多的也就是《孟子·尽心》中的"尽心知性知天"、"存心养性事天"以及"夭寿不二、修身以俟"。所以严格说来,对《孟子》的诠释也是较少的。
⑤ (明)王守仁撰,吴光等编校:《传习录·中》,《王阳明全集》上,上海:上海古籍出版社,2011年,第48—49页。

阳明虽然旨在诠释《孟子》文本，但包含了对朱子的批判。他明确指出，自己与朱子对孟子三大命题的解释不同，认为应该从生知、学知、困知三个角度，从圣人、贤人、学者三个维度来看待。从阳明这一经典解释来看，他时刻都保持着对朱子的批评。足见，在经典解释上，阳明同样是针对朱子学而来。

综上可知，无论是为学历程，还是主要的哲学观念，还是对经典的解释，王阳明始终以朱子哲学为批评对象。这充分说明，时贤以阳明学是对朱子学的反对之观点，颇为中肯。

二、朱子、阳明论三纲领、八条目及其关系之比较

就诠释的三个主题——版本、义理与作者及其学派归属——来看，朱子、阳明在版本及义理上都存在较大差异；准确地说，阳明的《大学》诠释是对朱子《大学》诠释的反思和批判。就文本而言，朱子改本的内容包括以三纲领、八条目为核心概念，将《大学》分为经传两个部分；并且增补了"格物致知"传。阳明以郑玄的版本为正，称之为"古本"或"旧本"，他说："于《大学》'格物'诸说，悉以旧本为正，盖先儒所谓误本者也。"①阳明以郑玄本为正，主要针对的是朱子的改本，他在《答罗整庵少宰书》中说："来教谓某'《大学》古本之复，以人之为学但当求之于内，而程、朱格物之说不免于求之于外，遂去朱子之分章而削起所补之传'。非敢然也。学岂有内外乎？《大学》古本乃孔门相传旧本耳。朱子疑其有所脱误，而改正补缉之。在某则谓其本无脱误，悉从其旧而已矣。……求旧本之传数千载矣，今读其文词，既明白而可通；论其工夫，又易简而可入。亦何所按据而断此段之必在于彼，彼段之必在于此，与此之如何而缺，彼之如何而补？而遂改正补缉之，无乃重于背朱而轻于叛孔已乎？"②此段引文中，阳明阐释了他坚持旧本而反对朱子改本的原因。在他看来，任何是非都需要证之于心，以心之是非作为判断的标准。依此将旧本证之于心，其文词畅达、语意明晰，因而无需遵从朱子的改本；并

---

① （明）王守仁撰，吴光等编校：《传习录·上》，《王阳明全集》上，上海：上海古籍出版社，2011年，第1页。
② （明）王守仁撰，吴光等编校：《传习录·中》，《王阳明全集》上，上海：上海古籍出版社，2011年，第85—86页。

且旧本所传时间甚为久远，较之朱子改本更为可取。很容易看出，阳明主张以旧本为正，是针对朱子改本而来。当然，之所以在文本上存在差异，归因于对《大学》义理的理解存在差异，即对三纲领、八条目及三纲领关系、八条目关系的理解存在差异。

（一）朱子、阳明论"三纲领"及其关系之比较

"三纲领"、"八条目"的概念虽然为朱子首先提出，但对于理解、概括《大学》的内容的确极为有效，且对于比较不同的《大学》诠释颇为有益。下面，将先考察朱子、阳明对于"三纲领"及其关系之理解的差异[①]。

首先，朱子、阳明对"明明德"的解释之差异。在三纲领中，朱子、阳明差异最大的是对"亲民"的解释。朱子依据二程的观点，改"亲民"为"新民"；阳明坚持郑玄的"亲民"之说。按照三纲领在《大学》中的顺序，先比较二子对于"明明德"之解释的差异。

朱子对"明明德"的解释颇为复杂，准确地说，是对"明德"的解释较为复杂。关于"明明德"，朱子说：

> 明，明之也。明德者，人之所得乎天，而虚灵不昧，以具众理而应万事者也。但为气禀所拘，人欲所蔽，则有时而昏；然其本体之明，则有未尝息者。故学者当因其所发而遂明之，以复其初也。[②]

[①] 这里需要对研究的材料加以说明，朱子的《大学》诠释包括：《四书章句集注》中的《大学章句》、《四书或问》中的《大学或问》、《朱子语类》中涉及《大学》的部分以及其他一些相关文献；阳明的《大学》诠释包括：《大学问》、《大学古本旁释》、《大学古文序》、《传习录》中相关文献以及其他相关文献。这就需要对涉及《大学》诠释的材料作一些辨别，说明以何者为主、何者为辅。朱子的材料较易处理，无疑当以《四书章句集注》为主，而参考其他相关材料，因为它是朱子的晚年定论。阳明的材料则较为复杂，因为从早期的《大学古本旁释》、《大学古本序》到晚年的《大学问》，其诠释宗旨由早期的以"诚意"为中心转为晚期的以"致良知"为中心。并且现存的《大学古本旁释》与《大学古本序》均非原本，尤其是《大学古本序》最为明显。因为按照该文献所说，当以"诚意"为宗旨，但在现存文献中却有多处提及"致良知"等阳明晚年的观点。幸而陈来先生对此作了甄别，在其《有无之境——王阳明哲学的精神》一书的《附录》中，尽可能地恢复了《大学古本旁释》的原貌。那么对于阳明的研究，是否只以晚年定论的《大学问》为对象呢？显然不当如此。因为阳明在晚年的《大学问》中仍坚持"诚意"说，只是将"诚意"作为"致良知"的工夫，从而使得早期所持的观念仍然保留于晚年定论中。因此，在讨论阳明的《大学》诠释时，当以晚年定论的《大学问》为主，在涉及如何理解"诚意"等概念时，仍须参考其他相关材料。关于阳明《大学》诠释的材料问题，参见陈来：《有无之境——王阳明哲学的精神》，北京：生活·读书·新知三联书店，2009年，第134—141、431—439页。

[②] （宋）朱熹撰，朱杰人、严佐之、刘永翔主编：《四书章句集注》，《朱子全书》第6册，上海、合肥：上海古籍出版社、安徽教育出版社，2002年，第16页。

"明明德"中第一个"明"字，朱子是作为动词来使用的，即著明、显明、彰显之意，指将明德彰显出来。但细究朱子之意，"明"还包括"知"的层面，即知晓、明了之意。朱子认为格物、致知、诚意、正心及修身五者均属于"明明德之事"①，并且他认为格物、致知属于知，诚意、正心、修身属于行②。因此，第一个"明"字包括了"知晓"与"彰显"的"知—行"两个层面的意涵。关于"明德"，朱子似乎是从心、性两个角度来理解的。在本体论上，他主张"性即理"。从"然其本体之明，则有未尝息者"来看，他是从性的角度、在本体的层面来理解的；而从"人之所得乎天，而虚灵不昧，以具众理而应万事者也"来看，他似乎又是从心的角度来理解明德的。因为在朱子这只可讲"心具众理"，不可讲"性具众理"。显然，朱子的"明德"与心性论相关。

朱子论心性关系，可概括为心性有别、心具众理、心之体是性及心统性情四个方面。所谓"心性有别"，指的是心性在本质上存在差异，心不是性、性不是心；心以气论、性以理论③。"心具众理"，指的是心潜在地、境界地具有众理或心本具众理④。"心之体是性"指的是心作为一切现象、经验活动的总体，包含本体与作用两个方面，心之体是性，心之用是

---

① 朱子指出："修身以上，明明德之事"，即是此意。(宋)朱熹撰，朱杰人、严佐之、刘永翔主编：《四书章句集注》，《朱子全书》第6册，上海、合肥：上海古籍出版社、安徽教育出版社，2002年，第17页。
② 如朱子认为"格物者，知之始；诚意者，行之始。意诚则心正，自此去，一节易似一节"，即是此意。(宋)朱熹撰，朱杰人、严佐之、刘永翔主编：《朱子语类》，《朱子全书》第14册，上海、合肥：上海古籍出版社、安徽教育出版社，2002年，第488页。
③ 学者基本上都认为朱子主张心性有别，如牟宗三先生以其理气二分的判定，认为心以气言，是形而下者；性以理言，是形而上者；主张心性有本质之别，严辨心性。蒙培元先生早期的观点基本与牟说无异，但后来却认为由于朱子有"心有体用"的说法，从而主张朱子的心性关系不当如牟说那样严加区分。陈来先生也认为心性之间有别，但不赞同牟宗三先生从形上、形下的角度来绝对区分二者，而是从心性的内涵、心能知觉、心有善恶等方面来区分心性。就三位的观点而言，应当以牟宗三先生的说法最为可取。因为此处所说的心性之别，是就心性作为哲学概念的本质而言的，因此在逻辑上不能混同。陈来先生显然也是承认了朱子在心性上有别，只是他是从朱子论心性的全部内容来讨论的，而不仅仅是在哲学概念上去讨论的，即不是在心性之本质的意义上去讨论的。蒙培元先生在后期所主张的"心有体用"的观点，与陈来先生所论一样，均是将心性的本质问题混同于心性关系的全部内容。参见牟宗三：《心体与性体》下，上海：上海古籍出版社，2007年，第147页；蒙培元：《理学的演变——从朱熹到王夫之戴震》，北京：方志出版社，2007年，第33—43页；蒙培元：《朱子哲学十论》，北京：中国人民大学出版社，2010年，第81—88页；陈来：《朱子哲学研究》，北京：生活·读书·新知三联书店，2009年，第257—263页。
④ 按照牟宗三先生的说法，"心具众理"是通过格物致知等工夫，才能境界地具有众理。而陈来先生却不认同此说，他认为"心具众理"是心本具众理，并认为这里的理并非指在物之理，而是指性。参见牟宗三：《心体与性体》下，上海：上海古籍出版社，2007年，第324页；陈来：《朱子哲学研究》，北京：生活·读书·新知三联书店，2009年，第261页。

情、性、情是体用的关系①。"心统性情"指的是心作为一切现象、经验活动的总体，在经验、现象中既包括本体之性、理，又包括发用之情。并且由于"心具众理"，所以心之发用必然包含着心对于性的呈现、主宰作用；情作为心之发用而呈现于现象者，是在心的主宰下得以呈现的。所以陈来先生将"心统性情"概括为"心兼性情"及"心主性情"两个方面②。朱子论心性关系的四个方面，应当作为一个整体来看待，首先心性作为哲学概念，在本质上是有区别的；但心作为经验之心，是一切意识活动的总体。"心具众理"，即指心之体是性，性作为本体是内在于心的；并且性作为心之体，不仅仅是存在心中即可，而是需呈现于现象当中。但性不是活动者，因此需要由心的活动来呈现出性的意义，这就是"心统性情"。也就是说，心性关系如同理气关系一样，是不即不离的。

经以上分析可知，既然朱子从心、性两个方面来解释"明德"，那么"明德"既是形上的本体，又是可以通过心而呈现于经验者。作为形上的本体，就保证了行为的道德必然性；作为经验之心，则使得明德不仅仅是作为本体存在，而是可以呈现于现象者。明德作为本体，无疑是道德的根据、原因，必然要求人复归本体；但人作为经验中的个体，必然会受到"气禀之拘"及"人欲之蔽"，因此需要做"明明德"的工夫，复归"明德"之本体。概括而言，朱子所谓"明明德"指的是先知晓、明了其本体之理，然后将理呈现于经验世界。

阳明对于"明明德"的解释与朱子不同，指以呈现本体的方式复归于本体。他说："故夫为大人之学者，亦惟去其私欲之蔽，以自明其明德，复夫天地万物一体之本然而已耳，非能于本体之外而有能增益之也。"③阳明同样是从本体上来解释"明德"，但他却赋予"明德"以万物一体之仁的含义。这一点与朱子有极大差别。朱子之理，包含了所当然之则与所以然之故二义；而阳明的万物一体之仁仅指所当然之则，因此阳明将物理解为"事"，仅指"人伦之事"。并且对于阳明而言，"万物一体之仁"本身就包含了"爱"、"亲"的意涵，所以在解释明明德与亲民之关系时，他认

---

① 陈来先生对此有详细论述，参见陈来：《朱子哲学研究》，北京：生活·读书·新知三联书店，2009年，第287—298页。
② 参见陈来：《朱子哲学研究》，北京：生活·读书·新知三联书店，2009年，第292—293页。
③ （明）王守仁撰，吴光等编校：《大学问》，《王阳明全集》中，上海：上海古籍出版社，2011年，第1066—1067页。

为"明明德"必然要求亲民。而朱子却很少言及"万物一体之仁",甚至对此作过批评①。

其次,朱子、阳明对"亲民(新民)"之解释的差异。依据二程的说法,朱子将"亲民"改为"新民",他说:"新者,革其旧之谓也,言既自明其明德,又当推以及人,使之亦有以去其旧染之污也。"②由"言自明其明德,又当推以及人"可知,朱子对"新民"的解释与"明明德"有关。在他看来,人人都需要明其明德,但实际上并非人人都能做到。因此,在自明其明德之时亦当推以及人,促使他人同样自明其明德。此即朱子所谓"新民"。由此,他解"新民"为革新"其旧染之污"。"旧染之污"指"气禀之拘、人欲之蔽"。在如何展开"新民"的问题上,朱子以"齐家"、"治国"及"平天下"三条目为"新民"之事,他说:"齐家以下,新民之事。"③

阳明反对朱子的"新民"说,信从古本的"亲民"说,其理据是:

"作新民"之"新"是自新之民,与"在新民"之"新"不同,此岂足为据?"作"字却与"亲"字相对,然非"亲"字义。下面"治国平天下"处,皆于"新"自无发明,如云"君子贤其贤而亲其亲,小人乐其乐而利其利";"如保赤子";"民之所好好之,民之所恶恶之,此之谓民之父母"之类,皆是"亲"字意。④

阳明赞同朱子以齐家、治国、平天下三者为新民的内容一说,但他认为"治国平天下"的"君子贤其贤而亲其亲,小人乐其乐而利其利"、"如保赤子"、"民之所好好之,民之所恶恶之,此之谓民之父母"等内容,并不具备朱子所谓"新民"之意,而是指"亲民"之意。因此,阳明主张以"亲民"为准。不过,他对亲民的解释却不再像朱子一样强调"去其旧染之污"之说,而是强调"亲民"是"达其万物一体之用",他说:

---

① 关于朱子论仁,参见牟宗三:《心体与性体》下,上海:上海古籍出版社,2007年,第209—320页;陈来:《中国近世思想史研究》,北京:生活·读书·新知三联书店,2010年,第83—116页。
② (宋)朱熹撰,朱杰人、严佐之、刘永翔主编:《四书章句集注》,《朱子全书》第6册,上海、合肥:上海古籍出版社、安徽教育出版社,2003年,第16页。
③ (宋)朱熹撰,朱杰人、严佐之、刘永翔主编:《四书章句集注》,《朱子全书》第6册,上海、合肥:上海古籍出版社、安徽教育出版社,2003年,第17页。
④ (明)王守仁撰,吴光等编校:《传习录·上》,《王阳明全集》上,上海:上海古籍出版社,2011年,第2页。

亲民者，达其万物一体之用也。故明明德必在于亲民，而亲民乃所以明其明德也。是故亲吾之父，以及人之父，以及天下人之父，而后吾之仁实与吾之父、人之父以及天下人之父而为一体矣；实与之为一体，而后孝之明德始明矣！亲吾之兄，以及人之兄，以及天下人之兄，而后吾之仁实与吾之兄、人之兄与天下人之兄而为一体矣；实与之为一体，而后弟之明德始明矣！君臣也，夫妇也，朋友也，以至于山川鬼神鸟兽草木也，莫不有以亲之，以达吾一体之仁，然而吾之明德始无不明，而真能以天地万物为一体矣。夫是之谓明明德之于天下，是之谓家齐国治而天下平，是之谓尽性。①

在阳明看来，亲民当以明明德为前提，以"明明德"以立其体，而以"亲民"达其用。在德行上即表现为在亲其父之时，亦要亲他人之父。因此，"明明德"与"亲民"的关系就是体用的关系，"明明德"必然要求"亲民"。

总之，朱子、阳明对于新民（亲民）的解释差异较大，而阳明的"亲民"说是针对朱子"新民"说而发的。

再次，朱子、阳明对"止于至善"之解释的差异。"止于至善"，朱子的解释是"止者，必至于是而不迁之意。至善，则事理当然之极则也。"② "止"指达到"至善"而以"至善"为终点之意。"至善"指"事理当然之极则"，亦即人伦的规范和律则。"极"字凸显了在对"至善"的理解上，朱子是在本体的层面来解释的。"止于至善"的意思是，在行为处事时，事事、时时当以当然之则为原则。

阳明对于"止至善"的界定与朱子几乎无异，他说："至善者，明德、亲民之极则也。天命之性，纯粹至善，其灵昭不昧者，此其至善之发见，是乃明德之本体，而吾所谓良知也。"③阳明以"至善"为"明明德、亲民"的"极则"，与朱子所论完全一致，不过，二人在"极则"或者"至善"的所指上尚有差别：朱子认为是本体之理，阳明认为是本体之良

---

① （明）王守仁撰，吴光等编校：《大学问》，《王阳明全集》中，上海：上海古籍出版社，2011年，第1067页。
② （宋）朱熹撰，朱杰人、严佐之、刘永翔主编：《四书章句集注》，《朱子全书》第6册，上海、合肥：上海古籍出版社、安徽教育出版社，2003年，第16页。
③ （明）王守仁撰，吴光等编校：《大学问》，《王阳明全集》中，上海：上海古籍出版社，2011年，第1067页。

知。虽然二人都是在本体的层面来解释"至善",但阳明的解释却另有意图,他希望通过以良知解释至善从而扭转朱子以理解释至善的外求之弊病①。阳明批评朱子道:"人惟不知至善之在吾心,而求之于外,以为事事物物皆有定理也,而求至善于事事物物之中,是以支离决裂,错杂纷纭,而莫知有一定之向。"②在阳明看来,朱子的"格物穷理"有外求的特质,会导致支离、错杂的弊病,从而使心不能知晓其定向。阳明将朱子的这一弊病归因于朱子将至善理解为"在物之理",从而需要以格物穷理的方式才能使心获得关于理的知识。有鉴于此,阳明认为"知止"应当是指"知至善之在吾心",由此可以"不假于外求,则志有定向,而无支离决裂、错杂纷纭之患矣。"③经过对"至善"及"知止"全新解释,阳明将朱子的格物致知说改造为直接呈现本体的工夫④。换言之,由于阳明将"至善"理解为"吾心至善",因此,八条目作为工夫就只是呈现至善之本体的工夫。显然,阳明之以良知解释至善是针对朱子而来的。

最后,朱子、阳明论三纲领关系的差异。在《四书章句集注》中,朱子对三纲领关系的论定是:"言既自明其明德,又当推以及人,使之亦

---

① 所谓"外求的弊病",是阳明对朱子"格物"说的一个批判性结论。阳明认为朱子的"格物"说建立在"在心为知"、"在物为理"的基础上,因此有在心外求理的弊病。当然,此种观点只是阳明的判定,并非是朱子哲学本身即有此种弊病。
② (明)王守仁撰,吴光等编校:《大学问》,《王阳明全集》中,上海:上海古籍出版社,2011年,第1068页。
③ (明)王守仁撰,吴光等编校:《大学问》,《王阳明全集》中,上海:上海古籍出版社,2011年,第1068页。
④ 此处需要对"内外"加以说明,因为在阳明与湛甘泉、罗整庵及顾东桥等辩"格物"时即包含了对"内外"的辩论。对此,陈来先生有很好的论述。"内外"作为概念,应当有其针对的对象,即必须先设定是针对何物才能有"内外"之说。比如说必须设定了人的存在,即相对于某一个具体的人,才能说某物在人之内或之外。而具体到朱子、阳明的《大学》诠释,则"内外"有两大对象,一是指主体,即做工夫的具体的人;一是指本体,即朱子所谓理、阳明所谓良知。当然,在本体上实际上是不能说内外的,因为本体是一切存在的根据,是无所不包的。因此,这里所说的"内外"都是就做工夫的主体而言的,即相对于个体的人而言的"内外"。这样看来,朱子以理在物、知在心,故而相对于主体而言,物理就是外于主体的,知则内在于主体。因此其格物致知之说就是"由外而内"。而诚意、修身以至于齐家、治国、平天下,就是由主体将本体呈现出来,因此又是"由内而外"。所以说朱子的诠释是"外—内—外"。而阳明由于直接肯定了"心即理"、"良知只在人心",因此其诠释则是"内—外"。顺便指出,在朱子,有本体与主体之别,而在阳明则主体与本体是合一的,这是二人哲学存在差异的现象亦是原因。正是因为对"内外"的解释未能确定,才导致了阳明在与他人辩解格物时,似乎出现了既批评内外又肯定内外的矛盾现象。本书下文若涉及到"内—外"这一概念时,均参照此处的解释,不再另作说明。陈先生的观点,参见陈来:《有无之境——王阳明哲学的精神》,北京:生活·读书·新知三联书店,2009年,第152—170页。

有以去其旧染之污"、"言明明德、新民,皆当止于至善之地而不迁"①。以上两处文字过于简略,在《大学或问》中,他有更为详细的论述。他说:

> 然其所谓明德者,又人人之所同得,而非有我之得私也。向也俱为物欲之所蔽,则其贤愚之分,固无以大相远者。今吾既幸有以自明矣,则视彼众人之同得乎此而不能自明者,方且甘心迷惑没溺于卑汙苟贱之中而不自知也,岂不为之恻然而思有以救之哉!故必推吾之所自明者以及之,始于齐家,中于治国,而终及于平天下,使彼有是明德而不能自明者,亦皆有以自明,而去其旧染之污焉,是则所谓新民者,而亦非有所付畀增益之也。然德之在己而当明,与其在民而当新者,则有皆非人力之所为,而吾之所以明而新之者,又非可私意苟且而为也。是其所以得之于天而见于日用之间者,固已莫不各有本然一定之则,程子所谓"以其义理精微之极,有不可得而名"者,故姑以至善目之。而传所谓君之仁、臣之敬、子之孝、父之慈、与人交之信,乃其目之大者也。众人之心,故莫不有是,而或不能知,学者虽或知之,而亦鲜能必至于是而不去,此为大学之教者,所以虑其理虽粗复而有不纯,己虽粗克而有不尽,且将无以尽夫修己治人之道,故必指是而言,以为明德、新民之标的也。欲明德而新民者,逞能求必至于是而不容其少有过不及之差焉,则其所以去人欲而复天理者,无毫发之遗恨矣。②

朱子对三纲领关系的这一详论,其要点有三:其一,他首先肯定了明德乃人人所共有,并且明德是人之为人的根据。但人生而即为"气禀所据"及"人欲所蔽",因此人人都需要做"明明德"的工夫。由"明明德"工夫可以使得人人复归其本体,以成就人之为人。其二,就明明德与新民的关系而言,他认为既然人人都以明德为本体、人人都须做明明德的工夫,那么在自明其明德之时应当推以及人,使得他人亦当明其明德。只是朱子认为新民虽然是使得他人自明其明德,最终以去其旧染之污,但在方法、途径

---

① (宋)朱熹撰,朱杰人、严佐之、刘永翔主编:《四书章句集注》,《朱子全书》第6册,上海、合肥:上海古籍出版社、安徽教育出版社,2003年,第16页。
② (宋)朱熹撰,朱杰人、严佐之、刘永翔主编:《大学或问》,《朱子全书》第6册,上海、合肥:上海古籍出版社、安徽教育出版社,2003年,第508—509页。

上却不再是格物、致知、诚意、正心及修身的自明其明德的工夫,而是以齐家、治国、平天下来实现。质言之,"明明德"与"新民"是一种外在的"不忍心"下的"推以及人"之关系。其三,就明明德、新民与止于至善的关系而言,朱子认为是以止于至善作为明明德、新民的标准。在他看来,明明德、新民虽然可使人复归本体之初,但毕竟有一时、一事的限制,并且由于人随时、随事有可能为"气禀所据"、"人欲所蔽",因此需要时时、事事都以至善为标准。

阳明对于三纲领关系的理解虽与朱子有相近之处,但更有迥异之处。就"明明德"与"亲民"的关系而言,由于阳明将"明德"解释为"万物一体之仁",认为"明明德"是"立其万物一体之仁","亲民"是"达其万物一体之用",并且由于阳明主张体用一源、体用本一,因此,"明明德"与"亲民"之间的体用关系意味着明明德必然要求亲民,亲民只是展现明明德的途径,即阳明所谓:"故明明德必在于亲民,而亲民乃所以明其明德也。"①这与朱子认为的"明明德"与"新民"是一种外在的"不忍心"下的"推以及人"之关系有本质的区别。当然,朱子、阳明均强调人人应当自明其明德,但由于阳明将明德理解为"万物一体之仁",在本质上已经包含了亲民之"爱",因此,亲民只是实现明明德的途径。这与朱子仅仅将明德理解为"人之所得乎天,而虚灵不昧,以具众理而应万事者"不同,朱子的解释更多的是在个体的层面上去言说人人所具有的明德;而阳明却是在对明德的理解上内在地规定了个体与万物的关系,因此他才会以"体用"去解释明明德与亲民的关系。概言之,在明明德与新民(亲民)的关系上,朱子、阳明的差异是:朱子认为两者是外在的关系,阳明则认为是体用一源的关系。

就明明德、亲民与止于至善的关系而言,阳明的解释与朱子颇为相近,他指出:"至善者,明德、亲民之极则也。"②在阳明看来,明明德、亲民必然会有其根据,即至善。并且阳明把至善等同于良知,所以他在上引文字之后指出:"天命之性,纯粹至善,其灵昭不昧者,此其至善之发

---

① (明)王守仁撰,吴光等编校:《大学问》,《王阳明全集》中,上海:上海古籍出版社,2011年,第1067页。
② (明)王守仁撰,吴光等编校:《大学问》,《王阳明全集》中,上海:上海古籍出版社,2011年,第1067页。

见,是乃明德之本体,而吾所谓良知也。"①"明明德"与"亲民"以良知为极则,即要求在明明德及亲民的过程中,事事当以良知、至善为根据,不得违逆至善。所以在这一点上,朱子与阳明是一致的。不过,朱子认为"止于至善"作为根据之意义,体现在时时、事事以至善为极则,以克服"气禀之拘"与"人欲之蔽";阳明则将"止于至善"作为根据的意义扩充到对其他学派的批评上,他说:"盖昔之人固有欲明其明德于天下者矣,然惟不知止于至善,而骛其私心于过高,是以失之虚罔空寂,而无有乎国家天下之施,则二氏之流是矣。固有欲亲其民者矣,然惟不知止于至善,而溺其私心于卑琐,是以失之权谋智术,而无有乎仁爱恻怛之诚,则五伯功利之徒是矣。是皆不知止于至善之过也。"②阳明认为,二氏及五伯功利之徒虽然也讲明明德于天下、亲民,但由于他们的主张未能以止于至善为目的,因此会形成各种过失,如会以私心、权谋之术取代仁爱、恻隐之明德,从而最终导致无明明德、亲民之实。然而儒学恰恰因为能谨守止于至善,所以在明明德、亲民的过程中,不会出现过失。

通过以上比较可知,无论是就对三纲领的解释,还是就对三纲领之关系的理解而言,朱子与阳明的解释都存在差异,并且阳明的诸多解释就是对朱子的批评。显然,阳明就是希望对《大学》的重新诠释来克服他自以为的朱子学之弊端。

(二)朱子、阳明论"八条目"及其关系之比较

"八条目"指格物、致知、诚意、正心、修身、齐家、治国、平天下。对于齐家、治国、平天下三者,朱子、阳明均未详细讨论。朱子对三者的解释仅仅是以"天下之本在国、国之本在家、家之本在身"的逻辑,将三者以"本末"的关系统摄于修身;阳明在《大学古本旁释》中多以"说归身上"及"只是诚意"来处理三者的关系,而在《大学问》中则几乎未曾涉及,其解释仅仅涉及格物、致知、诚意、正心四者。这一点,可以说是宋明儒的共识。由于宋明儒所处理的核心问题是如何回应佛老,尤其是佛教的心性论,是以他们将重心放在心性论上,即将关注点放在"内

---

① (明)王守仁撰,吴光等编校:《大学问》,《王阳明全集》中,上海:上海古籍出版社,2011年,第1067页。
② (明)王守仁撰,吴光等编校:《大学问》,《王阳明全集》中,上海:上海古籍出版社,2011年,第1068页。

圣"上①。因此，必然会对象征"外王"的齐家、治国、平天下有所忽略，甚至直接以内圣代替之，如阳明直接以修身、诚意视之。有鉴于此，下面将着重比较朱子、阳明对格物、致知、诚意、正心及其关系之解释的差异。

首先，二人对"格物"解释的差异。关于"格物"，朱子的解释是"格，至也。物，犹事也。穷至事物之理，欲其极处无不到也。"②陈来先生对朱子的"格物"有很好的概括，认为它包含了"即物"、"穷理"与"至极"三个方面③。具体而言，就是即物而穷究、考究事物之理，并且要求达到极致④。需要说明的是"物"所指为何，因为对"物"的解释之差异，导致了朱子、阳明格物说的差异。"物"，朱子在《四书章句集注》中的解释是"犹事也"，唐君毅先生认为朱子此说存在问题，不符合《大学》原意⑤。实则朱子的解释并非仅限于此，还包括花、草及木等自然物，他在回答格物的对象时说："求之情性，固切于身，然一草一木，亦皆有理，不可不察。"⑥朱子认为，从与人相近的性、情等对象入手去做格物的工夫，固然更为有效；但他认为草木等自然物亦有其理，亦须穷格其理。据此，朱子间接地肯定了草木等自然物同样是格物的对象，亦说明"物"并非仅指事父、事兄、事君的"人伦之事"，还包括草木等自然物。当然，朱子对"物"的解释的确是以"事"为主，所以他才会说："格物，莫先于五品。"⑦质言之，朱子的"物"是包括一切"事"和"物"，

---

① 牟宗三先生对此的论述极为中肯，他说："此'心性之学'亦曰'内圣之学'。'内圣'者，内在于个人自己，则自觉地做圣贤工夫（做道德实践）以发展完成其德性人格之谓也。'内圣外王'一语出于《庄子·天下》篇，然以之表象儒家之心愿实最为恰当。'外王'者，外而达于天下，则行王者之道也。王者之道，言非霸道。这一面足见儒家之政治思想。宋、明儒所讲习者特重'内圣'一面。"参见牟宗三：《心体与性体》上，上海：上海古籍出版社，2007年，第4页。
② （宋）朱熹撰，朱杰人、严佐之、刘永翔主编：《四书章句集注》，《朱子全书》第6册，第17页。
③ 陈来：《朱子哲学研究》，北京：生活·读书·新知三联书店，2010年，第330—332页。
④ 需要说明的是，朱子对"格物"的解释，从字面上始终没有出现考究、研究等表示工夫的意涵。但朱子又的确将格物视为工夫。
⑤ 唐君毅先生对朱子、阳明的《大学》诠释展开批判，其中一条即认为二人将"物"解释为"事"存在问题，不符合《大学》"原意"。参见唐君毅：《中国哲学原论·原教篇》，北京：中国社会科学出版社，2006年。
⑥ （宋）朱熹撰，朱杰人、严佐之、刘永翔主编：《大学或问》，《朱子全书》第6册，上海、合肥：上海古籍出版社、安徽教育出版社，2003年，第526页。
⑦ （宋）朱熹撰，朱杰人、严佐之、刘永翔主编：《朱子语类》，《朱子全书》第14册，上海、合肥：上海古籍出版社、安徽教育出版社，2003年，第464页。

既包括"人伦之事"又包括"自然之物",亦包括心、性、天等哲学概念等。

阳明对于"格物"的解释是:"格者,正也,正其不正以归于正之谓也。正其不正者,去恶之谓也。归于正者,为善之谓也。夫是之谓格物。"①在阳明看来,格物就是正物,指使万物息归于正,"归于正"即"归于善"。然而如果"物"像朱子所论一样包括自然物在内的泛指的一切事物,则"正物"之说恐难成立。自然物作为现实存在者,如现实存在的花、草等很难做"正其不正以归于正"的工夫,因此,阳明必然对"物"另作解释。他指出:"物者,事也,凡意之所发必有其事,意所在之物谓之物。"②阳明否定了朱子视自然物为物的观点,认为"物"就是"事",并且强调"物"的本质是由人心所发之意来决定的。其实,此说在代表阳明早期思想的"四句理"③中即已提出,因此是他一贯的观点。

足见,朱子之物虽然以人伦之事为主,但其本质是包括自然物在内的世间的一切事、物,所以朱子才说"物,犹事也"。而阳明则直接将物解释为"事",仅指人伦之事。更为关键的是,从"意之所发与所在"来界定"物",其特殊之处在于,对"物"的理解一定关联着人。只有人才有心,才能由心发而为意,才能有"意之所在"的物。正是在这一意义上,杨国荣先生将阳明的"物"理解为"意义世界"④。阳明的这一理解,是对以往关于"物"的解释的一大转向。由此,即可知为何阳明将格物解释为正物了。因为物作为意之所在,是由意决定的,只要保证意之正,即可保证物之正⑤。阳明对物之解释的转变,可以说导致整个对《大学》的解

---

① (明)王守仁撰,吴光等编校:《大学问》,《王阳明全集》中,上海:上海古籍出版社,2011年,第1071页。
② (明)王守仁撰,吴光等编校:《大学问》,《王阳明全集》中,上海:上海古籍出版社,2011年,第1071页。
③ "四句理"是陈来先生的说法,指的是《传习录·上》所记载的"然。身之主宰便是心,心之所发便是意。意之本体便是知,意之所在便是物。"参见陈来:《有无之境——王阳明哲学的精神》,北京:生活·读书·新知三联书店,2009年,第56—57页。
④ 参见杨国荣:《心学之思——王阳明哲学的阐释》,上海:华东师范大学出版社,2009年,第100—102页。
⑤ 这样看来,似乎格物就变为了诚意,因为心在阳明哲学中是在本体之本心的意义上来理解的,因此不存在"正心"之说,只需在诚意上下工夫,即可格物。也正是在这一点上,陈来先生对阳明的"格物"究竟是格物还是格心作了深入讨论。参见陈来:《有无之境——王阳明哲学的精神》,北京:生活·读书·新知三联书店,2009年,第150—151页。

释发生了变化，同时也对宋明儒学产生了重大影响。关于这一问题，陈来先生有很好的阐述，他说："概括地说，阳明之提出或建立"心外无物"的原理通过三个环节作为中介，一是以物指事；二是从心上说事，即从主体方面定义事；三是通过意与物的关系建构起心外无物的心物论。"①显然，由于对物的解释的改变，使得阳明心学真正得以建立，从而区别于朱子的理学。

综观朱子与阳明对于"格物"的解释可知，二人所见有极大不同。朱子的格物是向外的在事物上穷究事物之理。虽然他认为"性即理"及"心具众理"，但在具体的格物过程中，还是表现出将"物理"视为对象的认知义。朱子的"格物"说只有先区别人与物，才能去穷究事物之理。这一"人—物"的区分，即包含了以物理为对象，从而穷究其理之认识论的意义。而阳明的格物则是一种向内的反思学说，他注重的是如何在"意义世界"的人伦之事中将本心、良知呈现出来。因此，阳明的"格物"说是由内而外的学说。

其次，二人对"致知"解释的差异。"致知"，朱子的解释是"致，推极也。知，犹识也。推极吾之知识，欲其所知无不尽也。"②"推极"指心本来具有知识，只是不够全面，因此需要"欲其所知无不尽也"。朱子虽然将致知视为工夫之一，但实际上致知是通过格物来实现的，即"所谓致知在格物者，言欲致吾之知，在即物而穷其理也。"③在朱子哲学中，由于他认为理在物即谓之理，在心谓之知，并且认为心之知识就是关于理之知识，因此，"致知"当如陈来先生所总结的："是主体通过考究物理而在主观上得到的致知扩充的结果。致知作为格物的目的和结果，并不是一种与格物并行的、独立的、以主体自身为认识对象的认识方法或修养方法。"④这意味着，致知只是格物的结果与效验，本身并无工夫的意

---

① 参见陈来：《有无之境——王阳明哲学的精神》，北京：生活·读书·新知三联书店，2009年，第56页。
② （宋）朱熹撰，朱杰人、严佐之、刘永翔主编：《四书章句集注》，《朱子全书》第6册，上海、合肥：上海古籍出版社、安徽教育出版社，2003年，第17页。
③ （宋）朱熹撰，朱杰人、严佐之、刘永翔主编：《四书章句集注》，《朱子全书》第6册，上海、合肥：上海古籍出版社、安徽教育出版社，2003年，第17页。
④ 陈来：《朱子哲学研究》，北京：生活·读书·新知三联书店，2010年，第334页。

义①。这也说明，致知如同格物一样，仍具有向外获取知识的倾向。

阳明对于致知的理解完全不同于朱子，他将致知解释为"致良知"。良知作为阳明哲学的本体，其本质是知善知恶与好善恶恶的统一②。所谓"致良知"，是将本体之良知呈现于现象、经验之中。质言之，朱子、阳明对于致知之解释的最大差异在于：阳明的致良知是直接针对本体而来，是将本体呈现于外在经验世界的工夫；而朱子的致知虽然以本体之理为对象，以求形成关于理的全尽之知识，但其方法却是通过向外格物的工夫来实现的。朱子、阳明的致知说仍有"由外向内"与"由内向外"之别。

再次，二人对"诚意"解释的差异。对于"诚意"的解释，朱子、阳明均是围绕着《大学》的"自欺"、"自谦"及"慎独"三概念来展开的。他们对于"意"的理解是一致的，都是指"心之所发"。"心之所发"属于"已发"的范畴，因此，意本身即可包含善恶两种可能，所以朱子、阳明都特别强调诚意。并且二人对于诚意的理解基本一致，即朱子所谓"实其心之所发，欲其一于善而无自欺也。"③只是朱子对"自欺"、"自谦"及"慎独"三者做了一定的区分④，认为毋自欺与自谦是诚意的实际要求与下工

---

① "工夫与效验"是曾亦提出来理解宋明儒学的一对范畴，用来解释朱子的格物与致知的确较为合适。参见曾亦：《〈大学〉中的"功夫—效验"问题与朱子的工夫论学说》，《湖南大学学报》（社会科学版）2012年11月第6期，第31—37页。

② 由于受到西方哲学的认识论、知识论影响，经常会将阳明的良知从知识论上去理解，从而将良知也视为一种关于道德原则的知，即阳明所说的"知善知恶"、"知是知非"，但实际上阳明同样强调良知的"好善恶恶"，如他指出："良知只是个是非之心，是非只是个好恶，只好恶便尽了是非，只是非便尽了万事万变。"（《传习录·下》，《王阳明全集》上，第126页）这一点，陈来先生业已指出。他说："由此可见，良知作为先天原则，不尽表现为'知是知非'或'知善知恶'，还表现为'好善恶恶'，既是道德理性原则，又是道德情感原则。良知不仅指示我们何者为是何者为非，而且使我们'好'所是而'恶'所不是，他是道德意识与道德情感的统一。"陈来先生以道德意识与道德情感的统一，来说阳明关于良知的"知善知恶"与"好善恶恶"的统一，虽然持之有故，但让人容易误将道德情感理归属于经验范畴，类同于朱子所论。从而使得原本在本体上界定的良知，包含了经验的内容。若以"良能"或者"道德能力"来界定，则更为合理。因为"好善恶恶"本身就是一种呈现道德的能力。这样看来，良知作为本体，不仅是道德原则，更是道德能力。这样的解释，才能更好地说明牟宗三先生所说的"阳明的良知是'即存有即活动'的"。参见陈来：《有无之境——王阳明哲学的精神》，北京：生活·读书·新知三联书店，2009年，第188—189页。

③ （宋）朱熹撰，朱杰人、严佐之、刘永翔主编：《四书章句集注》，《朱子全书》第6册，第17页。

④ 许家星对朱子的诚意说有较为详细而允当的论述，参见许家星：《"更是〈大学〉次序，诚意最要"——论朱子〈大学章句〉"诚意"章的诠释意义》，《南昌大学学报》（人文社会科学版）2011年1月第1期，第18—25页；《论朱子的"诚意"之学——以"诚意"章诠释修改为中心》，陈来主编：《哲学与时代——朱子学国际学术研讨会论文集》，上海：华东师范大学出版社，2012年，第57—80页。

夫处，慎独则是对意诚与否的检验，诚意的本质是指"一于善而毋自欺"。朱子的这些解释，除将诚意解释为"一于善而毋自欺"外，阳明均未有涉及。

然后，二人对"正心"解释的差异。朱子对"正心"的解释颇为复杂。《大学》的原文是"身有所忿懥，则不得其正；有所恐惧，则不得其正；有所好乐，则不得其正；有所忧患，则不得其正"。朱子依据伊川的说法，认为"身"字当作"心"字，继而指出："盖是四者，皆心之用，而人所不能无者。然一有之而不能察，则欲动情胜，而其用之所行，或不能不失其正。"①朱子并不否定忿懥、恐惧、好乐、忧患四者，认为它们是心发而为用者；但是他认为心发而为此四者时，极有可能因为心未能审察，从而使得四者不得其正。因此，所谓"心不正"是指心之发用不合于理。所谓"正心"，是指在发用之初加以审察纠正，使其归于正。不过，在心之所发上加以审查，并非以心为对象，而是以心之所发的意为对象。因此，朱子如此解释的正心并非是言说正心本身，而是在解释诚意。据此，为保持"正心"作为工夫的意义，朱子特别提出了"存心"这一概念。他在注解《大学》的"心不在焉，视而不见，听而不闻，食而不知其味"时，指出："心有不存，则无以检其身，是以君子必察乎此而敬以直之，然后此心常存而身无不修矣。"②"必察乎此而敬以直之"即指"以敬存心"，说明朱子已以存心取代正心，并以"敬以直之"作为"存心"的工夫。关于何谓"存心"，他的说法是：

> 人心本是湛然虚明，事物之来，随感而应，自然见得高下轻重。事过便当依前恁地虚，方得。若事未来，先有一个忿懥、恐惧、好乐、忧患之心在这里，及忿懥、好乐、恐惧、忧患之事到来，又以这心相与滚合，便失其正。事了，又只苦留在这里，如何得正？③

朱子认为"存心"可以从三个方面来解释：其一，事物来感时，心当有所

---

① （宋）朱熹撰，朱杰人、严佐之、刘永翔主编：《四书章句集注》，《朱子全书》第6册，上海、合肥：上海古籍出版社、安徽教育出版社，2003年，第22页。
② （宋）朱熹撰，朱杰人、严佐之、刘永翔主编：《四书章句集注》，《朱子全书》第6册，上海、合肥：上海古籍出版社、安徽教育出版社，2003年，第22页。
③ （宋）朱熹撰，朱杰人、严佐之、刘永翔主编：《朱子语类》，《朱子全书》第14册，上海、合肥：上海古籍出版社、安徽教育出版社，2003年，第538页。

感应，从而当忿懥则忿懥、当恐惧则恐惧、当好乐则好乐、当忧患则忧患；其二，然而事物一过，即不可使忿懥、恐惧、好乐、忧患等存留于心中，从而影响其随感随应，也就是说存心是指随时保持此心不为任何事物所占据，只是一如其湛然虚明；其三，"存心"的工夫是"敬以直之"。总之，"存心"指的是保持此心的虚明灵觉，从而能够主宰一切行为。

阳明对于"正心"的解释颇为简单，他说："然心之本体则性也。性无不善，则心之本体本无不正也。何从而用其正之之功乎？盖心之本体本无不正，自其意念发动而后有不正。"①在阳明看来，心之本体本无不正，因此无需正心的工夫，从而消解了"正心"的工夫论意义，并将正心的工夫转向诚意。

综上可知，朱子是以"敬以直之"的"存心"来解释"正心"，尚且保留了正心的工夫论意义，而阳明则取消了正心的工夫论意义。这根源于二人对"心"的不同解释。朱子虽然也说心之本体无有不正，但他所说的心之本体是指心的本然状态，此心并非在实际活动中作为主宰作用的实然之心。质言之，朱子的正心之心乃实然之心，非心的本然状态。因此，朱子特别强调要先格物致知，以使实然之心复归心之本然，即需要有存心的工夫。但阳明却是将本然与实然合一，本心就是主宰之心，因此取消了正心的工夫。

最后，来看二人论八条目关系的差异。朱子在《四书章句集注》中对八条目关系的论述过于简略，但在《大学或问》中有详细讨论，他说：

> 然天下之本在国，故欲平天下者，必先有以治其国。国之本在家，故欲治国者，必先有以齐其家。家之本在身，故欲齐家者，必先有以修其身。至于身之主则心也，一有不得其本然之正，则身无所主，虽欲勉强以修之，亦不可得而修矣，故欲修身者，必先有以正其心。而心之所发则意也，一有私欲杂乎其中，而为善去恶或有未实，则心为所累，虽欲勉强以正之，亦不可得而正矣，故欲正心者，必先有以诚其意。若夫知则心之神明，妙众理而宰万物者也，人莫不有，而或不能使其表里洞然无所不尽，则隐微之间，真妄错杂，虽欲勉强以诚之，亦不可得而诚

---

① （明）王守仁撰，吴光等编校：《大学问》，《王阳明全集》中，上海：上海古籍出版社，2011年，第1070页。

> 矣，故欲诚意者，必先有以致其知。致者，推致之谓，如"丧致乎哀"之致，言推之至于尽也。至于天下之物，则必各有所以然之故，与其所当然之则，所谓理也，人莫不有知，而或不能使其精粗隐显，究极无余，则理所未穷，知必有蔽，虽欲勉强以致之，亦不可得而致矣。故致知之道，在乎即事观理，以格夫物。格者，极至之谓，如"格于文祖"之格，言穷之而至其极也。①

首先，就修身、齐家、治国与平天下四者而言，朱子是从本末的角度来理解的，认为天下之本在国，国之本在家，家之本在身，所以必须以修身为本，即以修身为齐家、治国、平天下的前提。其次，在修身与正心之间，正心又是修身的前提。心是身之主宰，因此，只有心正才能合理主宰身之行为。最后，就正心、诚意、致知及格物四者而言，又当以格物为前提。心之所发为意，但其所发未必能好善恶恶，未必合于理、一于善，所以必须诚意。然而欲其好善恶恶均一于善、合于理，则必须知道何谓善恶，因此必须以致知为前提。虽然朱子认为人心莫不有其妙众理而宰万物之知，但其知毕竟为"气禀所拘，人欲所蔽"②，未能尽显其全部内容，因而必须经由格物以充扩其知识，即以格物为前提。经由以上推衍，朱子认为八条目当以"格物为先"，"先"指八条目以格物为前提。当然，朱子对八条目关系的论定并非仅此一点，而是主张在以格物为前提之下，肯定八条目各自作为工夫。他说：

> 物既格，知既至，到这里方可着手下工夫。不是物格、知至了，下面许多一齐扫了。若如此，却不消说下面许多，看下面许多，节节有工夫。③

> 《大学》中大抵虚字多。如所谓"欲"、"先"、"而后"，皆虚字；"明明德、新民、止于至善"，"致知、格物、诚意、正心、修身、齐家、治国、平天下"，是实字。今当就其紧要实处着工夫。如何致知、格物以至

---

① （宋）朱熹撰，朱杰人、严佐之、刘永翔主编：《大学或问》，《朱子全书》第6册，上海、合肥：上海古籍出版社、安徽教育出版社，2003年，第511—512页。
② （宋）朱熹撰，朱杰人、严佐之、刘永翔主编：《四书章句集注》，《朱子全书》第6册，上海、合肥：上海古籍出版社、安徽教育出版社，2003年，第16页。
③ （宋）朱熹撰，朱杰人、严佐之、刘永翔主编：《大学或问》，《朱子全书》第6册，上海、合肥：上海古籍出版社、安徽教育出版社，2003年，第515页。

于治国、平天下，皆有节目，须要一一穷究着实，方是。①

朱子认为，格物、致知对于心之知其善恶、一于理否固然最为重要，但也不能以格物致知代替其他条目，因此，主张八条目需要逐一做工夫，条条落实。朱子此种主张的原因是：心虽然由格物、致知而具众理，但它毕竟属于气，不能必然地合于理，一为私欲所蔽，即有可能不合于理，所以需要"常存此心以敬直之"，即正心；心发而为意，亦有可能受私欲之引导，从而趋向于恶，所以须要诚意，以使得意常一于善。所以必须强调诚意、正心均有其工夫论的意义。同样，由身、家、国以至于天下，虽然是本末的关系，但只能说明要以修身为本、为前提，不能说修身即可取代其他工夫。此外，不能说必须先做了格物致知的工夫，方去做诚意、正心、修身、齐家、治国与平天下的工夫。这一点，朱子有清晰的表述，他说："《大学》自致知以至平天下，许多事虽是节次如此，须要一齐理会。不是说物格以后方去致知，意诚以后方去正心。若如此说，则是当意未诚，心未正时有家也不去齐，如何得！"②基于以上两点，朱子认为八条目虽以格物为前提，但又必须步步落实、节节做工夫。

阳明对八条目关系的解释不同于朱子，其部分观点显然是对朱子所论的批评。阳明认为不应当像朱子一样将八条目解释为不同的工夫，而是认为可以将八者统归于修身一事。他说：

> 若语其要，则"修身"二字足矣，何必又言"正心"？"正心"二字足矣，何必又言"诚意"？"诚意"二字足矣，何必又言"致知"？"致知"二字足矣，何必又言"格物"？惟其工夫详密，而要之只是一事，此所以为精一之学，此正不可不思者也。③

阳明认为身、心、意、知及物固然不同，与之相应，修身、正心、诚意、致知及格物作为工夫也应有所区分，但这一区分并非是本质的区分。性、心、意、知、物虽然可以在不同的角度加以言说，但就其指称之实而言，

---

① （宋）朱熹撰，朱杰人、严佐之、刘永翔主编：《大学或问》，《朱子全书》第6册，上海、合肥：上海古籍出版社、安徽教育出版社，2003年，第493页。
② （宋）朱熹撰，朱杰人、严佐之、刘永翔主编：《大学或问》，《朱子全书》第6册，上海、合肥：上海古籍出版社、安徽教育出版社，2003年，第495页。
③ （明）王守仁撰，吴光等编校：《传习录·中·答罗整庵少宰书》，《王阳明全集》上，上海：上海古籍出版社，2011年，第86—87页。

都指本体①，阳明说："理一而已。以其理之凝聚而言，则谓之性；以其凝聚之主宰而言，则谓之心；以其主宰之发动而言，谓之意；以其发动之明觉而言，谓之知；以其明觉之感应而言，谓之物。"②既然都以本体来界定，与之对应的工夫实际上即是复归本体、呈现本体的工夫，所以阳明认为工夫亦无本质的区别，他说："故格物者，格其心之物也，格其意之物也，格其知之物；正心者，正其物之心也；诚意者，诚其物之意也；致知者，致其物之知也；此岂有内外彼此之分哉？故就其物而言谓之格，就知而言谓之致，就意而言谓之诚，就心而言谓之正。正者，正此也；诚者，诚此也；致者，致此也；格者，格此也。皆所谓穷理以尽性也。"③既然工夫在本质上是一致的，阳明提出以修身来统领格物、致知、诚意及正心等工夫，将四者甚至八条目作为工夫都视为修身之一事。显然，阳明对于格、致、诚、正四者关系的解释，不再像朱子那样强调四者各自作为工夫论的一环，这是二人对八条目关系理解上的最大差异。

当然，阳明在提出"致良知"后，将其所论收归于"致良知"上。因此，上述统归格致诚正四者的"修身"也被"致良知"所取代，所以在经过修改的《大学古本序》中④，阳明反复强调"致知"，认为"惟致知焉，尽矣"⑤。并且，由于阳明以体用来论定明明德与亲民之关系，所以齐家、治国、平天下三者即被消融于明明德之格致诚正中，因而八条目实际

---

① 当然，这里需要特别说明的是，虽然性、心、知在阳明哲学中都指本体，因此的确没有本质的区别。但意、物还是与性、心作为本体有别。因为就阳明哲学而言，意并非全是合于理、一与善即承体以达用之意，即阳明的"四句教"中即有"有善有恶意之动"。此即意味着"意"亦有可能是不善之意，因而意之所在之物亦有可能是不善之物。这也就解释了世间为何存在恶。但是，具体到这一段文字，阳明所说的意、物并非指包括善恶两种可能的意、物，而仅仅是在圆融境界下的万物承体以达用的极境之意、物，即由良知得以呈现于经验中的意、物。阳明之所以可以这样去解释心、性、知与物、意的关系，归因于他将本体与作用的关系理解为即体即用的关系。
② （明）王守仁撰，吴光等编校：《传习录·中·答罗整庵少宰书》，《王阳明全集》上，上海：上海古籍出版社，2011年，第86—87页。
③ （明）王守仁撰，吴光等编校：《传习录·中·答罗整庵少宰书》，《王阳明全集》上，上海：上海古籍出版社，2011年，第86—87页。
④ 关于今存本的《大学古本序》的形成，陈来先生有详细论述，可以参看。依据陈先生之见，《王阳明全集》中所收录的《大学古本序》并非原序，而是经过多次修改的，最为明显的一点就是里面大量引入了"致良知"的说法，尤其是结尾以"惟致知焉，尽矣"一句，明显与开始的《大学》之要，诚意而已矣"之说不符。参见陈来：《有无之境——王阳明哲学的精神》，北京：生活·读书·新知三联书店，2009年，第134—141页。
⑤ （明）王守仁撰，吴光等编校：《大学古本序》，《王阳明全集》上，上海：上海古籍出版社，2011年，第271页。

上仅仅是修身而已，仅仅是致良知一事而已。

不过，虽然可以以"致良知"、"修身"将八条目统领起来、收归于一事，但阳明也看到了格、致、诚、正四者之间有称呼上的不同，因此也肯定了四者在工夫论上有一定的差别。四者的差异意味着四者存在着一定的关系，阳明将这种"关系"称为"在"。与《大学》原文及朱子所理解的"先"、"后"不同，"在"指的是前一工夫当以后一工夫来实现。在将格、致、诚、正四者统归于修身后，阳明继而讨论了如何通过格、致、诚、正来实现修身。首先，他认为修身必须以正心来实现，他说：

> 何谓身心之形体？运用之谓也。何谓心？身之灵明主宰之谓也。何谓修身？为善而去恶之谓也。吾身自能为善而去恶乎？必其灵明主宰者欲为善而去恶，然后其形体运用者始能为善而去恶也。故欲修其身者，必在于先正其心。①

按照一般的理解，心是身之主，阳明亦是如此主张。在"心—身"对举中，身是已发者，只可以做反思的工夫。因此，修身实际上只能在身之主宰的心上入手，所以阳明认为应当以正心工夫来落实、实现修身的工夫。

其次，阳明认为正心应当通过诚意来实现，他说：

> 然心之本体则性也。性无不善，则心之本体本无不正也。何从而用其正之之功乎？盖心之本体本无不正，自其意念发动而后有不正。故欲正其心者，必就其意念之所发而正之，凡其发一念而善也，好之真如好好色；发一念而恶矣也，恶之真如恶恶臭：则意无不诚，而心可得而正矣。②

在阳明看来，心之本体无有不正，正心本身无工夫可做。因此，正心的工夫只能落实在心之所发的意上，即以诚意为工夫去落实正心的工夫。此即阳明所谓"必就其意念之所发而正之，凡其发一念而善也，好之真如好好色；发一念而恶矣也，恶之真如恶恶臭"。阳明以诚意来实现正心的观念

---

① （明）王守仁撰，吴光等编校：《大学问》，《王阳明全集》中，上海：上海古籍出版社，2011年，第1069页。
② （明）王守仁撰，吴光等编校：《大学问》，《王阳明全集》中，上海：上海古籍出版社，2011年，第1070页。

与朱子极为相似，只是朱子规定了正心本身有工夫的意涵。

最后，来看阳明如何以致知、格物来落实诚意。意作为心之所发，是有善恶之分的已发者，欲使得心之所发之意均一于善、合于理，则只能在心动之初，以良知审察其心，从而遇善而实好之、遇恶而真恶之，才能真正实现诚意。因此，阳明认为诚意当以致知即致良知来实现，他说："然意之所发有善有恶，不有以明其善恶之分，亦将真妄错杂，虽欲诚之，不可得而诚矣。故欲诚其意，必在于致知焉。"①当然，正心、诚意、致知中"心"、"知"、"意"还是在主体的意识阶段，并非独立于主体的客观事物；而修身的最终结果必然是形成德行，如事父之孝行、与朋友交的忠信之行等。而依据阳明对"物"所作的"意之所在"的特殊解释，实际上，修身的"孝"、"忠信"等德行就是阳明的"物"。因此，致知最终必须落实到"格物"上，修身的落实处即在"格物"的"正其不正以归于正"②。

当然，虽然阳明以"在"的"前一工夫当以后一工夫来实现"来解释格、致、诚、正之间的关系，亦可说四者有一定的工夫次序。但由以上分析可知，致良知可以将正心、诚意及格物三者包含于其中。致良知是指将本心呈现于经验中，在致良知的过程中，良知作为本心在未发将发之际本身是无有不正的，此即是正心的工夫；良知发出来便是意，此即有诚意的工夫；致良知的最终结果是使得万物息归于正，即是格物的工夫。足见，致良知一说实则包含了正心、诚意、格物于其中。总之，阳明对八条目的关系的看法是：从呈现本体的角度而言，他认为四者仍是同一工夫；同时，又肯定了八条目之间有一定次序。阳明总结说："盖其工夫条理虽有先后次序之可言，而其体之惟一，实无先后次序之可分。其条理工夫虽无先后之可分，而其用之惟精，固有纤毫不可得而缺焉者。此格致诚正之说，所以阐尧、舜之正传而为孔氏之心印也。"③

综观朱子、阳明对八条目关系的诠释可知，朱子更加遵从《大学》对

---

① （明）王守仁撰，吴光等编校：《大学问》，《王阳明全集》中，上海：上海古籍出版社，2011年，第1070页。

② 关于这一观念，阳明的原文是"然欲致其良知，亦岂影响恍惚而悬空无实之谓乎？是必实有其事矣。故致知必在于格物。物者，事也，凡意之所发必有其事，意所在之物谓之物。格者，正也，正其不正以归于正之谓也。正其不正者，去恶之谓也。归于正者，为善之谓也。夫是之谓格物。"《大学问》，《王阳明全集》中，上海：上海古籍出版社，2011年，第1071页。

③ （明）王守仁撰，吴光等编校：《大学问》，《王阳明全集》中，上海：上海古籍出版社，2011年，第1071页。

于"先"、"后"的论述,而阳明则几乎未曾遵从。朱子在八条目中最为重视格物,视其为其他条目的前提;而阳明却全无此种观念,只是将其视为八条目的最终落实处。

第三节 明清之际《大学》诠释的路向

按照萧萐父、许苏民二位先生之见,与"周秦之际"一样,"明清之际"是中国学术思想史上先后辉映、互相媲美的两个黄金时代,都是基于社会转型的思想文化蜕变的转折时期[①]。此说绝非虚言,就明清之际的学术思想而言,具有两个显明的特征:一是"转折"或曰"转型",一是思想多样或曰多元。诚如侯外庐、萧萐父及许苏民等先生所指出的,当时的社会经济基础发生重大的变化[②],而社会尤其是经济基础的变化必然会导致思想观念的变化。并且最为根本的是,明代末期朝廷的腐败乃至为清廷所灭,对士人产生了重大影响,促使他们对思想学术作出反思。当然,从根本上讲,学术思想的转变总是与此前的学术思想在发展中存在着严重的问题有关。宋明时期,其学术思想以理学为主。自阳明倡导心学以后,它一直是学术的主流。但由于阳明哲学本身存在的问题以及阳明后学在流传中未能谨守阳明学的本旨,所以出现了阳明后学的严重流弊[③]。这样一来,由于社会的变化所引起的思想变化,加之面对明廷的溃败,哲人自然会将一切问题归之于占据思想主导地位且本身存在问题的阳明心学及其后学上。这一时期的哲人大都认为,是阳明及其后学的空谈心性导致了明廷的溃败与社会的动乱,因此在学术思想上必然会对心学做出反思与批评。这样一来,如何纠正阳明后学的流弊,以及如何寻求解决当时社会困局的

---

① 参见萧萐父、许苏民:《王夫之评传》,南京:南京大学出版社,2002年,第1页。
② 关于明清之际社会经济基础与社会的变化,侯外庐、萧萐父及许苏民等先生有很好的论述,参见侯外庐主编:《中国思想通史》第五卷,北京:人民出版社,2011年,第3—23、351—360页;萧萐父、许苏民:《明清启蒙学术流变》,北京:人民出版社,2013年,第21—52、202—225页;萧萐父、许苏民:《王夫之评传》,南京:南京大学出版社,2002年,第1—36页。
③ 关于阳明哲学本身存在的问题以及阳明后学的流弊,牟宗三、杨国荣及吴震等先生有独到的研究,牟先生认为阳明后学的流弊是"人病"而非"法病"。杨先生通过对阳明哲学所存在的二重性问题出发,分析阳明哲学及其后学所存在的流弊。吴先生则从阳明哲学的"现成良知"去分析阳明哲学存在的问题以及后学的流弊。参见牟宗三:《从陆象山到刘蕺山》,上海:上海古籍出版社,2001年,第188—221页;杨国荣:《王学通论——从王阳明到熊十力》,上海:华东师范大学出版社,2009年;吴震:《阳明后学研究》,上海:上海人民出版社,2003年。

方法，就成为明清之际哲人的根本问题。

面对这一根本问题，仅从理论、逻辑上讲，其哲学发展只有以下两种可能：其一，从儒学内部加以修正；其二，跳出儒学，从其他思想资源中寻求解决之道。就前者而言，又有两种可能：一是坚持心学，但强调对心学加以修正；二是从其他儒学资源中寻求解决之道。就后者而言，在儒学的已有形态中，可以从程朱的理学、张载的气学、胡宏的性学以及先秦儒学去寻求解决之道，或者从儒学的政治思想中去寻求解决之道。就"跳出儒学，从其他思想资源中寻求解决之道"而言，则可以从子学、史学、经学、礼学乃至道家、佛学中去寻求解决之道。当然，还有一种可能的途径是自创一思想体系。就明清之际的哲学思想发展来看，上述各种可能性几乎都包含于其中。但不可否认的是，这一时期尚无独创一思想体系的哲人。此外，由于大多数哲人都认为阳明心学的问题即由杂于佛学而造成，所以似乎无人以佛学来解决这一根本问题。与上述逻辑分析一致，明清之际学术思想发展的确展现出上述的各种可能性：如刘蕺山、孙奇逢、李颙、黄宗羲等人主张对阳明心学加以修正，高攀龙、顾宪成、张履祥、朱之瑜、陆世仪、吕留良等人主张复兴程朱理学，王船山主张张载的气学，陈确、潘平格、颜元、李塨等主张回归先秦儒学，方以智、顾炎武、费密等人主张复兴经学，张尔岐主张复兴礼学，傅山主张复兴诸子学，万斯同、万斯大等主张复兴史学，等等①。足见，这一时期学术思想不再是之前的心学的一枝独秀，而是各种思想观念齐放，足以彰显这一时期思想多样性的特征。就之前心学的一枝独秀而言，明清之际学术思想的多样也表

---

① 需要指出的是，上述划分只是在整体上对其思想形态的划分，并非是对某一具体问题的细致推究。并且这一划分不是笔者的独创，而是借用、参照已有的研究成果，如梁启超、郑宗义以及汪学群诸贤在研究这一时期的学术思想时，即采用了这一划分标准。当然，三人的论述有一定差异。如对陈确的定位，梁启超认为陈确哲学是对宋明儒学的反动；郑宗义先生认为陈确哲学已经偏离宋明儒学的范畴，从而开启了"达情遂欲"哲学；汪学群先生认为陈确哲学乃惊世骇俗之论，但仍将其视为心学修正一系的思想。并且对于潘平格、颜元、李塨等人的思想定位也有所不同，梁启超将这一系的思想称之为"实践实用主义"，汪学群先生则称之为"回归先秦儒学的尝试"。究其实，两说各有所长，梁说点出了这一系思想的特征，汪说则揭示了这一系思想的主观意图。顺便指出，鉴于本书的主题设定了《大学》必须是儒学的经典，因而采用汪说。虽然三人在一些细小的问题上存在差异，但三人都从整体上将明清之际学术思想（哲学）划分为以上的几个流派则是一致的。参见梁启超：《中国近三百年学术史》，北京：人民出版社，2008年；郑宗义：《明清儒学转型探析——从刘蕺山到戴东原》，香港：香港中文大学出版社，2000年；汪学群：《明代遗民思想研究》，北京：中国社会科学出版社，2012年。

明其思想的转折，即由宋明儒学转向各种思潮。

就本书论述的"《大学》诠释"这一主题而言，由于上文已经指出《大学》作为经典与宋明儒学密切相关，因此以上学术思想流派中与这一主题相关的显然是"从儒学内部加以修正"这一系。因为除儒学之外，像史学、子学、经学、礼学等思想流派，显然不再注重《大学》的经典意义，最多只是将其视为《礼记》的文献之一。然而在儒学的内部又有主张心学、理学、气学以及回归先秦儒学的不同，其中主张气学的王船山虽然在总体上可以说是"批斥佛老，反对陆王，参伍程朱，宗师周张"，但在《大学》诠释上他却遵从朱子的诠释，即"参伍程朱"之意①。故而这一时期的《大学》诠释实际上仍然有尊朱与尊王的区别，这也说明朱子、阳明的诠释的确是《大学》诠释的范例。不过，这一时期还出现了回归先秦儒学的思想流派，他们的特征是强调"实践"、"实用"，尤以陈确、潘平格、颜元以及李塨为代表。他们受宋明儒学的影响，也会讨论《大学》的一些重要概念或者命题，但不再如其他儒者一样对《大学》作专门的注解、诠释。然而这其中有一个特例，即陈确。陈确不仅关注《大学》，并且有对《大学》的整体解释，只不过他的目的是要辨《大学》非圣经、非孔孟之道。总而言之，明清之际的《大学》诠释基本上可以划分为三类：一是尊王的诠释，二是尊朱的诠释，三是主张回归先秦、重视实践的诠释。

依据上述划分标准，就明清之际哲人的《大学》诠释而言②，可以将之划分为：其一，尊王的诠释，主要包括刘蕺山、孙奇逢、李颙等；其二，尊朱的诠释，主要包括王夫之、吕留良等；其三，回归先秦儒学的诠释，主要包括陈确、颜元、李塨、潘平格等。依据本书的研究方式与研究目的，将对三系中最具影响的刘宗周、王夫之、陈确的《大学》做详细论述。当然，对于此处提及的其他诸子的诠释，本书亦将在第五章作一综合论述。

综上，已对《大学》诠释和明清之际《大学》诠释的基本问题作了分析，主要涉及三个问题：一是《大学》诠释的基本问题，二是朱子、阳明

---

① 关于王夫之哲学的总体定位以及他的《大学》诠释是尊朱的诠释这两个问题，下文在讨论王夫之的《大学》诠释时将有详细论述。
② 需要说明的是，此处不可能对明清之际的所有哲人的《大学》诠释予以绍述，而是以对《大学》有专门的注解、阐释者为对象，至少是以对《大学》的核心观念有系统的论述者为对象。此外，由于下文会对刘宗周、王夫之、陈确三人的《大学》诠释予以专论，因此在此不作赘述。

的《大学》诠释之比较，三是明清之际《大学》诠释的三种路向。关于第一个问题，本书认为它包含了版本问题、义理问题、作者及学派归属三个方面。其中，义理问题主要包括三纲领、八条目为何，以及三纲领关系为何、八条目关系为何两个方面；而作者与学派归属问题则主要有两种意见，分别是：以朱子为代表的主张《大学》是思孟一系的作品，以冯友兰、刘又铭两位先生为代表的主张《大学》是荀学一系的作品。关于第二个问题，上文详细说明了阳明哲学系针对朱子哲学而来这一观念，并以之为基础，详细地比较了二人在三纲领及其关系、八条目及其关系的解释之差异。在对第三个问题的讨论中，本书依据明清之际哲人的哲学观念，将他们的《大学》诠释分为尊王、尊朱及回归先秦儒学三种诠释路向，并指出刘宗周、王夫之及陈确三人的诠释是各系中最具理论价值者。

第二章

刘宗周的《大学》诠释

刘宗周对《大学》多有研究，涉及《大学》诠释主题的三个方面。具体而言，其论包括以下三个方面：其一，在前后两个不同的时期，他分别提出了两种完全不同的版本；其二，他在不同的时期，基于不同的宗旨对《大学》作了两种不同的解释；其三，面对自己所提出的不同的版本及所作的不同解释，他提出了"《大学》疑案说"的观念。此外，由于在不同时期有不同的解释，因此其《大学》诠释即经历了一个过程。以下将逐一讨论这些问题。

第一节 《大学》诠释的历程、版本问题及"《大学》为疑案"说

刘宗周的《大学》诠释，材料颇为丰富，主要有《大学古记约义》、《大学古记》、《大学杂言》及《大学古文参疑》等四种文献。其中，《大学古记》及《大学古文参疑》是刘宗周对《大学》的注解，《大学古记约义》及《大学杂言》是他对《大学》某一概念或命题的阐释。此外，《学言》、《原旨》等亦有他论述《大学》的内容。不过，上述材料并非写成于同一时期，而是分别写成于刘宗周论学的不同阶段，因此，刘宗周的《大学》诠释有一个历史过程。并且由于为学宗旨的变化，在诠释《大学》

时，刘宗周亦提出了两种不同的版本。鉴于自己提出了不同的版本，且前后期诠释主旨发生了变化，为了说明这一现象，刘宗周提出了"《大学》为疑案"说。

一、从《大学古记》到《大学古文参疑》的诠释历程

刘宗周的《大学》诠释经历了一个过程，仅就其集中论述《大学》的四种文献而言①，时间最早的是《大学古记》及《大学古记约义》②，此两文写成于崇祯二年己巳夏，即1629年。时间最晚的是《大学古文参疑》，此文成书于刘宗周去世的弘光元年，即1645年。《大学杂言》是为诸生讲授《大学》的讲义，成书当在崇祯年间，即1628年至1644年。在这十六年之中，由于刘宗周的为学宗旨发生了变化，因而其《大学》诠释也随之发生变化。并且由于受伪石经《大学》的影响，刘宗周在版本上亦作了调整。这样看来，为深入、详细地阐释刘宗周的《大学》诠释历程及其版本问题，有必要先对刘宗周的为学历程及为学宗旨问题略作交代。

---

① 关于这些文献的成书年代、创作年代，主要参考了刘宗周弟子黄宗羲的《子刘子行状》、其子刘汋的《刘宗周刘子年谱》、今人姚名达先生的《刘宗周年谱》以及今人吴光先生的《刘宗周遗著考》一文。上述文献参见刘蕺山撰，吴光主编：《刘宗周全集》（第6册），杭州：浙江古籍出版社，2007年。本书若再次涉及刘宗周著作年代问题，均以上述文献为参考资料，不再专注说明。

② 关于《大学古记》成书时间尚有争议，《刘宗周刘子年谱》认为是1639年，詹海云先生沿袭此说。李纪祥、林庆彰二位先生则认为成书于1629年，即与《大学古记约义》在同一年成书，林月惠从之。笔者认为应当以李、林二位所说为准，有以下两点理由：其一，就《大学古记约义》与《大学古记》两种文献而言，仅就命名上即可得出二者应当是以《大学古记》在先，而以《大学古记约义》在后。并且细读《大学古记约义》可知，它是对《大学》中一些核心概念与命题做细致疏解，那么如果没有一个先在版本做基础，试问刘宗周又如何去解说其概念呢？这也就是为何二者在版本上完全一致。此外，在《大学古记约义》的《章句》中，刘宗周详细阐述了其采用崔铣本的理由，并分析了其章句结构。之所以能有这样的解说，只能说明在解说之前，已经有了一个明晰的版本，即《大学古记》的版本。其二，就思想义理而言，《大学古记约义》与《大学古记》完全一致，都是强调以"知止"为中心而统摄慎独以解释《大学》，并且二者的共同倾向都是否定诚意在《大学》中的工夫论意义。若《大学古记》成书于1639年，则恐有不妥之处。因为在1636年时，刘宗周已经提出了诚意说，那何以在《大学古记》中仍否定诚意作为工夫的意义呢？此外，最为有效的证据是，在1639年时，刘宗周还著有关于《大学》的文献，即《读大学》。在这一文献中，刘宗周却明确地提出了"《大学》之道，诚意而已矣"，这与《大学古记》之否定诚意是完全不同的。却恰好符合了刘宗周提出诚意说之后，以诚意解释《大学》的史实。基于以上两点，笔者认为《大学古记》应当是成书于1629年，并且早于《大学古记约义》。学者的详细论述请参见詹海云：《刘宗周的生平及其学术思想》，台湾大学中文研究所1979年硕士论文；李纪祥：《两宋以来大学改本之研究》，台北：学生书局，1988年，第211页；林庆彰：《刘宗周与〈大学〉》，载钟彩钧主编：《刘宗周学术思想论集》，台北："中央研究院"中国文哲研究所筹备处，第323—326页；林月惠：《刘宗周对〈大学〉〈诚意〉章的诠释》，载《中国文哲研究集刊》第十九集，2001年，第410页。

关于刘宗周的为学宗旨问题，学界一直存在争议。这一争议源于刘宗周弟子黄宗羲与刘宗周之子刘汋的不同看法。黄宗羲在《子刘子行状》中指出："先生宗旨为'慎独'。始从主敬入门，中年专用慎独工夫。慎则敬，敬则诚。晚年愈精微，愈平实，本体只是些子，工夫只是些子，仍不分此为本体，彼为工夫，亦并无这些子可指，合于无声无臭之本然。"① 虽然黄宗羲承认刘宗周为学早年以"主敬"为主，晚年又有"诚意"之说。但他认为由于"慎则敬，敬则诚"，从而可以将"主敬"及"诚意"收归"慎独"，因此，主张刘宗周一生为学的宗旨只在"慎独"。与黄宗羲有别，刘汋认为："先君子学圣人之诚者也。始致力于主敬，中操功于慎独，而晚归本于诚意。"② 并且他以刘宗周去世当年所改订的《大学古文参疑》为定论，认为："先君子之学，以诚意为宗而摄格致于中。"③ 对刘汋而言，刘宗周的为学宗旨是有所变化的，即经历了早期的主敬、中期的慎独、晚期的诚意，并认为诚意说是其为学旨归。黄、刘二人的观点对后世影响较大④，在黄、刘所论的基础上，劳思光先生认为刘宗周的为学宗旨是：最初以"慎独"为主，后转至"诚意"，最终归于"合一观"⑤；东方朔先生认为刘宗周为学"始于主敬，终归慎独"，并指出刘宗周亦以慎独收摄主敬，而诚意只是慎独的发展⑥；李振纲认为刘宗周为学有三期：36

---

① 《子刘子行状》，《刘宗周全集》第 6 册，第 39 页。
② 《刘宗周刘子年谱》，《刘宗周全集》第 6 册，第 173 页。
③ 《刘宗周刘子年谱》，《刘宗周全集》第 6 册，第 174 页。
④ 这一问题，胡元玲有详细的论述，但需要指出的是，胡氏对东方朔先生的论述存在问题。胡氏认为东方朔先生以诚意与慎独并行的观点来评定刘宗周的为学宗旨，其理由是东方朔先生的《刘宗周哲学研究》一书即分有"诚意论"、"慎独论"两部分。实则东方朔先生并不持这一观点，他只是肯定"慎独"与"诚意"均是刘宗周的工夫论的组成部分，因而在工夫论上列出了《慎独论》与《诚意论》两章；而就二者关系而言，他认为诚意是对慎独的进一步完善，并认为慎独必然要推进到诚意。对此，在其《刘宗周评传》中有明确表述，即"按照刘宗周思想发展的轨迹而言，他慎独理论的提出和发展比他的诚意说为先。我们先叙述他的诚意说，再论他的慎独论，是出于论说的方便。诚意与慎独作为道德哲学的两条工夫路线是完全密合为一的，作为本体理论，意体即独体。正因为二者相通，我们才说刘宗周的道德理论浃恰融一，密蜜相涵。我们曾经指出，梨洲在总结刘宗周思想发展的特征时认为，'先生宗旨为慎独。始从主敬入门，中年专用慎独工夫。慎则敬，敬则诚。晚年愈精微，愈平实。'梨洲短短几句话对刘宗周慎独论的说明可谓得法……所以诚意与慎独虽说是刘宗周思想中的前后相继的两路理论，然而到了晚期已是羚羊挂角，无迹可寻了"。并且东方朔先生在阐释刘宗周思想发展时，是以"始于主敬，终归慎独"来加概括的，这只能说他是将诚意视为慎独的发展，但仍属于慎独。参见胡元玲：《刘宗周慎独之学阐微》，台北：学生书局，2009年，第 6—7 页；东方朔：《刘宗周评传》，南京：南京大学出版社，1998 年，第 273—274 页。
⑤ 劳思光：《新编中国哲学史》三卷下，桂林：广西师范大学出版社，2005 年，第 472 页。
⑥ 东方朔：《刘宗周评传》，南京：南京大学出版社，1998 年，第 60—85 页。

岁之前宗朱疑王之主敬穷理期，37岁至57岁依傍王学的慎独期，58岁之后会通北宋五子、以诚意为根底的"证独"期；① 以及胡元玲所提出的慎独三阶段说：48岁至54岁偏重静存工夫的慎独期，55岁至59岁贯通已发未发、动静等问题的以诚意完善慎独期，60岁以后反对偏于静的慎独期②。

从上述诸家的观点来看，东方朔、李振纲、胡元玲三人都肯定了慎独与诚意的相通性，即诚意是对慎独的完善。这一点，应当颇为可信。根本的原因是，就刘宗周哲学的展开来看，"慎独"说必然要发展至"诚意"说③。刘宗周区分了性体与心体，并认为性体是由心体来形著的。就对慎独的解释而言，刘宗周主要是借助于《中庸》来阐发的，慎独的主要意涵是以主静、静存为工夫以把握本体（即独体、即性体），所谓"独体"主要就是从性体上来解释的。然而此观点却存在问题，即独体作为性体缺乏形著原理。依据刘宗周的性体由心体来彰显、形著的观念，刘宗周必然要对独体如何在心体中展开作出说明。这就迫使刘宗周提出"诚意"说，以"诚意"作为"慎独"的形著原理，从而将《大学》所具有的心体一路融合到"慎独"说中来。因此，可以说"诚意"说是对"慎独"说的深化、完善。

刘宗周在早期提出的主敬说（主要是指甲寅悟心之前，即1614年之前），以朱子的"主敬穷理"为主④。但在归于心学，提倡"慎独"说之后，他对"主敬"说作了异于朱子"主敬"说的修正，两说的差异是：朱子的"主敬"是对心的涵养工夫，"敬"不能从本体上来理解，不能有"敬体"的概念；而刘宗周则认为主敬就是慎独，独体即敬体。在天启六

---

① 李振纲：《证人之境——刘宗周哲学的宗旨》，北京：人民出版社，2000年，第29—30页；
② 胡元玲：《刘宗周慎独之学阐微》，台北：学生书局，2009年，第44—45页。
③ 就这一点而言，东方朔先生也有类似的看法，他同样看到了以《大学》言心、《中庸》言性的区别，又认为刘宗周主张心性是一，所以诚意与慎独应当通而为一的。基于以上论述，笔者以为更关键的问题是刘宗周主张"以心著性"，那么仅仅说慎独还只是静存的工夫（胡元玲即指出刘宗周慎独思想的早期是以静存为工夫的），未能给予工夫论以形著原理的解释，而这才是慎独必然要走向诚意的原因。因为诚意之"意"作为心之存，既保证了心的性天之尊，又使得性天之尊得以形著、彰显于经验、现象世界。所以刘宗周必然要以《大学》之言心以言诚意，从而为慎独论赋予形著原则。
④ 东方朔、李振纲、胡元玲三人对此看法一致，参见东方朔：《刘宗周评传》，南京：南京大学出版社，1998年，第60—64页；李振纲：《证人之境——刘宗周哲学的宗旨》，北京：人民出版社，2000年，第21页；胡元玲：《刘宗周慎独之学阐微》，台北：学生书局，2009年，第29—30页。

年（1626）的《圣学吃紧三关·敬肆关》中，他指出："敬之一字，自是千圣相传心法，至圣门只是个慎独而已。其后伊、洛遂以为单提口诀，朱子承之，发挥更无余蕴。"①在此，刘宗周并未区分自己所论与朱子的"主敬"说，并认为朱子所论是对其所提倡的"慎独"说的发挥。实则两说有本质的区别：朱子的主敬仅仅是保持此心的虚灵，从而使得此心专一，不为外物所遮蔽；刘宗周的慎独则主要是识得独体。从根本上讲，朱子的主敬不关乎本体，而刘宗周的慎独则是直面本体之独体的工夫。但这足以说明，刘宗周已经自觉地以慎独收摄主敬，即黄宗羲所说的"慎则敬"。这样看来，以慎独作为刘宗周的为学宗旨亦有一定的理据。但也应看到主敬、慎独、诚意之间的差异，否则将无法理解刘宗周为学的变化。总之，笔者以为可以以慎独作为刘宗周一生的为学宗旨，但仍需注意到各个时期的不同，以便更为明晰地揭示刘宗周之学。

具体到《大学》诠释而言，成书最早的《大学古记约义》写成于刘宗周提出"慎独"说之后，显然，他未曾以"主敬"为中心去诠释《大学》，而只是以"慎独"、"诚意"为中心去诠释《大学》。在《大学古记约义》中，刘宗周指出："大学之道，一言以蔽之，曰慎独而已矣"②。他认为《大学》之道只在慎独，说明他是以"慎独"作为诠释宗旨去贯通《大学》的。并且在这一文献中，刘宗周还特别对阳明的"大学之道，诚意而已矣"一说提出批评，他说：

> 故《古本序》首言"大学之道，诚意而已矣"，然独不曰"欲诚其意者，先致其知，致知在格物"乎？又曰："修身为本"而不及"诚意"，则"诚意"章不可以提宗明矣。③

"《古本序》"即阳明的《大学古本序》。阳明的确是在《序》的一开始即指出"大学之道，诚意而已矣"，但这并非阳明的定论，他在后期转为以"致良知"为宗旨来诠释《大学》。这一点，刘宗周应当有所了解。因为在《大学古记约义》成书时，他已经对阳明著作较为熟悉，且在前两年还深

---

① 《圣学吃紧三关·敬肆关》，《刘宗周全集》第 2 册，第 213 页。
② 《大学古记约义》，《刘宗周全集》第 1 册，第 650 页。
③ 《大学古记约义》，《刘宗周全集》第 1 册，第 642 页。

信阳明之学①。足见，刘宗周之所以要提出此批评，是因为阳明的"诚意"说与他以"慎独"为中心去诠释《大学》的观念有所抵牾。他批评的理据有二：其一，在《大学》中，在诚意之前尚且有"欲诚其意者，先致其知，致知在格物"的论述，因而诚意并非是最根本者，而是依于格物、致知。其二，《大学》明确提到了"修身为本"。依刘宗周之意，"为本"即指宗旨之意，因此修身较之诚意更为根本。

然而在晚年定论的《大学古文参疑》中，刘宗周却明确提出以"诚意"为宗旨去解释《大学》，他说：

> 朱子《章句》如《石经》例，从《古本》则以诚意摄知本知止之说，如阳明所谓"《大学》之道，诚意而已矣"是也。今先置一《格致传》，而后以诚意接之，则先后次第终不可紊。安见诚意之为专义乎？曰：《大学》之言明明德也，习学以明之，而以知止为入门，全是学问用工夫处，乃其要归之诚意而已。②

所谓"以诚意为专义"，即指诚意是解释《大学》的根本所在，其他一切概念、命题都是围绕着诚意来展开，一切解释均须融摄于诚意。换言之，诚意是"大学之道"，是《大学》的宗旨。这一点，在《大学古文参疑》中被多次提及，如"此章（笔者按：即《诚意章》）首喝'诚意'而不言致其知，以诚意为专义也"、"即诚即致，故曰专义也"③，等等。这与早期的否定诚意为宗旨的观点截然不同。与之一致，刘宗周对阳明早期的以诚意为中心诠释《大学》的观点也有了不同的看法，他甚至认为阳明以诚意为《大学》之道的观点尚不彻底，因为他保留了诚意之前的格致工夫。足见，刘宗周早晚期对于《大学》的诠释的确存在差异，表现为由以"慎独"为宗旨向以"诚意"为宗旨的转变。当然，诚如上文所论，"诚意"说并非与"慎独"说绝对对立，而是"慎独"说的必然发展。因此，即便在以诚意为宗旨的《大学古文参疑》中，仍可见"慎独"说。如在《诚意章》中，刘宗周指出："自好自恶，故自谦，非对众言也。此所谓毋自欺

---

① 据《子刘子行状》、《刘宗周刘子年谱》、《刘宗周年谱》及《刘宗周评传》一书附录的《刘宗周简谱》可知，刘宗周于1626年开始读《阳明全集》，并于次年开始深信阳明的良知说。
② 《大学古文参疑》，《刘宗周全集》第1册，第614页。
③ 《大学古文参疑》，《刘宗周全集》第1册，第613页。

也,君子所以必慎其独也。"①

综上可知,刘宗周的《大学》诠释的确经历了一个过程,并且分散于不同的为学宗旨阶段,即由中期的慎独到晚期的诚意。但是这并非指慎独与诚意是截然相分的,而是由《大学》诠释更好地融合二者。当然,在刘宗周的《大学》诠释中,《大学杂言》较为特殊。这是因为,此一成书于崇祯年间并作为刘宗周授课讲义的文献,其诠释宗旨夹杂于慎独与诚意之间。在此文献中,刘宗周对"意"的"好善恶恶"多有赞述,他说:"好、恶二字,是《大学》一篇骨子,直贯到平天下处。中间忿懥、恐惧、好乐、忧患、亲爱、贱恶、畏敬、敖惰,皆好、恶之幾所发。"②引文认为"正心"的"忿懥"、"恐惧"、"好乐"、"忧患",以及"齐家"的"亲爱"、"贱恶"、"畏敬"、"敖惰",都是"意"的"好善恶恶"之"幾"所发,说明刘宗周已经尝试着以诚意去贯通《大学》,而不再仅仅以慎独为宗旨。但这一文献仍然较为重视慎独,如他说:"此之谓止至善,此之谓知至而意诚,此之谓慎独,即工夫即本体也"③、"慎独,是格物第一义"④。这样看来,在刘宗周提出诚意说之后,其解释中常常夹杂着诚意与慎独两者。就《大学》诠释而言,《大学杂言》明显具有由"慎独"转向"诚意"的"慎独"、"诚意"相夹杂的中间状态之特征。

当然,在刘宗周的《大学》诠释中,也有较为一贯的观念,即以"知止"为工夫。在《大学古记约义》中,刘宗周指出《大学》当以知止为工夫,以知止为最根本的入门方法⑤。继而认为"知止"就是指知"物之本末"与"事之始终",即"乃学以知止也,何也?曰:于此有方焉。道之所该,莫非物也,而本末分;学之所该,莫非事也,而始终分。始终本末之数睹,而先后之数可知矣。知乎此者,以一本握《大学》之枢。"⑥直至后期,刘宗周仍然坚持这一观念,在《大学杂言》中,他说:"'知止'二字,扩尽《大学》工夫。"⑦并且对"知止"的内容与方法做了明确界定,

---

① 《大学古文参疑》,《刘宗周全集》第1册,第613页。
② 《大学杂言》,《刘宗周全集》第1册,第661页。
③ 《大学杂言》,《刘宗周全集》第1册,第655页。
④ 《大学杂言》,《刘宗周全集》第1册,第661页。
⑤ 即"继云'知止',何也?学以止为究竟法,必以知止为入门法。"《大学古记约义》,《刘宗周全集》第1册,第645页。
⑥ 《大学古记约义》,《刘宗周全集》第1册,第644页。
⑦ 《大学杂言》,《刘宗周全集》第1册,第655页。

他将"知止"与"格物"、"致知"相关联,认为"致知者,致吾知止之知也。收摄到极处,即是推致到极处,殆止于至善,则知至矣。致知在格物,格其物有本末之物。知本则知止,知止则知至矣。"①在此,刘宗周明确指出知止当以知本为工夫,此说推进了《大学古记约义》中以"知止"为工夫的观念。而在《大学古记》中,除继续坚持以"知止"为工夫外②,刘宗周亦将"知止"与明德、亲民相关联,他说:"知所先后,则知止能得,明德亲民,一以贯之。此尽性之学也。"③这意味着刘宗周已经将"知止"提升为《大学》的根本工夫,明德、亲民亦是以知止为入道之方,明德、亲民在知止中得以现实。最后,在《大学古文参疑》中,刘宗周仍然坚持以"知止"为入道工夫。他在注解"古之欲明明德于天下"章时指出:"止为始事。知乎此之谓致知,格乎此之谓格物。"④以"止"为"始事",即以"知止"为入道工夫。这一点,可以说一直为刘宗周所坚持,并且在晚期的诠释中,他不断深化此观念,主要体现在他赋予"知止"以"知所本之地"的意涵。并且以"知止"作为"知本"的工夫。更为重要的是,他的"知止"说最终都融摄于"诚意"说中。可以说,虽然"知止"作为工夫一直是刘宗周所坚持的观念,但也是随着他对《大学》诠释的深入而不断深化对"知止"的解释。

综上可知,刘宗周的《大学》诠释的确经历了一个不断推进和深化的过程,表现为由以慎独为宗旨向慎独与诚意相杂,再向以诚意为宗旨转变的诠释过程。然而在这一诠释过程中,刘宗周始终坚持以"知止"为入道工夫。随着诠释宗旨的变化,刘宗周亦对《大学》的版本作了调整,形成了《大学古记》本及《大学参疑》本两种不同的版本。

二、从《古记》本到《参疑》本的版本问题

刘宗周的《大学》诠释共提出了两个不同的《大学》版本,《大学古

---

① 《大学杂言》,《刘宗周全集》第1册,第656页。
② 如在注解"知止而后有定,定而后能静,静而后能安,按而后能虑,虑而后能得"时,刘宗周指出:"详言所以入道之功如此,知止而后能止,定、静、安、虑,渐进于止也,得其所止之谓德。"(《大学古记》,《刘宗周全集》第1册,第625页)所谓"入道之功"即指工夫方法,也就是以"知止"为入道的工夫。这是刘宗周一直所坚持的观念。
③ 《大学杂言》,《刘宗周全集》第1册,第626页。
④ 《大学古文参疑》,《刘宗周全集》第1册,第609页。

记》本与《大学古文参疑》本。需要指出的是，虽然《大学古记约义》是刘宗周对《大学》的"至善"、"格致"、"慎独"、"絜矩"等核心概念或命题的阐释，但也提到了《大学》的版本问题①，并且这一版本就是《大学古记》的版本。先看《大学古记》本，其版本是这样的：

> 段1～段8+段10～段15+段9+段16～段27

并且在段5、段15、段9、段16、段17、段18、段27之后，分别载有刘宗周对这一章节内容的概括，即：

> 右第一章，统释《大学》之教，而其下文乃详言之。
> 右第二章，申致知在格物义。
> 右第三章，申诚意之义，而致知、正心皆举其中。
> 右第四章，申修身先正心之义。
> 右第五章，申齐家先修身之义。
> 右第六章，申治国先齐家之义。
> 右第七章，申平天下在治国之义。②

当然，需要指出的是，此版本并非刘宗周所改定，而是高攀龙、崔铣、高拱三人的改本。准确地说，是崔铣的改本。这一点，刘宗周在《大学古记约义》中已经指出，他说："又百年后而高氏《古本》出，实本后渠崔氏、中玄高氏所定，谓《大学》不分经、传，只是六段文字，挈'淇澳'以下，置'知至'以后，文理焕然，通前为一段，即以释'格致'之义，而'诚意'以下，自分五段，可谓独窥其要，超出朱、王之见，千古残经，一朝完备，后之人宜复无所置喙矣。"③高氏即高攀龙。刘宗周曾于万历四十年（1612）时拜谒高攀龙，并与之交好。高攀龙是刘宗周一生的挚

---

① 即《章句》中所提到的"又百年而高氏《古本》出……又有经、传之体焉"一段文字。由于下文会详细论及这一段文字，在此仅仅引出而已。
② 《大学古文参疑》，《刘宗周全集》第1册，第625—637页。
③ 《大学古记约义》，《刘宗周全集》第1册，第642页。

友之一①。据《刘宗周刘子年谱》所载，刘宗周的这一版本的确是得之于高攀龙，其文云："初高先生（笔者按：即高攀龙）以《大学》见示，谓《大学》不分经传，只是六段文字，即《戴记》古本，挈'淇澳'以下置'知至'之后，通前为一段；释'格物'之义，而'诚意'以下自分五段，本之崔后渠铣、高中玄拱所定。先生读而亟称之。"②后渠崔氏即崔铣（1478—1541），中玄高氏即高拱（1513—1578）。刘汋认为高攀龙的改本实际上是崔铣、高拱改本的说法，是允当的。据李纪祥之见，高攀龙本来尊信郑玄的古本，后来见到崔铣的改本而尊信崔铣改本。而就崔铣与高拱的改本而言，李纪祥认为实际上应当是崔铣的改本，高拱只是在《问辨录》中录用了崔铣改本③。不过需要特别指出的是，此处提到的"古本"，以及高拱《问辨录》所记的"旧本"均非郑玄古本④，均非《戴记》古本。

虽然刘宗周沿用崔铣的改本，但这并非意味着他完全赞同崔说。在《大学》（即改本）的分章以及《大学》有无经传模式上，刘宗周即持异议。如上所论，崔铣的改本将《大学》共分为六段文字，并且不是经传模式。但刘宗周却将其分为七段文字，并且认为第一章是总领性的统释大学之道，第二章至第七章则是分别对致知在格物、诚意、修身在正其心、齐家先修身、治国先齐家、平天下在治国的解释。足见，刘宗周的确保留了一定意义上的经传模式⑤。不过与朱子相比，刘宗周的经传模式又有以下

---

① 关于刘宗周与高攀龙交好之事，《刘宗周刘子年谱》有所记载，即"春正月发自家，过梁溪，谒高景逸先生。景逸先生官大行，以建言谪揭阳尉，家居，与同乡顾泾阳倡道东南，风动士林……先生方欲见泾阳而泾阳已卒，乃造景逸先生，相与讲正，有《问学》三书，第一书论居方寸也，第二书论穷理也，第三书论儒释异同与主敬之功也，皆佚而不传（因答书知之）。"（《刘宗周刘子年谱》，《刘宗周全集》第6册，第66—67页）并且按照刘汋的理解，高攀龙乃刘宗周挚友之一，同样载于《刘宗周刘子年谱》的"万历四十年条"下，即"先生生平为道交者，惟300宁宇、高景逸、丁长孺、刘静之、魏廓园五人而已，而景逸泊静之，尤以德业资丽泽，称最挚云"。（《刘宗周刘子年谱》，《刘宗周全集》第6册，第66—67页）
② 《刘宗周刘子年谱》，《刘宗周全集》第6册，第66—67页。
③ 参见李纪祥：《两宋以来大学改本之研究》，台北：学生书局，1988年，第190—191页。
④ 参见高拱：《高拱论著四种》，北京：中华书局，1993年，第90—92页。
⑤ 刘宗周的确保留"经—传"的模式，但不如朱子般严密，理由见下文论述。所以可以说是类似的"经—传"的模式，刘宗周自己亦是如此认为的，他说："今姑据朱子之意，首篇为正经，以还孔、曾，后六篇为正传，以还子思。"（《大学古记约义》，《刘宗周全集》第1册，第643页）从"姑"字来看，刘宗周的"经—传"模式不是十分严格。

三个方面的不同：其一，缺乏对三纲领及本末的解释；其二，朱子所谓的对三纲领、本末的解释之文字，被刘宗周移作对"致知在格物"的解释，进而认为不需要朱子的"格物致知补传"；其三，朱子极为重视的属于"经"的"古之欲明明德……国治而后天下平"一段文字，在刘宗周的改本中却成为对"知先"、"知后"的解释。之所以会呈现出这样的不同，主要是因为刘宗周和朱子对于《大学》的工夫的理解有别。在朱子看来，八条目是落实三纲领的实际工夫，但刘宗周却将其视为对"知止"、"知先"、"知后"的解释，而以"知止"为工夫，又以"知先"、"知本"、"知本"为"知止"的工夫。这样一来，刘宗周的第一章就不再像朱子一样是对三纲领、八条目等《大学》的核心概念加以提炼，并以之作为"大人之学"的具体工夫；而仅仅是提出了三纲领并将重点归于"止于至善"，以"知止"为工夫来实现"大人之学"。由此，刘宗周将朱子的"八条目各有工夫"改造为纯粹以"知止"为工夫①。这或许是刘宗周为坚持阳明对朱子的支离之批评而有意为之。这一改变的后果是，刘宗周借《大学》诠释所提出的工夫论，较之阳明的工夫论更显内向的特征。同时，由于"古之欲明明德……国治而后天下平"只是对"知先"、"知后"的解释，因此，刘宗周的第一章就不是严格意义上的"经"，也意味着刘宗周的经传模式是极不严格的。

既然刘宗周提出了类似经传的模式，那么就必然涉及"经"、"传"的作者问题②。对此，刘宗周亦有专论。他说：

> 意其遗言多本之曾子，而曾子复得之仲尼所亲授，故程子谓孔氏遗书，而朱子遂谓之孔子之意而曾子述之，后篇为曾子之意而门人记之，有以也。门人高弟，非子思而何？③

刘宗周基本赞同朱子对《大学》经、传作者的推定，但他进一步指出，"传"的记述者是子思，他的理由是：

---

① 如刘宗周明确指出："《大学》虽是一篇文字，既可剖一而为六，则断不可剖首段之一而为二，以厘正八目，八目只是一事。"《大学古记约义》，《刘宗周全集》第1册，第643页。
② 朱子认为："右经一章，盖孔子之言，而曾子述之。凡二百五字。其传十章，则曾子之意而门人记之也。"《四书章句集注》，《朱子全书》第6册，第17页。
③ 《大学古记约义》，《刘宗周全集》第1册，第643页。

> 然为经为传，作者何人，莫得而定也。汉儒贾逵云："子思穷居于宋，惧圣道之不明，乃作《大学》以经之，《中庸》以纬之。"今细绎二书，《中庸》原是《大学》注疏，似出一人之手，经纬之说，殊自可思……《中庸》一书，多仲尼之言而子思述之，则《大学》一书，多孔、曾之言而子思述之，亦何疑焉！①

首先，刘宗周肯定了《中庸》、《大学》两书是圣道之经纬，并以《中庸》作为《大学》的注疏②，由此而得出二书应当是同一人所作；其次，肯定《中庸》为子思记述孔子之言；最后，推定《大学》的记述者应当也是子思。刘宗周的这一推理极易被推翻，因为其中设定了太多并非定论的前提，如《中庸》与《大学》的关系问题、《中庸》的作者问题，等等。但若作同情的理解，则刘宗周此说又有其合理处。就刘宗周哲学的展开而言，他对经典的解释无疑是以《中庸》与《大学》为中心的，他提出的"慎独"说与"诚意"说即是在对这两部经典的解释中形成的③。因此，刘宗周将此两种文献并举，实属必然。更为深层的原因是，刘宗周哲学的核心固然是针对王门后学的流弊，但他仍然坚持以儒学对抗佛老的宋明儒之共识，因此，他仍然坚持由朱子所建立的"孔子—曾子—子思—孟子"之道统论。从而在论及《中庸》与《大学》的作者时，他必然会据此道统论去展开讨论。当然，就客观的学术研究而言，刘宗周这一说法是不可靠的。

在刘宗周的《大学》诠释历程中，《大学古记》的版本并非定论，在晚期的《大学古文参疑》中，他又提出了新的版本，具体如下：

> 段1+段4~段5、段3+段14"《诗云》：'缗蛮黄鸟，止于丘隅。'子曰：'于止知其所止，可以人而不如鸟乎？'"+段2+段14"《诗云》：'邦畿千里，维民所止。'"+段15+段6~段9、段16~段18"去掉'尧、舜率天下以仁……未之有也。'"、段19~段21"去掉《诗》云：'节彼南山……辟则为天下僇矣。'"+段26"去掉'是故君子有大道，必忠信以得

---

① 《大学古记约义》，《刘宗周全集》第1册，第643页。
② 此处所谓的"注疏"，不同于我们一般意义上说的对某一经典的注解、解释，而是指两者在义理上的一致。其确义是，《中庸》足以彰显《大学》的思想。
③ 关于这一问题，研究者所论基本一致，而以杜保瑞先生的研究最具代表。杜先生专门以刘宗周对《大学》的诠释来阐述其诚意论，以对《中庸》的诠释来阐述其慎独论。参见杜保瑞：《刘蕺山的功夫理论与形上思想》，新北：花木兰文化出版社，2009年，第一、二两章。

之，骄泰以失之。'"+段21"《诗》云：'节彼南山……辟则为天下僇矣。"+段23"在'财散而民聚'后插入段22+段25的'《楚书》曰：楚国无以为宝，惟善以为宝。'一句"+段25"舅犯曰：'亡人无以为宝，仁亲以为宝。'"+段24+段27、段26"是故君子有大道，必忠信以得之，骄泰以失之。"+段18"尧、舜率天下以仁……未之有也。"+段12~段14《诗》云：'穆穆文王，于缉熙敬止！'……止于信。"+段10。(说明："+"表示前后两句直接相连，只是相对古本而言，中间去掉了两句之外的原古本文字；"~"表示古本原有句序内容的直接相连，如"段6~8"指的是段6、7、8的直接相连；句号的引号表示这一句的内容被拆开了，引号的内容即指使用被拆开内容的那一部分；"、"顿号表示以此为断章处，故刘宗周《参疑》本共将《大学》分为八章)

刘宗周的这一改本深受伪石经改本的影响，其编排次序依据石经版本次序者达十四次之多。并且在《序文》中，他明确表达了对石经本的信任，他说："是乃近世又传有曹魏《石经》，与《古本》更异，而文理益觉完整，以决'格致'之未尝缺传彰矣。余初得之，酷爱其书。近见海监吴秋圃著有《大学通考》，辄辨以为赝鼎。余谓：'言而是，虽或出于后人也何病？况足为古文羽翼乎！'"[1]显然，刘宗周并非不知道石经本乃后人伪造，只是他认为石经本的观点更具说服力，更足以彰显《大学》之意。客观地讲，刘宗周之喜欢石经本，归因于它更加符合其义理表达的需要。

虽然刘宗周极为推崇石经本，但在文本上并非全用石经本[2]，最明显的是文本结构上的差异。《大学古文参疑》本将《大学》分为八章：第一章总领、统释大学之道，第二至七章分别解释格物致知、诚意、修身之先义、齐家之先义、治国之先义、平天下之先义，第八章则"释明明德于天下，以畅全经之旨"。刘宗周的这一改本的结构为：总领、统释大学之道—分释八条目—总归于释明明德于天下，即展现为"总—分—总"的逻辑结构。并且《参疑》亦指出："三纲以著《大学》之教，而八目以申三纲之义。三事归之一事，文势已完，故定为一章。"[3]以八目作为三纲的展

---

[1]《大学古文参疑·序》，《刘宗周全集》第1册，第607—608页。
[2] 关于刘宗周的《参疑》本与石经本的差异问题，李纪祥先生有详细论述，参见李纪祥：《两宋以来大学改本之研究》，台北：学生书局，1988年，第211—217页。
[3]《大学古文参疑》，《刘宗周全集》第1册，第609页。

开,完全不同于石经本,而是接近朱子的观点。据此,刘宗周未将石经本所移去的"物格而后知至……国治而天下平"一段文字从第一章中移去。这样看来,《参疑》本仍然保持了类似朱子的经传模式,其第八章的总释明明德于天下的文字,基本上就是朱子的三纲领传。

检视《参疑》本与《古记》本,由于刘宗周始终以三纲领之三事为"止于至善"的一事[①],因此,二者都缺少对三纲领的解释[②]。然而不同的是,在《参疑》本中,他认为"八目以申三纲之义",即以八目作为三纲的具体展开。这一改变,意味着他需要考虑八条目之间的关系[③]。这明显不同于《古记》之以"知止"为工夫来统摄八条目,而是需要对八条目各自作为工夫予以说明。此外,由于在《参疑》中,刘宗周是以"诚意"为宗旨来诠释《大学》的,因此还需要判定诚意与格致的关系。并且,以八条目各自作为工夫,就必须指出究竟是以诚意为第一义还是以格致为第一义。更为严重的是,是否会导致如阳明批评朱子的支离之病。这些问题似乎刘宗周始终未能很好地解决,以至于他在即将绝食之际,认为《参疑》过于割裂,从而要求其子将《大学古文参疑》删去[④]。此事即《刘宗周刘子年谱》所记的:"临绝,先生谓过于割裂,并《古小学通记》命削之。按:《参疑》本视高本更为完整,而诠解亦更精细,虽先生命削,仍存之以俟论定。"[⑤]刘汋提到的高本也就是高攀龙的改本,刘宗周据此而作《古记》,即刘宗周的《古记》本。这意味着刘宗周虽然有《参疑》本,但最终认为《古记》本更为可取。其原因就是刘宗周自谓的"割裂",即"支离"之意。

刘宗周分别在早期和晚期提出了《古记》本与《参疑》本,虽然在"临绝"时又认为当以《古记》本为正。但在研究其《大学》诠释时,笔者仍然坚持以客观的态度来对待其诠释的全貌,因此,本书仍拟对刘宗周

---

① 即"愚按:三纲以著《大学》之教,而八目以申三纲之义。三事归之一事,文势已完,故定为一章。"《大学古文参疑》,《刘宗周全集》第1册,第609页。
② 需要指出的是,虽然上文认为刘宗周的第八章基本等同与朱子的"三纲领传",但仅限于文字的类似,并非指刘宗周自觉地将这一段文字视为"三纲领传"。
③ 这是因为,以八目来展开三纲意味着以八目作为工夫,而《大学》本身涉及八条目的"先"、"后"问题,因此,刘宗周必须讨论八条目之间的关系。
④ 李纪祥先生虽然提及此事,但未能说明其原因,参见李纪祥:《两宋以来大学改本之研究》,台北:学生书局,1988年,第217页。
⑤ 《刘宗周刘子年谱》,《刘宗周全集》第6册,第164页。

的《大学古文参疑》加以分析。

三、"《大学》为疑案"说

面对前人提出的各种版本及其诠释，以及自己前后期所提出的不同版本及诠释，刘宗周提出了著名的"《大学》为疑案"说。他认为任何一种《大学》版本都是诠释者依据其义理所需而做的改本，因而均是一种对《大学》的解释，而并非《大学》的本旨。刘宗周此说不仅对说明《大学》诠释的多样性这一现象极为重要，而且对于中国经典解释而言，同样具有重要的意义。

先看刘宗周的论述，他说：

> 立国必有学……《六经》同出于秦火之余，区区断简残篇，初无完本，而人各以记诵所得，缀而成篇章，其言不得不归之厖，亦何有于《礼》？然则戴氏之传《大学》，早已成一疑案矣，后之人因而致疑也，故程子有更本矣，朱子又有更本矣，皆疑案也……合而观之，《大学》之为疑案也久矣。《古本》、《石本》皆疑案也，程本、朱本、高本皆疑案也，而其为"格致"之完与缺、疏格致之纷然异同，种种皆疑案也。呜呼，斯道何由而明乎！宗周读书至晚年，终不能释然于《大学》也。积众疑而参之，快手疾书，得正文一通，不敢辄为之解，听其自解自明，以存古文之万一，犹之乎疑也，而滋厖矣，因题之曰《参疑》。①

刘宗周首先分析了"疑案"说的原因。他认为秦火之后，儒家的典籍大多被焚毁。因此，后人在编辑先秦典籍时，难免会有错乱。由此，他指出实际上后人的编辑本身就不一定是典籍的原本，而是自己对原有典籍的一种整理，是后人自己的解释。具体到《大学》而言，刘宗周认为戴圣的《礼记》本《大学》，本身即是一种可能的《大学》。至于郑玄、程子、朱子以及高攀龙等人的《大学》，更是如此。据此，刘宗周指出各种版本的《大学》或曰诠释只是一种"疑案"。所谓"疑案"，用现代的学术语言来说，是指包括《礼记》在内的任何一种《大学》版本，均是一种可能的《大学》版本，而绝非《大学》"本身"。刘宗周此说与西方解释学的观点极为

---

① 《大学古文参疑》，《刘宗周全集》第1册，第607—608页。

相近。不过，西方解释学强调的是思想解释的多种可能性，即对同一文本作不同的可能解释；而刘宗周的"疑案"说则认为《大学》本身的文本即有问题，从而可以作出不同的文本解释。当然，刘宗周此说亦包含了思想解释的多种可能性之观念。刘宗周之所以提出《古记》本与《参疑》本两种不同的版本，并非仅仅是因为他意识到版本存在问题，而去作不同的义理阐发；更根本的应是，他先在义理、思想上产生了一种观念，然后再去修改文本，力求使修改后的文本足以表达其思想、义理。具体而言，在《古记》本时，刘宗周为学以慎独为宗旨，在《大学》诠释上强调以"知止"为工夫；而在《参疑》时，其为学宗旨已经发展为诚意，因而认为《古记》本已经无法表述其诚意的观念，更无法凸显诚意作为第一义的观念，据此才将《古记》本改为《参疑》本。

将刘宗周此观念置于整个《大学》诠释史中来看，同样具有重要的意义。诚如上文所述，《大学》诠释史中的确存在着各种版本[①]，然而这些版本的产生并非只是对版本的批评，可以本书所详细讨论的朱子、阳明的《大学》诠释为例证。阳明主张古本即是针对朱子而来，其原因是因阳明在哲学观念上与朱子有巨大的差异。从根本上讲，是因为二人对本体或曰本体与主体之关系的理解上存在差异：即阳明主张"心即理"，而朱子则主张"性即理"、"心具众理"。足见，正是因为哲学观念（思想）的差异才会导致文本的差异。所以从这一意义上讲，《大学》的任何一个版本的确都是刘宗周所谓的"疑案"。由于思想的发展具有多样性，因此，《大学》亦将出现新的版本。如唐君毅先生根据他对"物"的解释，从而展开对朱子、阳明的"格物致知"说的批评，最后形成了他的《大学》版本[②]。这样看来，只要思想不断变化，《大学》仍有可能出现新的版本。

综上可知，刘宗周的"疑案"说说明思想创造与文本之间的确存在张力，尤其是像《大学》这样本身具有经传模式的经典。这也意味着，经典作为思想表达的形式，一定会随着思想的创新而具有新的意义。当然，这一观念能否如刘宗周所说，可以泛用于同遭秦火的"六经"则尚待进一步

---

① 关于这一问题，本书第一章的第二节有所讨论。此外，李纪祥先生的《两宋以来大学改本之研究》一书作了极为详细的梳理。但需要指出的是，李书对《大学》版本的整理尚未涉及所有《大学》版本。参见李纪祥：《两宋以来大学改本之研究》，台北：学生书局，1988年。

② 参见唐君毅：《中国哲学原论·导论篇》，北京：中国社会科学出版社，2005年，第181—201页。

研究。虽然在中国经学史上，的确存在对同一经典作不同解释的案例，但差异似乎并不像《大学》之大。归根结底，还是与上文所指出的，《大学》本身存在着"概念（命题）—解释概念（命题）"之特殊的文本结构有关。

第二节 《大学古记》、《大学古记约义》以"知止"为中心的诠释

在刘宗周的为学历程中，《大学古记》、《大学古记约义》属于以"慎独"为为学宗旨的时期①。的确，在《大学古记约义》中，刘宗周专列"慎独"一项并以之解释《大学》。不过，刘宗周的"慎独"说是经由对《中庸》的诠释而建立的，更多的是从性或者性体的角度来论述的。而《大学》的格物、致知、正心、诚意等核心概念、命题，却是从心或者心体的角度来论述的。因此，刘宗周始终无法有效地以"慎独"解释《大学》。有鉴于此，在《大学古记》、《大学古记约义》中，刘宗周实际上是以"知止"为中心去诠释《大学》的。

一、"知止"、"知先后"、"知本"、"本末"及"先后"新诠

与朱子、阳明的《大学》诠释颇为相似，刘宗周的《大学》诠释，亦是通过讨论三纲领、八条目为何以及三纲领、八条目关系为何等问题来展开的。不过，不同于朱子以格物作为工夫入手处、阳明以致良知为总领工夫，在《大学古记》、《大学古记约义》中，甚至是关于《大学》诠释的所有文献中，刘宗周提出的总领工夫是"知止"。这一点，在其晚期以诚意为宗旨诠释《大学》时仍有所体现，只不过是将知止、格物、致知解释为诚意的工夫，从而以诚意为中心解释《大学》。因此，首要的问题是厘清刘宗周对"知止"的解释。

关于"知止"，朱子的解释是"知止于至善"；针对阳明所认为的朱子

---

① 需要说明的是，虽然《大学杂言》也是刘宗周对《大学》的集中论述，但本书将不对这一文献做专门的阐释，而是将之视为与《学言》等语类性文献一样，作为研究的参考性文献。理由有二：其一，该文献的内容与《学言》一样，大多是零散记录刘宗周对《大学》中某一概念或问题的随机解答，而非系统阐释《大学》的思想。其二，其内容囊括了刘宗周《大学》诠释的前后两个阶段，即既包括以"知止"为中心解释《大学》的思想，又包括以诚意为中心解释《大学》的思想。

的至善解释中存在"理在心外"的弊病，阳明将"知止"解释为"知至善之在吾心"。刘宗周对于"知止"的解释，就字面意思而言，更近于朱子；但就内在义理而言，又与朱子有所不同。刘宗周对"知止"的论述集中于《大学古记》的第一章，其文云：

> 大学之道……在止于至善。（《大学》之道，尽性而已。性量大，故其学亦大，而三者足以该之。亲如字）
>
> 知止而后有定……虑而后能得（详言所以入道之工夫如此。知止而后能止，定、静、安、虑，渐进于止也，得其所止之谓德）
>
> 物有本末……则近道矣。（至善，性体也，物之本也。其所从出者皆末也。止至善，事之始也，明明德以亲民，其终也。知止之要，知所先后而已）
>
> 古之欲明明德于天下者……致知在格物。（知此之谓知先）
>
> 物格而后知至……国治而后天下平。（知此之谓知后。知所先后，则知止能得，明德亲民，一以贯之。此尽性之全学也）①

引文中括号内的内容为刘宗周的解释。据上文所论，《古记》本的第一章是类似于"经"的"统释《大学》之教"的部分。刘宗周将其内容分为四个部分，他说："三纲是主意，而'知止'一节是工夫，即致知之功也。'物有本末，知所先后'，正'致知在格物'处。故'古之'节承上文，而列主意工夫之所在，以见合一之旨。诚正以上，皆主意也，一'欲'字贯下；致知，格物工夫也，一'在'字合之。从'格物'贯到'天下平'，结尽一章大旨。"②在刘宗周看来，第一章的四个部分分别为：第一部分，提出作为主意的三纲；第二部分，阐释知止作为工夫；第三部分，阐述知止工夫中的知先；第四部分，阐述知止工夫的知后。刘宗周认为此章的结构是：提出"止于至善"——指出所以止于至善的工夫是知止——指出知止的工夫在于知所先后——指出何谓知所先——指出何谓知所后，即"首言三纲，次言知止，次言知所先，次言知所后，一开一阖，文理完备，更无欠剩"③。这样看来，所谓"知止"即指"知止于至善"，其内容包括

---

① 《大学古记》，《刘宗周全集》第1册，第625—626页。
② 《大学杂言》，《刘宗周全集》第1册，第659页。
③ 《大学古记约义》，《刘宗周全集》第1册，第642页。

"知先"、"知后"两个方面。

显然,在刘宗周的诠释中,无疑是以"知止"为工夫。然而更为重要的是,他认为《大学》的工夫只有"知止"。据上引文字可知,刘宗周以三纲作为《大学》的教义所在,他称之为"主意"。"主意"为阳明所提出,与"工夫"连用,最准确的表述是"主意—工夫"。所谓"主意"指的是为学的目的,即工夫的目的;所谓"工夫"指的是达到为学目的之"主意"的具体方法、途径①。刘宗周正是在这一意义上来使用"主意"这一概念的。按照他的解释,"明明德、亲民、止于至善三者"是主意,那么"知止"即是工夫。并且,他将"古之欲明明德于天下……致知在格物"一段文字视为对"知先"的解释,将"物格而后知至……国治而后天下平"一段文字视为对"知后"的解释,足见,八条目在他的解释中已经不再具有工夫的意涵,工夫只是"知止"。所以刘宗周说:"必以知止为入门法"、"故一知止而学问之能事毕矣"②。

既然刘宗周认为"知止"是唯一工夫,并认为它包括"知先"、"知后"两个方面,那么欲探析知止的意涵,有必要先厘清知先、知后的意涵。在此之前,又必须先厘清"先后"的意涵。《大学》中提及"先后"的文字有三处,分别是:"古之欲明明德于天下……致知在格物"、"物格而后知至……国治而后天下平"及"物有本末,事有终始,知所先后,则近道矣"。刘宗周对"先后"的解释,正是由对这三段文字的解释来展开的。他视前两段文字分别是对"知先"、"知后"的解释。不过,刘宗周此论并未阐释"先后"的意涵,他对"先后"意涵的界定是在对第三处文字的解释中形成的。他对第三处文字的解释是:"至善,性体也,物之本也。其所从出者皆末也。止至善,事之始也,明明德以亲民,其终也。"③这一解释似乎与"先后"无关,而是在解释"本末"、"始终"。实际上,刘宗周对"先后"的解释的确是建立在他对"本末"、"始终"的理解之上的,他说:"始终本末之数睹,而先后之数可知矣。"④这意味着,"先后"包括了"本末"、"始终"两个方面。

---

① 参见陈来:《有无之境——王阳明哲学的精神》,北京:生活·读书·新知三联书店,2009年,第330—333页。
② 《大学古记约义》,《刘宗周全集》第1册,第644页。
③ 《大学古记》,《刘宗周全集》第1册,第624页。
④ 《大学古记约义》,《刘宗周全集》第1册,第644页。

就上引文字而言，刘宗周区分了"本末"与"始终"，认为"物"分"本末"、"事"分"始终"。所谓"物有本末"，在刘宗周看来，其"本"是本体之性，在人即为明德；其"末"指由本所生发、展现出来的一切。具体到《大学》，"本"指明德，"末"则包括心、意、知、身、家、国、天下等。因此，"物"就是八条目的对象，即心、意、知、身、家、国天下都属于"物"。并且刘宗周认为物有本末，他说："欲明明德于天下而天下之本在国、国之本在家、家之本在身，而心、而意、而知，为至善之地，则本之本也。"①当然，此处所谓"本末"是相对而言的，与明德为本、物为末不同，刘宗周将心、意、知、身、家、国、天下视为明德之末的物。由于他认为明德与至善等同，因而上述的"本"，最终都是以明德为本。据此，《大学》的八条目甚至《大学》可以由"物"与"本末"贯通起来。刘宗周从"事"上来界定"始终"，认为"止至善，事之始也，明明德以亲民，其终也"②。这是就三纲领而言，他以"止于至善"为事之始，以"明明德"、"亲民"为事之终。这与朱子、阳明将"止于至善"作为"明明德"、"亲民"的目标、目的之说是完全不同的。当然，具体到《大学》中，则"事"还可指格物、致知、诚意、正心、修身、齐家、治国、平天下等，因此，三纲领、八条目都可以以"事"加以统摄。所以刘宗周说："学之所该，莫非事也，而始终分。"③

当然，刘宗周对于物有本末、事有终始的解释，是为了阐释他对"先后"的理解。所以在阐述了"本末"、"始终"之后，他总结道："始终本末之数睹，而先后之数可知矣。"④也就是说，刘宗周认为"先后"即包括"物有本末"及"事有终始"两者。所谓"知先后"也就是"知物有本末"、"知事有终始"。正是基于这样的理解，他最后总结说："知乎此者，以一本握《大学》之枢，而始之，而终之，渐进于止焉，明、亲一贯在是矣，故曰：'知所先后则近道矣。'此知止之方也。"⑤显然，他是将"知先后"视为"知止"的方法、途径，将"知本末"、"知始终"视为"知先后"的方法、途径。换言之，"知止"即以"知本末"、"知始终"为内容

---

① 《大学古记约义》，《刘宗周全集》第 1 册，第 644 页。
② 《大学古记》，《刘宗周全集》第 1 册，第 625 页。
③ 《大学古记约义》，《刘宗周全集》第 1 册，第 644 页。
④ 《大学古记约义》，《刘宗周全集》第 1 册，第 644 页。
⑤ 《大学古记约义》，《刘宗周全集》第 1 册，第 644 页。

的"知先后"之道。更为重要的是,他将"知先后"作为"知止"的工夫,因此"知先后"只是工夫的发动处,其目的在于"渐进于止"。所谓"止"即"止于至善"之意,也就是复归于本体之性、明德、至善,所以刘宗周认为"知止"已经包含明明德、亲民,因此,"知止"即指复归于至善、明德之本体。

刘宗周以"本末"、"始终"来解释"先后",从而指出"知止"即是"知先后"。在其论述过程中,还提出了以"知本"来解释"知止"的观点。刘宗周对"知本"的解释,是在"申致知在格物之义"的《大学》第二章中提到的。在解释"自天子以至于庶人,一切皆以修身为本"时,他说:"承上节'物有本末'而言。格物莫要于知本,知本者知修身为本而本之也。"①刘宗周认为"知本"即指"知修身为本",就前文对物、事的分析而言,"修身"或者"身"并非是最根本者,而是以心、意、知或者明德、至善为最根本者。因此,此处的"修身为本"应当是相对于齐家、治国、平天下而言的。若推究下去,则"知本"当是指知"明明德"、"止至善"为本,最终就是知以明德、至善为本。这就与刘宗周对"知止"的解释一致,所以他说:"物格则知本知末,且知始知终,知所止也。"②何以物格可以知本、知末,从而知先后以知止呢?这显然与刘宗周对"格物"的解释有关。在《大学古记约义》中,刘宗周指出"格物"指"格其'物有本末'之物"③。如前所论,"物有本末"即指天下之本在国、国之本在家、家之本在身,身之本在心、意、知,最终以明德、至善为本。并且,刘宗周认为可以"穷理"解释"格物"④。可以推知,格物即指在物中穷究其"物之本"。就《大学》而言,最终都是要在天下、国、家、身、心、意、知中穷究得明德、至善。这样看来,所谓格物实际上就是知本,即通过穷究"物有本末"的工夫以识得"物之本"的明德、至善。

综上可知,刘宗周论述"知止"作为工夫的步骤是:首先设定了"物有本末"、"事有终始",继而以"知先后"为知"物有本末、事有终始"的工夫,再继而论证"知先后"是"知止"的工夫,最后确证"知止"为

---

① 《大学古记》,《刘宗周全集》第1册,第626页。
② 《大学古记约义》,《刘宗周全集》第1册,第644页。
③ 《大学古记约义》,《刘宗周全集》第1册,第644页。
④ 即"'格物'不妨训'穷理'"。《大学杂言》,《刘宗周全集》第1册,第658页。

《大学》的工夫。并且，刘宗周认为"知止"是《大学》唯一的工夫，他说："《大学》是一贯血脉，不是循序底工夫。今人以循序求《大学》，故谓格致之后，另有诚意工夫；诚意之后，另有正心工夫。岂正心之后，又有修齐治平工夫邪？"[1]显然，刘宗周此说是针对朱子、阳明所论而来。朱子、阳明二人主张以八条目为工夫，而刘宗周则以《大学》论述八条目的内容作为其"知先"、"知后"的解释，仅仅以复归本体的知止为工夫。不过，刘宗周此说难免予人一种只重识得本体而忽略呈现本体的弊病。这一弊病，在他以"知本"解释"知止"中体现得更为明显。刘宗周强调"一知本即知止"，仍然是在强调以识得本体为工夫。而对于与本相对的天下、国、家、身等"末"仍未予讨论，只是认为由知本、知止即可自然通达齐家、治国、平天下。这一观念，将刘宗周笃守本体而忽视呈现本体的工夫论特色彰显无疑。究其原因，则与刘宗周哲学的根本问题有关。在刘宗周看来，正是因为在本体的理解上存在差异，阳明后学才会在呈现本体的致良知工夫中参之以情识或引虚玄以入良知。因此，欲纠正阳明后学的流弊，则必须以确保本体为首位。所以在工夫论上，刘宗周特别强调要以识得本体为工夫。

二、以"知止"统领三纲领、八条目

在《大学古记》及《大学古记约义》中，刘宗周以"知止"作为唯一的工夫，从而诠释《大学》。那么，他是如何以"知止"去贯通《大学》的呢？在阐释这一问题之前，首先须要说明的是，以"知止"为工夫、为中心，并非否定三纲领、八条目作为《大学》的核心内容和重要概念。在刘宗周的《大学》诠释中，三纲领、八条目始终都是核心内容及重要概念，他在《大学杂言》中指出：

> 《大学》一篇是人道全谱。细思吾辈坐下只是一身，渐推开去，得家、国、天下，渐约进来，得心、意、知。然此知不是悬空起照，必寄之于物，才言物，而身与家、国、天下一齐都到面前，更无欠剩。即尔诸生身上，此时知在起居，便有起居之物理可格；知在饮食，便有饮食之物理可格。推此以往，莫不皆然。物无不格，则知无不至，至于意得

---

[1]《学言下》，《刘宗周全集》第2册，第452页。

诚，至于心得正，至于身得修，至于家得齐，至于国得治，至于天下得平，而先后之序，则不容紊，真是天造地设规模，一了百当道理，非人道全谱而何？①

刘宗周认为，《大学》之所以是人道的全部内容，归因于它将人在世界中所面对的事物以及人心的全部内容都予以展现。就人而言，无疑是以"身"为存在方式的，而身为心所主宰，心即包含了知与意。因此，言"身"即包含了心、意、知。"身"与外物相接，则包括家、国、天下。足见，由身可以将心、意、知、家、国、天下等关联起来。并且如前所论，《大学》将"物"理解为心、意、知、身、家、国天下等，因此，可以说《大学》的确是将与人相关的事物全部收归、统摄于其中。最为关键的是，由于他对道、物关系的理解是"道在物中"、"即物见道"②，因此，刘宗周并非仅将上述事物从"事"、"物"的角度去解释，而是赋予它们以道的意涵。《大学》摄尽世间之物，亦指它摄尽世间之道，亦可说《大学》摄尽人道之全。那么欲肯定人道，则必然要肯定人道所在之物。正是在这一意义上，刘宗周确以八条目作为《大学》的核心内容及重要概念。由此亦可说明何以刘宗周在这一时期的诠释中以"知止"为中心，却又在解释中极为详尽地解释八条目，甚至于"传"就是对八条目的解释。这样看来，虽然以"知止"为中心去诠释《大学》，但其内容仍未超出对三纲领、八条目的解释。那么，关键的问题就是如何以"知止"贯通三纲领、八条目。

由上文对"知止"的分析可知，刘宗周的"知止"是以"物有本末"、"事有终始"为基础的。他甚至说："《大学》认定始终本末。是入道之诀。后儒千差万错，只为看此四字不透。"③因此，欲讨论上述问题，沿着"本末始终"的思路应当是可取的。刘宗周对"物有本末"的论述是："欲明明德于天下而天下之本在国，国之本在家，家之本在身，而心、而意、而知，为至善之地，则本之本也。"④在此，刘宗周对"本"作了区分：将

---

① 《大学杂言》，《刘宗周全集》第1册，第654页。
② 所谓"物在道中"、"即物见道"，实际上就是"道不离器"、"即器见道"的另一说法，详细参见上文关于道器问题的注释。
③ 《大学杂言》，《刘宗周全集》第1册，第655页。
④ 《大学古记约义》，《刘宗周全集》第1册，第644页。

身、家、国、天下四者划分为一组，认为四者当以身为本；将心、意、知三者合而为一，认为均指至善之地，是身之本，因此也就是本之本。关于"事"，如前所论，既包括明明德、亲民、止于至善三事，又包括格物、致知、诚意、正心、修身、齐家、治国、平天下八事。足见，物与事密切相关，事的对象是物。这样一来，刘宗周将"物"收归"事"中，只要完成其事，则天下之物即合于道。然而不同于朱子、阳明的地方是，刘宗周未将八条目视为工夫，而是提出了以"知止"为工夫的新思路。其论述的逻辑是：大前提，基于"物有本末"的观念将物分为两组，从而将事分为两组：以修身为齐家、治国、平天下之本，以格物、致知、诚意、正心为修身之本①。小前提，认为"末"由"本"生，因此只要识得其"本"而以"本"为主，则"末"自然合于"本"②。结论，一格物则修身得以完成，一旦修身则家齐、国治、天下平。据此，刘宗周将八条目统归于格物上③。而如前所述，"格物"指"格其'物有本末'之物"，因此，刘宗周的格物实际上就是"知本"，亦即"知止"。遵循上述逻辑，刘宗周最终将八条目统归于"知止"上。

首先，刘宗周如何以"知止"贯通格物、致知、诚意、正心及修身。在《大学古记》中，与修身相关的是第四章、第五章，刘宗周认为第四章是"申修身先正心之义"、第五章是"申家齐先修身之义"。他对第四章的诠释主要是认为因未正心而落于忿懥、恐惧、好乐、忧患四种弊病之中，并且认

---

① 这里需要说明的是，刘宗周此时尚未明晰心、意、知三者的关系，因此他是笼统地认为三者都是身之本，故而格物、致知、诚意、正心即是修身之本。这一点直到提出诚意说之后，以诚意为中心诠释《大学》的《大学古文参疑》时才得到很好的解决。
② 这一点，在上文论述"知止"、"知本"时已经基本呈现出来。刘宗周认为只要守住本体以作主宰，则本体所生发的末（即事物）自然合于本体之道。如他特别重视主静，而所谓"主静"即指守住本体。并且慎独、诚意亦是如此，独指独体、意指意根，都是指本体；刘宗周认为工夫只需慎独、诚意即可。这仍是守住本体以为主宰的工夫论模式。而对于如何呈现本体，即在末上的工夫，刘宗周始终未予重视，甚至说完全没有。因而在对本末的理解上，他必然主张识得本体以为主宰即可，而忽视本体如何呈现为末的工夫。
③ 值得注意的是，虽然就八条目关系而言，朱子亦有"以格物为前提"的观念，但与刘宗周此处所论有根本差异。朱子之重视格物，是因为他以气论心，从而必需有先识得本心的工夫，故而重视格物，以之为前提。而刘宗周则是从"物有本末"、"事有终始"的观念出发，将八条目最终推至格物。并且对格物的解释也存在极大差异，刘宗周认为指"格'物有本末'之物"，也就是从物上穷究得物有本末从而识得其本。而朱子的格物是即物而穷究事物之理。虽然在"太极之理"上，刘宗周的本与朱子所说的理是同一的；但朱子认为亦有所谓"分殊之理"，这是刘宗周所未曾涉及的。当然，二人之所以有这种表述相似而实质差异极大的观念，归因于《大学》本身的"先"、"后"的论述。

为其原因在于物不格、知不致、意不诚①。对第五章的诠释主要是论述因未能修身而有亲爱、贱恶、畏敬、哀矜四种弊病，并认为其原因在于"身不修，从心不正来"②。就以上解释而言，刘宗周并未对何谓正心、何谓修身作出明确的界定，而是指出由格物、致知、诚意即可正心而修身，他在总结第四章时指出："但言修之先正，非实言正心之功也。欲正其心者，先诚其意，意诚而心自正矣。以为意诚之后，复有正心之功者，谬也。"③刘宗周认为《大学》所谓的修身之道在于先正心之说，并非是指以正心为工夫，而只是推论至此。并且，他认为诚意之后不当有正心的工夫，足证他并未在工夫的意义上去肯定修身、正心，而是将其推至诚意、致知、格物。据此，似乎可以得出刘宗周是以诚意、致知、格物为工夫的结论。实则并非如此，他进一步将诚意、格物、致知都统归于知止。那么，刘宗周是如何将诚意推至以致知为工夫的呢？关于"诚意"，刘宗周的解释是：

> 自欺云者，自欺本心之知也。本心之知，善必知好，恶必知恶，若不能好恶，即属自欺。此正是知不致处。毋自欺，则"如好好色，如恶恶臭"，意斯诚矣。故欲诚其意者，必先致其知，而其功归于慎独。独者，藏身之地，物之本也，于此慎之，则物格而知至矣。④

此处，刘宗周所论与朱子之说极为相近。二人均强调由于未先致知，所以才会导致自欺，即不致知则不知何谓善恶。但不同的是，朱子认为在先致知下，仍需要做诚意的工夫；而刘宗周似乎并未提出诚意的具体工夫，只是强调应当先致知，似乎一致知则意即得而诚。就引文而言，如果一定要指出诚意的工夫为何，那只能是慎独。但慎独并非只是单为诚意而设，如刘宗周明确指出慎独则物格、知至，这显然已经包含格物与致知于其中。并且诚如李振纲先生所指出的，刘宗周认为《大学》的八条目似乎都可归于"慎独"一个工夫⑤。足见不能将诚意等同于慎独，否则诚意就会具有

---

① 即"'有所'之病，皆从物不格、知不致、意不诚来。意不诚，则发而为喜、怒、哀、乐，无往而不陷于有所"。《大学古记》，《刘宗周全集》第1册，第630页。
② 《大学古记》，《刘宗周全集》第1册，第630页。
③ 《大学古记》，《刘宗周全集》第1册，第630页。
④ 《大学古记》，《刘宗周全集》第1册，第629页。
⑤ 有关这一问题，本书在下一问题的论述中会专门作出讨论，在此仅引李先生之说以作说明。参见李振纲：《证人之境——刘宗周哲学的宗旨》，北京：人民出版社，2000年，第42页。

工夫论的意义，从而与"知止则知至，意于此而诚"①之说相矛盾。总之，诚意不是在工夫论上来论述的，他的工夫是致知。那么，致知是否就是最终的工夫呢？刘宗周显然不赞同此说。

由于《大学》提出致知即与格物关联在一起，因而讨论致知就必然关联着格物。刘宗周对致知、格物的解释是：

> 致知者，致吾知止之知也。
> 致知在格物，格其物有本末之物。知本则知止，知止则知至矣。②
> "致知在格物"，即格其"物有本末"之物也，物格则知本知末，且知始知终，知所止矣；知止则知至。③

就对致知、格物的解释而言，虽然朱子、阳明二人的解释完全不同，但二人对"知"的解释中最根本的意涵是"知善知恶"的道德意涵。然而刘宗周的解释却更为复杂，他固然认为知有"知善知恶"的意涵，但又并非仅限于此。他指出知止、知本、知先后之知，同样属于致知之知。他指出致知就是"致吾知止之知"，所谓"知止之知"即指知本体的明德、至善乃一切行为的根据。刘宗周对"知"的这一解释，使得"知"本身具有知善知恶的道德意涵，同时又肯定了致知以知止为工夫。此外，如前所论，"知止"以"知先后"、"知本"为工夫，而"知本"又是通过"格'物有本末'之物"的格物工夫而得来的，因此可以推知，致知以格物为工夫，同样说明知止以知本为工夫。这样一来，刘宗周就将知止、知本、知先后总归为"知"，因此，一切工夫尽归为知止。所以刘宗周说："知止则知至，意于此诚，心于此正，身于此修。"④所谓"此"即知止的止、知本的本，在《大学》则是本体之明德、至善。

综上可知，通过"本末"之说，刘宗周将修身之本推之于正心、诚意、致知、格物；而就后四者而言，刘宗周认为工夫只在格物之知本一项。由于知本是知止的工夫，因此，一知止则由本而末，意可得而诚、心可得而正、身可得而修。据此可以说，由知止即可贯通格物、致知、诚

---

① 《大学古记约义》，《刘宗周全集》第1册，第644页。
② 以上两条均见于：《大学杂言》，《刘宗周全集》第1册，第656页。
③ 《大学古记约义》，《刘宗周全集》第1册，第644页。
④ 《大学古记约义》，《刘宗周全集》第1册，第644—645页。

意、正心、修身。须要指出的是，由于刘宗周不以格物、致知、诚意、正心、修身为工夫，而是主张由知止的工夫以识得明德、至善之本体，从而由本体以为主宰，使得事事物物皆合于道。这样看来，所谓"知"绝非仅仅是"知善知恶"的认知义，而更多的是具有即本体即工夫的"行"的意涵。所谓"知本"、"知止"，更多的是指识得本体而以本体主宰其所生之末。正是在这一意义上，刘宗周赞叹道："大哉学乎！后之人入大学者如之何？亦曰知性而已矣。知止，所以知性也。"① 以知止为知性的工夫，而知性的目的绝非仅仅是知晓性为何物，而是为了尽性，刘宗周说："《大学》之道，尽性而已。"② 足见，"知止"、"知本"之为工夫，不只有知性的"知"的意涵，更重要的是有尽性之"行"的意涵。这意味着，"知"本身是即本体即工夫，是知行合一的。

其次，刘宗周如何以"知止"贯通齐家、治国、平天下。此三者是在《大学古记》的第六章、第七章中被论及的。在第七章结尾，刘宗周总结道："平天下之道，只在本治国之孝、弟、慈而絜矩以广之，与天下同好恶而已。然非明本末之辨，无以端好恶之矩；不预端好恶之矩，无以建絜矩之极。"③ 依据"物有本末"的观念，刘宗周将平天下之道推衍至治国之道，而他又认为治国之道就是孝、悌、慈三者，因此，他指出平天下之道即指絜矩孝悌慈三者，其目的在于使天下之人均能同其所好。他在《大学古记》第六章的开头部分即指出："治国有许多规模，然只是孝、弟、慈作用。上老老而民兴孝，上长长而民兴弟，上恤孤而民不倍是也。"④ 其中"上老老而民兴孝，上长长而民兴弟，上恤孤而民不倍是也"是刘宗周对孝、悌、慈的解释，而这一句话又恰好是《大学古记》第七章中《大学》开头的原文，刘宗周为之解释说："三者皆治国之道，举而推之，即平天下之道，若握矩于此，随处比度，无不得其方者也。"⑤ 这样看来，就治国与平天下而言，刘宗周首先指出治国之道就是发挥孝、悌、慈三者，继而认为平天下之道即源于此治国之道，只是将孝、悌、慈三者絜矩推广于天

---

① 《大学古记约义》，《刘宗周全集》第 1 册，第 645 页。
② 《大学古记》，《刘宗周全集》第 1 册，第 625 页。
③ 《大学古记》，《刘宗周全集》第 1 册，第 636—637 页。
④ 《大学古记》，《刘宗周全集》第 1 册，第 631 页。
⑤ 《大学古记》，《刘宗周全集》第 1 册，第 633 页。

下而已①。可以说，刘宗周认为治国、平天下之道就是"絜矩之道"。就对"絜矩之道"的论述来看，他只是在阐述如何将修身而得的孝、悌、慈推至于家、国、天下。刘宗周说：

> 《易》曰："君子敬以直内，义以方外。"规矩之至也。立一身于此，而环之以家，又环之以国，又环之以天下，虽广狭不同，矩而方之，不过上下四旁之境。此上下四旁之境，寸寸而累之至尺，必差；尺尺累之至寻丈，又差；又累而至于不可纪极，则差之毫厘，谬以千里矣。盖平天下若此之难也，先之以治国亦易矣。非徒先之以治国也，又先之以齐家，又先之修身，故易也。修身之大者，为孝弟慈。一家之孝弟慈，一国之孝弟慈也。一国之孝弟慈，天下之孝弟慈也。孝弟慈者，明德之大者也。②

在这段论述中，刘宗周首先指出平天下是非常困难的，原因在于天下作为上下四旁之境，相互之间差异较大。因此，要达到平天下的目的，就必须有特殊的方法。其次，他认为平天下的简易之道在于将平天下之道溯源于治国之道，将治国之道溯源于齐家之道，将齐家之道溯源于修身之道。最后，他指出所谓"修身之道"，实则是指以孝、悌、慈三者为内容的修养。并且，他依据对平天下之道的推衍作回溯式的推衍，认为须将修身的孝、悌、慈推至于家、国、天下，从而实现家、国、天下的孝、悌、慈。此一过程，在刘宗周看来就是平天下的简易之道，他称之为"絜矩之道"。足见，所谓"絜矩之道"就是将孝、悌、慈三者由修身而扩充于齐家、治国、平天下。据此可知，由修身可以贯通齐家、治国、平天下三者。

然而须要追问的是，修身的孝、悌、慈三者又从何而来呢？这一点，上文已经有详细讨论，认为格致诚正就是修身的工夫，最终归于"知止"，即所谓"始知平天下之大道，非由格、致、诚、正以修诸身，不可得也"③。据此可知，修身的孝、悌、慈即由"知止"而来，即源于本体之明德。所以刘宗周说："孝弟慈者，明明德之大者也。"④概括而言，刘宗周以"知止"

---

① 即"平天下者，亦推此孝弟慈而已"。《大学古记约义》，《刘宗周全集》第1册，第652页。
② 《大学古记约义》，《刘宗周全集》第1册，第651页。
③ 《大学古记》，《刘宗周全集》第1册，第637页。
④ 《大学古记约义》，《刘宗周全集》第1册，第651页。

为工夫修得孝、悌、慈三者并以之作为修身的内容，从而"絜矩"此孝、悌、慈于家、国、天下，最终实现平天下。并且他认为修身是由正心而来、正心是由诚意而来，诚意又是由致知、格物而来，最终以知止为工夫。质言之，刘宗周认为八条目最终由知止而来，由知止可以贯通八条目。

最后，看刘宗周如何以知止贯通三纲领。关于"三纲领"及其关系，在《大学古记约义》中，刘宗周有详细论述。他说：

> 道以物身之谓学，学以率性之谓道。学何以称大？明明德于天下，故大也。明明德于天下者，自明其明德也。必云明德者，天有明命，人有明德也。明之者，如其明而止也，即本体即工夫也。民言"亲"，何也？通之以一体之明，故亲也。"在止于至善"，何也？继之者善也，于天为明命、于人为明德也，明之至也，善之至也，不迁其明焉，善斯止矣。即止善即明明德，非明德之后，方有善可止也。即明明德即亲民，非明德之外，复有民可亲也。三物一物，三事一事，《大学》之要，止至善而已矣。①

首先，刘宗周认为明德就是至善，指道、性之本体，二者是性体、天道、天命的另一称呼。如果一定要加以区分的话，则至善偏重心体，而明德偏向性体。但从根本上讲，心体即性体②，因此，至善与明德等同。与之相应，作为事的明明德与止至善同样没有区分。所以刘宗周在解释何谓"明"时，特别强调是"如其明而止也"。其次，关于"民"，按宋明儒的一般理解应当是指异于己的他人，刘宗周亦持这一看法。所谓"亲民"，指的是由于人人所具有的本体之明德是相同的，所以在自明其明德时，即应与他人之明德相沟通，以促使他人同样明其明德。刘宗周对亲民的这一解释，未赋予亲民以工夫论的意涵。当然，就具体内容而言，明明德必定

---

① 《大学古记约义》，《刘宗周全集》第 1 册，第 642—643 页。
② 刘宗周对心体与性体有特殊的解释，其基本观念为：其一，心体是就本体的主观面而言，性体则是就本体的客观面而言；心体、性体均是言说本体的概念。其二，心体与性体是合二为一的关系，性体因其客观性而成为主宰心体者，是心体能够保持道德的客观性的内在因素；可以说，性即心之性。其三，性体是无形者，心体使得性体得以彰显为有形者，即性体需要心体作为形著、彰显原则以形著、彰显自身于经验之中。研究者对此多有讨论，但基本观念即如上述。参见牟宗三：《心体与性体》，上海：上海古籍出版社，2007 年，第 315—319 页；李振纲：《证人之境——刘宗周哲学的宗旨》，北京：人民出版社，2000 年，第 50—61 页；东方朔：《刘宗周评传》，南京：南京大学出版社，1998 年，第 155—177 页。

包括孝悌慈等德性修养，即"《大学》言'明德'，未知何物，至'修齐'章指出孝、弟、慈三字，孝、弟、慈是明德真切处。"①这样看来，所谓明明德、亲民、止于至善的确没有本质的区别。那么，何以刘宗周不言"《大学》之要，明明德而已矣"，而是说"止至善而已矣"呢？何以要说"夫《大学》之所谓主脑者，'止至善'而已矣"②呢？其原因是：其一，就刘宗周哲学而言，有心体与性体的区分。至善是从心体而言，明德是从天命的性体而言；因此，相较之下，至善是形著、彰显明德者。所以，刘宗周在《大学》诠释中更多的是讲"止至善"。其二，基于第一点的原因，为了更好地阐释《大学》的工夫论，应当以"止至善"为准。上文已经指出，刘宗周在《大学》诠释中是以知止为工夫的，而"止"即"止于至善"之意。就工夫与本体的一贯而言，无疑当以"止至善"为主导、主意。

既然刘宗周认为明明德、亲民及止于至善三者在本质上是一致的，而知止作为工夫又即是知"止于至善"，因此，知止即可将明明德、亲民及止于至善三者贯通起来，作为三者的工夫。

三、知止与慎独之关系及以"慎独"为中心的《大学》诠释

在上文中，笔者业已指出，写作《大学古记》及《大学古记约义》时，刘宗周的为学宗旨是慎独，然而在以上分析中却并未突出这一为学宗旨。这与《大学》本身有关。《大学》只在论述诚意时提及慎独，慎独并非《大学》的核心概念。因此，刘宗周很难将慎独有效地贯彻于《大学》诠释中，这或许也是刘宗周何以在晚期改以诚意为宗旨去诠释《大学》的原因之一。即便如此，刘宗周在《大学古记约义》中还是单列"慎独"条来解释《大学》，认为《大学》即"慎独"之学，"慎独"即《大学》之道。由于此时刘宗周的《大学》诠释是以知止为中心的，因此，只要厘清知止与慎独的关系，即可明了刘宗周如何以慎独为中心去诠释《大学》。此外，借慎独这一概念，亦可对知止作出更为深入的分析。

在正式论述知止与慎独关系前，有必要对慎独作简要的分析梳理。以往对刘宗周"慎独"说的研究，基本上都是从本体、工夫以及慎独说所针

---

① 《大学杂言》，《刘宗周全集》第1册，第654页。
② 《大学古记约义》，《刘宗周全集》第1册，第647页。

对的问题三个方面来加以分析的①。就本体论而言，学者大都认为"独"指"独体"，是刘宗周哲学的本体，亦可说是心的"一点灵明"②，类似于阳明的良知的"一点灵明"。独体是沟通性、天、道者，其不同于阳明的是强调独体之性天之尊的一面。此外，学者指出刘宗周将独体分成心体与性体两面：在《中庸》中以性体为主，在《大学》中以心体为主。并认为性体是贞定心体者，性体必须由心体而彰显、形著。就工夫论而言，学者认为刘宗周通过"慎独"说将"察识"收归"静存"，使得二者合二为一，以"主静立人极"为工夫。这主要是就性体而言的，在心体上，则是以诚意为工夫。就针对的理论问题而言，学者认为刘宗周"慎独"说是针对阳明后学中轻视识得本体的工夫以及不事工夫等为学倾向而来③。必须指出的是，所谓"识得本体的工夫"并非仅仅是认知义上的识得，而是指事事物物都当以本体为主宰，即主静。此外，学者指出刘宗周重视"识得本体的工夫"并非是指识得本体之后即无工夫，而是指事事物物上都要以"识得本体"为工夫。此即意味着，工夫是无限的，但一定要以识得本体方为工夫。而所谓"只重识本体"的工夫则是主张一"识得本体"即无工夫，这与刘宗周的"识得本体"之说正相违背④。

就以上对慎独的简要梳理而言，它强调主静、静存之"识得本体"的

---

① 对刘宗周哲学加以专门讨论的主要有牟宗三、唐君毅、劳思光、东方朔、李振纲、杜保瑞、胡元玲等人。就上述诸贤的研究而言，主要是从本体、工夫以及慎独说所针对的理论问题三个方面来阐述刘宗周的慎独说。参见牟宗三：《从陆象山到刘蕺山》，上海：上海古籍出版社，2001年，第334—348页；唐君毅：《中国哲学原论·原教篇》，北京：中国社会科学出版社，2006年，第303—320页；劳思光：《新编中国哲学史》三卷下，桂林：广西师范大学出版社，2005年，第436—440页；东方朔：《刘宗周评传》，南京：南京大学出版社，2008年，第273—349页；李振纲：《证人之境——刘宗周哲学的宗旨》，北京：人民出版社，2000年，第112—120页；杜保瑞：《刘蕺山的功夫理论与形上思想》，新北：花木兰文化出版社，2009年，第11—37页；胡元玲：《刘宗周慎独之学阐微》，台北：学生书局，2009年，第47—134页。
② 此说为劳思光先生所提出，颇有意义。因为刘宗周毕竟是属于心学一派，故此说可显明其血脉特征。参见劳思光：《新编中国哲学史》三卷下，桂林：广西师范大学出版社，2005年，第439页。
③ 关于这一问题，研究者基本上都持这一观念，在此仅以劳思光先生所论为例。劳先生指出刘宗周认为阳明后学在工夫论上存在两大弊病：其一，不事工夫，即认为良知现成无需工夫，只是呈现本体而已，这就会走向高悬一路；其二，轻视对本体的识得，以为即工夫即本体，未能真正把握本体为何。参见劳思光：《新编中国哲学史》三卷下，桂林：广西师范大学出版社，2005年，第431页。
④ 依劳思光先生之见，这主要是指与刘宗周同时的陶石梁等人的主张相对，即陶石梁等人主张识得本体则其他工夫尽废。而刘宗周则主张事事物物都应当识得本体，因而不是一"识得本体"则工夫即得以完成。当然，这里并非指刘宗周认为在"识得本体"之后，仍有呈现本体的工夫。而是说在具体做工夫的过程中，需要即事事物物上识得本体，并非是在一物上识得其本体即可。参见劳思光：《新编中国哲学史》三卷下，桂林：广西师范大学出版社，2005年，第432—433页。

工夫，与上文论述"知止"的工夫极为相近。二者都是强调要以"识得本体"即"知本"为根本的工夫，只不过，在《大学》中是以知至善为内容，而在"慎独"说中是以识得心体、性体为内容。然而刘宗周也明确指出明德、至善是"在天则为天命"、"在人则为明德、至善"，并且性体根源于天命。足见，性体与至善所指为一。因此，知止与慎独也就基本等同。为更好地说明刘宗周将知止与慎独视为同一工夫，将引涉及慎独的《诚意章》以为例证。他说：

> 自欺云者，自欺本心之知也。本心之知，善必知善，恶必知恶，若不能好恶，即属自欺。此正是知不致处。毋自欺，则"如好好色，如恶恶臭"，意斯诚矣。故欲诚其意者，必先致其知，而其功归于慎独。独者，藏身之地，物之本也，于此慎之，则物格而知至矣。[①]

上文对此段引文已经作了分析，认为刘宗周实际上将诚意的工夫推至致知，而最终归于知止。以上论述在此仍然有效，但细读引文的"必先致其知，而其功归于慎独"可知，刘宗周认为致知的工夫应当是"慎独"。而据上文所述，刘宗周又的确指出致知是"致其知止之知"，也就是知本、知止。由此即可推知，慎独即是知止、知本。所以刘宗周亦认为"独者，藏身之地，物之本也，于此慎之，则物格而知至矣。"由慎独而物格知至，则恰好与以格物为知止、知本的工夫之观念一致。足见，所谓知止、知本，就是慎独。这样看来，亦可对知止作更为清晰的界定。因为就"知本"、"知止"之"知"字而言，难免予人以认知的印象。但细究刘宗周所论，又觉得此意颇为不显。若以慎独解释知止、知本，则可以化解此一问题。由于慎独等同于知止，因此，知止同样具有识得本体以为主宰、谨守独体、强调主静的工夫等意涵。其中，"以本体为主宰"显然具有"行"的一面。当然，或许正是因为对"知止"解释的困境，迫使刘宗周在晚期将《大学》诠释的宗旨转向诚意，从而真正将慎独说贯彻于《大学》中。

既然知止就是慎独，其意涵一致，则可由上文所分析的以知止贯通《大学》来探析刘宗周如何以慎独解释《大学》。这一点，在《大学古记约义》中有详细论述：

---

① 《大学古记》，《刘宗周全集》第1册，第629页。

君子之学，先天下而本之国，先国而本之家与身，亦属之己矣。又自身而本之心，本之意，本之知，本至此，无可推，无可揣控，而其为己也隐且微矣。隐微之地，是名曰独。其为何物乎？本无一物之中而物物具焉，此至善之所统会也。致知在格物，格此而已。独者物之本，而慎独者格之始事也。君子之为学也，非能藏身而不动，杜口而不言，绝天下耳目而不与交也。终日言而其所以言者，人不得而闻也，自闻而已矣；终日动而其所以动者，人不可得而见也，自见而已矣。自闻自见者，自知者也。吾求之自焉，使此心常知、常定、常静、常安、常虑而常得，慎之至也。慎则无所不慎矣，始求之好恶之机，得吾诚焉，所以慎之于意也；因求之喜、怒、哀、乐之发，得吾止焉，所以慎之于心也，又求之于亲爱、贱恶、畏敬、哀矜、敖惰之所之，得吾修焉，所以慎之于身也；又求之于孝、弟、慈，得吾齐焉，所以慎之于家也；又求之于事君、事长、使众，得吾治焉，所以慎之于国也；又求之民好、民恶，明明德于天下言，所以慎之于天下也。而实天下而本于国，本于家，本于身，本于心，本于意，本于知，合于物，乃所以为慎独也。慎独也者，人以为诚意之功，而不知即格致之功也，人以为格致之功，而不知即明明德于天下递先之功也。《大学》之道，一言以蔽之，曰慎独而已矣。①

引文中，刘宗周以慎独解释《大学》的义理架构，与上文所述的以"知止"为中心解释《大学》基本一致。首先，他仍以"本末"将八条目阐释为"天下之本在国、国之本在家、家之本在身、身之本在心、在意、在知"的"本末"逻辑。同时，他亦指出当以独体为本之本。其次，予独体以专释。认为独体不是有形有象的具体事物，而是无形无象的形上者，故而不可称之为物。但独体作为万物存在的根据，又存在于万物之中。就道德哲学而言，独体即是至善。结合以上两点可知，独体作为本体，是内在于心、意、知、身、家、国、天下之中的。再次，刘宗周指出识得此独体的方式是自闻、自知。所谓"自闻"、"自知"，实则就是自知此独体，以求达至"使此心常知、常定、常静、常安、常虑而常得"之境，刘宗周称之为"慎独之至"。就其内容而言，就是"知止"。足见，知止实即慎独。

---

① 《大学古记约义》，《刘宗周全集》第1册，第649—650页。

最后，刘宗周将此慎独之至的独体推至于意、心、身、家、国、天下，认为意之慎独即是"始求之好恶之机"，心之慎独即是"因求之喜、怒、哀、乐之发"，身之慎独即是"求之于亲爱、贱恶、畏敬、哀矜、敖惰之所之"，家之慎独即是"求之于亲爱、贱恶、畏敬、哀矜、敖惰之所之"，国之慎独即是"求之于事君、事长、使众"，天下之慎独即是"求之民好、民恶"。这样一来，刘宗周通过慎独将心、意、知（即知止而使心常定、常静一段论述）、身、家、国、天下统摄、贯通起来。此论之所以能够成立，是基于刘宗周对独体的特殊解释，认为独体作为本体是无形无象而又存在于任何事物之中的。由于本体存在于任何事物之中，则必然可以即事物之中以求其本体，此即"慎独"。对比他以"知止"为中心的《大学》诠释，刘宗周此处的论述更为一贯。因为他将独体在不同事物中的具体意涵予以一一表彰，从而可以看出独体如何由本之本的心、意、知而推至于其本所生之末的身、家、国、天下。

综上，已对刘宗周为学处于以慎独为宗旨的时期，如何以知止、慎独为中心诠释《大学》作了详细疏解。但以上论述中尚存一些问题，须要进一步讨论。如心、意、知三者的关系问题，在这一时期的《大学》诠释未能很好地说明。再如，在这一时期中，慎独明显侧重于性体，而依据刘宗周的性体必须通过心体予以彰显、形著的观念，似乎在以心、意、知等心体概念为主的《大学》中，慎独并未找到贴切的切入点。这些问题促使刘宗周需要进一步对《大学》展开讨论，其成果即为晚期的《大学古文参疑》。

第三节　《大学古文参疑》以"诚意"为中心的诠释

学者一般认为刘宗周于 1636 年正式提出诚意说[①]，其根据是《刘宗周刘子年谱》于 1636 年中载有"始以《大学》诚意、《中庸》已未发之说示

---

① 东方朔、李振纲二位先生均持这一观点。参见东方朔：《刘宗周评传》，南京：南京大学出版社，1998 年，第 79—81 页；李振纲：《证人之境——刘宗周哲学的宗旨》，北京：人民出版社，2000 年，第 26—27 页。

学者"一条，并引用了刘宗周论述《大学》的大量文字①。刘汋引文的核心是"意为心之所存"一说。这是刘宗周对意之意涵以及心意关系作出的不同于前人的解释。并且刘宗周以此说为基础，提出了"格致为诚意工夫"的观点，从而开启了以诚意为中心诠释《大学》的先兆。经过九年的讨论、思索，在 1645 年，刘宗周最终完成了其诠释《大学》的最后作品——《大学古文参疑》。

在正式讨论刘宗周如何以诚意诠释《大学》之前，拟先对刘宗周何以会转向以诚意诠释《大学》作出分析。其原因是多方面的，撮其大要，不过以下两点：其一，刘宗周主张以心著性、由心体以形著性体。故而在工夫论上，他提出了针对性体的慎独工夫；但在心体上，以慎独为工夫总有不融洽之处。因为心体毕竟包括知、情、意等主观方面的内容，非强调客观一面的独体所能概括。因此，就哲学的一贯和融洽而言，刘宗周必须为心体一路确立更为有效的工夫论。并且这一工夫论的提出亦须像由《中庸》以提出慎独一样具有经典的依据。这样一来，刘宗周必然要借助于言说心体较多的《大学》②。因此，刘宗周的《大学》诠释需要超越《大学古记》、《大学古记约义》时期以慎独、知止为中心的诠释。其二，上文已经指出，刘宗周以知止为中心诠释《大学》，是以"物有本末"为前提的。但在论述身之本时，他认为是本之心、本之意、本之知，并认为心、意、知三者均是至善所在之地。然而对于三者的关系问题，他始终未予说明。并且如果知是知本之知、知止之知，则它与知善知恶之知关系又当如何？这些问题应当有待进一步的讨论。

---

① 即所谓"先生在官多暇，有所得辄次第记之，名曰《独证编》……"，而刘汋所引文字，均见于《学言上》中。参见《刘宗周刘子年谱》，《刘宗周全集》第 6 册，第 117 页；《学言上》，《刘宗周全集》第 2 册，第 390 页。

② 这一点，即刘宗周评述《中庸》、《大学》时所说："《大学》言心不言性，心外无性也；《中庸》言性不言心，性即心之所以为心也。有说乎，曰：善非性乎？天非心乎？故以之归宗于慎独一也。"（《学言上》，《刘宗周全集》第 2 册，第 457—458 页）虽然刘宗周最后以慎独一义统之，但对《大学》言心、《中庸》言性的基本区分还是认同的。这也为我们将刘宗周的诚意说理解为对慎独说的完善提供了一定的证据，即刘宗周在提出诚意之后并非放弃之前的慎独说，而是以诚意说来完善慎独说中对心体的讨论之不足。此外，刘宗周明确指出《大学》旨在言心，即"又总而言之，则曰心；析而言之，则曰天下、国、家、身、心、意、知、物。惟心精之合意、知、物，粗之合天下国家与身，而后成其觉。为觉，其为仁也。若单言心，则心亦一物而已。凡圣贤言心，皆合八条目而言者也，或止合意知物言。惟《大学》列八条目之中，而血脉仍是一贯，正是此心之全谱，又特表之曰'明德'"。《学言上》，《刘宗周全集》第 2 册，第 389 页。

基于以上两点理由，刘宗周提出了"诚意"说，并以之诠释《大学》。"诚意"说的基础及核心是对"意"作"心之所存"的特殊解释。就《大学》诠释而言，刘宗周认为意乃是心、知、物的本体，从而以意统摄心、知、物，解决了心、意、知、物何者最为根本的问题。

一、以意统摄心、知、物

刘宗周在提出"诚意"说后，对心、知、意、物及其关系的基本看法可以概括为：

> 有善有恶者心之动，好善恶恶者意之静，知善知恶者是良知，为善去恶者是物则。①

参照阳明的"四句教"，学者将此四句称之为刘宗周的"四句教"②。对比阳明、刘宗周的"四句教"可知，刘宗周唯一保留了"知善知恶是良知"一句。二者一致的地方是，都是围绕着"善恶"展开，涉及善恶的本体论之根据、善恶在现实中展现出来的原因、如何保持善的工夫三个方面的内容。当然，二说有很大的不同。最大的不同在于，刘宗周提出了"好善恶恶者意之静"这一观念，这是他对善恶问题的本体论解释。阳明的"四句教"与之对应的是"知善知恶是良知"一句，这是以良知为本体。但刘宗周不取阳明此说，认为应当从"好善恶恶"的意根上来理解本体。显然，在本体的理解即意的意涵上，刘宗周有了全新的解释。

按照宋明儒的一般理解，意指心之所发，属于已发的经验范畴。但刘宗周显然不赞同此说，他批评道：

> 意者，心之所存，非所发也。朱子以所发训意，非是。《传》曰："如恶恶臭，如好好色"，言自中之好恶一于善而不二于恶。一于善而不二于恶，正见此心之存主有善而无恶也，恶得以所发言乎？如意为心之所发，将孰为心之所存乎？如心为所存，意为所发，是所发先于所存，

---

① 《学言上》，《刘宗周全集》第2册，第391页。
② 劳思光、李振纲等先生即有此种说法，参见劳思光：《新编中国哲学史》三卷下，桂林：广西师范大学出版社，2005年，第442页；李振纲：《证人之境——刘宗周哲学的宗旨》，北京：人民出版社，2000年，第86页。

岂《大学》知本之旨乎？[1]

刘宗周认为"意为心之所发"的观点有一大弊病，即使得心缺乏所存主的内容。依刘宗周之意，心应当有其本体之根据，亦即有其具体的内容。以意为心之所发，则心本身缺乏规定。若以意为心之所存，由于意是"好善恶恶"的，因此，心即有具体的内容。更进一层，他指出如果心本身如阳明所论是良知之本心，意是心之所发，那么推之于《大学》，应当是"欲诚其意者，先正其心"。但《大学》的论述又的确是"欲正其心者，先诚其意"，因此，刘宗周认为必须对心、意关系作出新的解释。基于以上两点理由，刘宗周提出了"意为心之所存"的新见。所谓"所存"，指的是"存主"于心之内在的本体依据。换言之，刘宗周认为意是心的本体，本体意义上的意可以称之为"意根"。就意或者意根的内涵而言，他认为指"一于善而不二于恶"。其意为，意乃纯善的、至善的，是不与恶相对的至善、纯善。其实，诚如劳思光先生所言，刘宗周对意的解释与阳明对良知的解释是完全一致的[2]。或者从更广泛的意义上讲，对本体的解释理当如此。不过，刘宗周的解释也的确有其殊胜处，那就是在心体上将道德原则（即知）与道德能力（即好善恶恶的能力）完整地结合起来，并将道德能力置于第一位[3]。正是在这一意义上，刘宗周赋予意以本体的意涵，以之作为心的主宰。当然，就这一观念而言，心必然是经验之心。由此，涉及心与意的关系问题。

刘宗周以"好善恶恶"作为意的专义，因此，须要先厘清何谓"好善恶恶"。在《学言中》中，刘宗周对"好善恶恶"有详细阐释，他说：

> 意者心之所存，非所发也。或曰："好善恶恶，非发乎？"曰："意之好恶，与起念之好恶不同。意之好恶，一机而互见；起念之好恶，两

---

[1] 《学言上》，《刘宗周全集》第2册，第390页。
[2] 参见劳思光：《新编中国哲学史》三卷下，桂林：广西师范大学出版社，2005年，第442页。
[3] 之所以这样说，是因为阳明的良知虽然的确也是将道德原则（良知之知的一面）和道德能力（良知之能的一面）结合在一起，因而认为"虽好恶便尽了是非"。但阳明的良知说毕竟予人以强调"知善知恶"的一面，而未能直接对本体的"好善恶恶"的良能一面予以展现。换言之，阳明的良知说在字面上并未予以"好善恶恶"的解释，而是需要进行义理推衍方能揭示此意。而刘宗周则直接将"好善恶恶"作为意根的意涵，这就从字面直接显示其良能的一面。当然，这一说法预设了道德能力必须与道德原则相结合，并且道德能力应当高于道德原则的基本观念。

在而异情。以念为意,何啻千里?"①

刘宗周对意的"好善恶恶"的解释是通过与念之"好善恶恶"的比较来展开的。关于"念",学者大都认为是指本体呈现时的经验指向②。"念",指的是感于事物之时,心的内在指向,所以刘宗周经常讲"随感起念"。"念"在刘宗周哲学中,主要是用以解释经验中何以存在善恶相。这是由"念"作为经验意识经常是随感而生所决定的,但它并不一定是由本体的意根做主宰,因此就会表现为善恶相。然而在刘宗周看来,意则不同于念,它本身虽然以"好善恶恶"为内容,但它的意涵与念的"好善恶恶"是完全不同的。意之"好善恶恶"并非可以区分为善恶两者,从而表现为相对的善恶两相,而是指"好善"即意味着"恶恶"、"恶恶"即意味着"好善",两者是一体的。刘宗周将他对"意"的全新解释概括为"一机而互见",指的是"好善"与"恶恶"是一机并发的。质言之,作为本体之意根的内容——"好善恶恶"——并非是呈现出来的经验之善恶,而是经验之善恶的根据。这样看来,所谓"有善有恶者心之动"指的是心为外物所促动而表现于外时,其表现于外的善恶是由"好善恶恶"的意根是否起作用来决定的。若由意根决定其念则是善,随念而转则为恶。此即意味着,在诚意说下,其心只是经验之心,而意是心之本体。并且心在起用时,其内在指向就是由意根是否"好善恶恶"来决定的。这一点,在《答董生心意十问》有进一步更为详尽的论述,其云:

> 意者,心之所以为心也。止言心,则心只是径寸虚体也。着个意字,方见下了定盘针,有子午可指。然定盘针与盘子终是两物。意之于心,只是虚体中一点精神。仍只是一个心,本非滞于有也,安得而

---

① 《学言中》,《刘宗周全集》第 2 册,第 411—412 页。
② 虽然研究刘宗周的诸家对"念"从各种角度加以阐释,但基本的观点则是认为"念"相当于阳明的"意",即指心之所发。在道德哲学上讲,"念"主要是指道德行为在道德主体上的指向性。人的任何行为都是由心所主宰而表现于外的,但在其呈现于外时,必然有其内在的指向之规定,从而引导人心表现出何种行为。这种指向之规定性本身并不必然是善的、也不必然是恶的,关键在于人心的决定作用。即本体能否直接决定此指向之规定性是决定其善恶与否的原因。故而可以说,这种指向之规定性即有善恶两种可能。因而即是属于经验范畴,非形上的本体范畴。这样看来,刘宗周的"念"与阳明的"意"的确就是此处所说的"指向之规定性"。参见劳思光:《新编中国哲学史》三卷下,桂林:广西师范大学出版社,2005 年,第 445—448 页;东方朔:《刘宗周评传》,南京:南京大学出版社,1998 年,第 229—243 页;李振纲:《证人之境——刘宗周哲学的宗旨》,北京:人民出版社,2000 年,第 126—128 页。

云无?①

以心为"径寸虚体"、"盘子",说明在"心—意"对举之下,心是经验之心,意则是本体、是主宰、是"定盘针"。换言之,在"心—意"对举下,心近乎朱子的统性情之心,而意则是心之本体,是心之所以为心者。并且心的内在规定是意,意作为纯善的道德能力,在心发动时,由其"好善恶恶"决定心之动必合于意。总之,就心意关系而言,刘宗周主张意是心之本体,以意决定心。

在"四句教"中,刘宗周指出"知善知恶是良知",这一提法与阳明在字面上确乎无异。但阳明是在本体论上来言说的,而刘宗周的"好善恶恶者意之静"才是对本体的论述,那么如何理解"知善知恶是良知"及意与知的关系呢?刘宗周对此的回答,可以概括为"知藏于意"说。先看他的论述:

> 好恶者,此心最初之机,即四者之所自来,所谓意也。故意蕴于心,非心之所发也。又就意中指出最初之机,则仅有知好知恶之知而已,此即意之不可欺者也。故知藏于意,非意之所起也。又就知中指出最初之机,则仅有体物不遗之物而已,此所谓独也。故物即是知,非知之所照也。②

在刘宗周看来,《大学》的心指的是"忿懥、恐惧、好乐、忧患"四者,并且此四者即由意根的"好善恶恶"而来。若从意根的角度而言,其发动的最初之机是"知善知恶"。而这一"知善知恶"之机又藏于"好善恶恶"的意根之中。换言之,"知善知恶"之良知之所以能在意根发动之机上知善知恶,完全是由其意根的"好善恶恶"所决定的。因此,所谓"知藏于意",指的是"知善知恶"之良知必须依托于"好善恶恶"的意根才能有良知之知,否则亦无良知可言。足见,离开意根,则良知即无法发挥其"知善知恶"之用。这样一来,良知就不具有在阳明哲学中的本体之意涵,而只是作为意根的属性。就广义的体用观而言,"知善知恶"的良知乃是意根之本体的发用。这一观念在《良知说》中发挥到极致,刘宗周甚

---

① 《答董生心意十问》,《刘宗周全集》第 2 册,第 337—338 页。
② 《学言上》,《刘宗周全集》第 2 册,第 389 页。

至认为良知的"知善知恶"是在经验的"有善有恶"之后去论述的，从而指出是"知为意奴"①。由此，刘宗周就必须对《大学》的"致知"之知作全新的解释，他说："且《大学》所谓致知，亦只是致其知止之知。知止之知，即知先后之知；知先后之知，即知本之知。惟其知止、知先、知本也，则谓之良知亦得。知在止中，良因止见。故言知止则不必更言良知。若曰以良知之知知止，又以良知之知知先而知本，岂不架屋叠床之甚乎？"②刘宗周认为"良知"即指知本、知止、知先之知。而如上文所述，知止、知本、知先之知实际上就是知至善③，在《大学古文参疑》中也就是知意根。据此，则良知仍须依于意根来说，离开意根就无所谓"知善知恶"。总之，刘宗周将"知善知恶"的良知收归于"好善恶恶"的意根，从而消解良知作为本体的意涵④。一言以蔽之，即"藏知于意"。

就刘宗周以意统摄心、知、物而言，其中最难理解的当属以意统摄物⑤。其所以复杂的原因是多方面的，但概念的不严格无疑是最为重要的原因。在刘宗周著作中，涉及意与物的关系，且概念界定颇不明晰的论述，主要有以下两段：

> 身者，天下国家之统体，而心又其体也。意则心之所以为心也，知则意之所以为意也，物则知之所以为知也，体而体者也。物无体，又即天下国家身心意知以为体，是之谓体用一原、显微无间。⑥

> 心无体，以意为体；意无体，以知为体；知无体，以物为体。物无用，以知为用；知无用，以意为用；意无用，以心为用。此之谓体用一

---

① 即所谓"且所谓知善知恶，盖从有善有恶而言者也。因有善有恶，而后知善知恶，是知为意奴也"。《良知说》，《刘宗周全集》第 2 册，第 317—318 页。
② 《刘宗周全集》第 2 册，《良知说》，第 317—318 页。
③ 上文已经指出，《大学古文参疑》中仍然谨守"本末"、"知止"的观念。因此，知止、知本、知先实际上就是知本体之所在，在《大学古记》及《大学古记约义》中指至善、独体，在《大学古文参疑》中指意根。
④ 当然，这只是刘宗周哲学的观念，并非指宋明儒学，尤其是阳明哲学的良知亦当如此理解。
⑤ 研究刘宗周哲学的牟宗三、东方朔、李振纲等先生在论心、意、知、物的关系时，都以大量笔墨来反复阐述物与心、意、知的关系。参见牟宗三：《从陆象山到刘蕺山》，上海：上海古籍出版社，2001 年，第 330—340 页；东方朔：《刘宗周评传》，南京大学出版社，1998 年，第 264—271 页；李振纲：《证人之境——刘宗周哲学的宗旨》，北京：人民出版社，2000 年，第 95—98 页。
⑥ 《学言上》，《刘宗周全集》第 2 册，第 389 页。

原，此之谓显微无间。①

这两段文字是对意、心、知、物之间关系的集中论述，其核心观点是"体用一原，显微无间"。显然，刘宗周是套在《大学》上来展开讨论的。先看第一段引文。首先，相对于家、国、天下，身是体，因此，家、国、天下是用；其次，在身、心之间，心是体，身是用；最后，沿着《大学》的正心、诚意、致知、格物之序，刘宗周认为，意是心之体，知是意之体，物是知之体，即"体之体也"。经由以上的步步推进可知，"物"作为"体之体"，无疑即是本体之物。不过，若依此说，则紧接着的"物无体，又即天下国家身心意知以为体"一句，就较难理解。物既然是指本体，显然不能再以本为其用的天下、国、家、身等为体。这正是这两段引文所以难解之处，也正是笔者所谓"概念的界定不明晰"的表现。当然，既然是概念界定不明，那么只要指出概念的内涵即可解决上述问题。对此，李振纲先生有一定的解释。他说："对此本体之物无法另下注脚，故言'无体'。超越之形上本体只能托体于形下之物来现其法身，这样，形上本体贯通一切精神界（心、意、知）和物象界（天下、国、家）而成为一切精神活动和伦理政治事件的内在根据和必然法则。"②在李先生看来，心、意、知、家、国、天下是本体之物的展现所在，可以说是表现本体之物的载体。若套用体用之说，则此处的"体"实际上是"用"。正是在这一意义上，才能理解"体用一原，显微无间"。因为若不作如此解释，则第一段引文并未提及用的一面，不应当有"体用一原，显微无间"之说。依据这一解释，则第二段引文即容易解释，基本上是对一段引文的重申。其"物无用，以知为用；知无用，以意为用；意无用，以心为用"一句，恰好对应第一段引文的"物无体，又即天下国家身心意知以为体"一句。这样看来，引文中的"物"即指本体，也就是意根。因此，就意与物的关系而言，物即意之自身。

不过，在刘宗周看来，"物"并非仅指本体之物。在《大学古记》及《大学古记约义》中，刘宗周有"物有本末"之说。此说以身为分界点，将心、意、知视为"本物"，即本体之物；将身、家、国、天下视为"末

---

① 《学言下》，《刘宗周全集》第2册，第450页。
② 李振纲：《证人之境——刘宗周哲学的宗旨》，北京：人民出版社，2000年，第98页。

物",即本体所生之物。当然,在宽泛的意义上讲,"末物"当是包括一切事物在内的万物,尤其是自然物。这一点,在《大学古文参疑》中仍是如此。它说:"物,即格物之物。"①虽然因为只是在解释"物",但依上文所论,所谓"格物"即指"格其'物有本末'之物"。因此,两说所指一致。那么,这一意义上的物与意的关系又是如何呢?其实,在"物有本末"中已经蕴涵了此一意义上的物与意之关系。在刘宗周看来,末由本而来,以本为体,末是本之用。与之相应,"末物"亦当以"本物"为体,"末物"是"本物"之用。因此,自然物显然就是由本体之意或者意根而来,以意根为本。可以说,这仍是在"体用一原,显微无间"的观念下,将包含自然物在内的"末物"统摄于意根之中,即以意根"生成""末物"。

经过以上分析可知,"物"在刘宗周哲学中有双重意涵:其一,专指意根、独体;其二,泛指经验的一切事物,在《大学》中主要是指身、家、国、天下。若是专指之物,则即是本体之意根,两者同一;若是泛言之物,则从"物有本末"的观念来看,意与泛指之物是"本—末"或者"体—用"的关系。即以本体之意根生成万物,意根由万物而得以呈现。最后,再就上文提到的"为善去恶是物则"这一观念略作阐释。所谓"为善去恶是物则",就其居于刘宗周"四句教"的位置而言,应属工夫论的范畴。这一点,从"为善"、"去恶"的动宾结构亦可看出。然而"物则"的提法则颇难解释,因为此句对应的是阳明的"为善去恶是格物","格物"的确具有工夫论的意涵。而"物则"则是名词,显然不具有工夫的意涵,只是工夫的效验、结果。不过,"为善去恶"则显然具有工夫的意涵。因此,所谓"为善去恶是物则"的意思是,通过为善去恶的工夫以呈现本体之物则。以"为善去恶者是物则"为工夫,则"物则"之"物"应当只是泛指之物。这是因为专指之物作为意根之本体,本身即是至善的"好善恶恶",无需为善去恶。

综上可知,刘宗周"以意统摄心、知、物"的要义是:将意解释为意根并以之作为心之本体,藏知于意以知作为意的属性,以物(泛指之物)为意的发用。就《大学》诠释而言,心、意、知、物的关系是物(专指之

---

① 《大学古文参疑》,《刘宗周全集》第 1 册,第 610 页。

物）即意根，意（意根）为心、知之本；心是身之本，身又是家、国、天下之本。这样看来，意即身的本之本。由此，以意将八条目所涉及的物统摄起来。并且在刘宗周看来，意之"好恶"在正心、修身、齐家、治国、平天下中均有体现，他说："《大学》后五传，篇篇有好恶二字。诚意之好恶，其所存也；正心之好乐、忿懥、恐惧、忧患，指其所发者言也；至修身之亲爱、贱恶，则发而及于家者也；齐家之孝弟慈，其所令反其所好，则发而及于国者也；民好民恶，好人恶人，则发及于天下者也。故君子必诚其意。"①他认为，所谓"好恶"是意之存于心而为其本者，"好乐"、"忿懥"、"恐惧"、"忧患"是"好恶"之所发而见于心者，"亲爱"、"贱恶"是"好恶"之所发而见于家者，"孝悌慈"及"其所令反其所好"是"好恶"之发而见于国者，"民好民恶"、"好人恶人"是"好恶"之发而见于天下者。总之，一切收归"好恶"之中，由"好恶"之意统摄心、知、家、国、天下。

二、以"诚意"统摄三纲领、八条目

在晚期哲学中，刘宗周以意或者意根为本体，并且认为可以以意统摄心、知、物、身、家、国、天下，那么推之于八条目之事，则必然会以诚意来统摄八条目。因此，其《大学》诠释理当以诚意为宗旨。在《大学古文参疑》中，这一观念被刘宗周概括为"以诚意为专义"。

所谓"以诚意为专义"，见于"此章（笔者按：指'释诚意'章）首喝'诚意'而不言在致其知，以诚意为专义也"②。刘宗周认为《大学》之所以在诚意章之前单说"所谓诚其意者"，而不是说"所谓诚其意者，在先致其知"，归因于《大学》将诚意视为专义③。很明显，"专义"之说是针对诚意与致知的关系而说的。此处，刘宗周对致知的解释基本上沿袭《大学古记》时所论，认为致知即致其知所先后之知、知本之知、知止之

---

① 《学言下》，《刘宗周全集》第2册，第454页。
② 《大学古文参疑》，《刘宗周全集》第1册，第613页。
③ 这固然只是刘宗周之见，而绝非《大学》"本意"。如朱子、阳明等其他宋明儒者，即不如此看待诚意章何以单说诚意这一现象。当然，这也可以说是刘宗周在文本上找到了其诠释的可能性，因而作为《大学》诠释而言，亦未尝不可。

知,其工夫是"格其'物有本末'之物",即止于本体之意根①。与前期诠释的区别在于,刘宗周将身之本推至意根,以之作为心之本。这样一来,意即是身的本之本。据此,格物、致知的最终对象、目的仍是本体之意根,从而最终指向诚意。正是在这一意义上,刘宗周指出:"致知为诚意而设,如《中庸》之明善为诚身而设也。盖惟知本,斯如诚意之为本而本之,本之斯止之矣。亦惟知止,斯如诚意之为止而止之,止之斯至之矣。即诚即致,故曰专义也。"②刘宗周认为,致知只是诚意的工夫,本身并没有独立的意义,从而可以说"即致知即诚意"。因此,八条目实则是以诚意为始,此即刘宗周所谓"以诚意为专义"。此外,为了说明这一观念,刘宗周将原来在《大学古记》、《大学古记约义》中视为工夫的"知止章"移置"释格物致知章"中③。这样就不再视"知止"为工夫,而是将其收摄于诚意之中,以诚意为工夫。那么,刘宗周究竟是如何以诚意统摄三纲领、八条目的呢?

在正式讨论上述问题之前,有必要先简要阐释刘宗周的"诚意"说。学者对刘宗周的"诚意"说的研究,可以概括为以下四个方面:意作为本体、诚意作为工夫、诚意与慎独的关系及诚意说所针对的问题④。在本体论上,"诚意"说主张以意根作为本体。这一点在上文阐释意之内涵时已有述及,此处稍作补充。由于刘宗周将意解释为以"好善恶恶"为内涵的本体,并将"知善知恶"的良知收归于意根之本体,从而以本体之道德能力(即好善恶恶的道德能力)的"好善恶恶"决定道德原则的"知善知恶"。他之所以在"诚意"说的本体论上要作这一区分,归因于他欲借此一观念展开对阳明的批评,此即刘宗周的"诚意"说所针对的问题。在工

---

① 关于这一问题,详见《大学古文参疑》的"释格物致知章"。与《大学古记》及《大学古记约义》相比,刘宗周在此章中加入了关于知止的论述,具体表现为在"物有本末……则近道矣"后依次增加了"《诗》云:'缗蛮黄鸟,止于丘隅。'子曰:'于止,知其所止,可以人二不如鸟乎?'"、"知止而后有定……虑而后能得"、"《诗》云:'邦畿千里,惟民所止'"三段文字。并且他对于这段文字的解释基本上与《大学古记》及《大学古记约义》所论无异。参见《大学古文参疑》,《刘宗周全集》第1册,第610—611页。
② 《大学古文参疑》,《刘宗周全集》第1册,第613页。
③ 参看上文对所列刘宗周《大学》诠释的两种版本即可知晓。
④ 关于刘宗周诚意说的研究,牟宗三、劳思光、东方朔、李振纲等先生的研究均有涉及,其中以东方朔先生的研究最为详尽。他的研究即以本书所列举的四个方面的内容为主,尤其着重探讨了诚意说与阳明致良知说的关系,所论颇有借鉴意义。此处即依据东方朔先生所论,略作补充。参见东方朔:《刘宗周评传》,南京:南京大学出版社,1998年,第192—227页。

夫论上，"诚意"说是套在《大学》的"毋自欺"上来讲的，指的是意识活动的主体之心在发动之初，应当真实于其本体之意根，即心作为意识活动的总体，不能自欺其本体之意根。当然，由于刘宗周哲学都是将本体与工夫合在一起的。因此，诚意作为工夫，实际上是指谨守此意根并以之为主宰。此说与慎独说一致。不过，慎独说是从性体上立论的，因此，强调的是"不睹不闻"；而诚意说则是从心体上立论的，因此，强调的是"毋自欺"于其本体之意根。但就二说都是识得并谨守其本体而言，仍是相通的。正是在这一意义上，刘宗周常说"诚意即是慎独"，亦即本书所谓"诚意说是慎独说的完善"。

继而，刘宗周如何以诚意为中心诠释《大学》。在《大学古文参疑》中，刘宗周的诠释架构仍然坚持前期所提出的"物有本末、事有终始"说，即将《大学》的物、知、意、心、身、家、国、天下八者分成两组：第一组为身、家、国、天下，认为身乃家、国、天下之本；第二组为身、心、意、知、物①，以意为心、知之本。由此指出，意是身的本之本。与此相应，八条目亦被分为两组：第一组以修身、齐家、治国、平天下为一组，并且认为修身是齐家、治国、平天下之本。第二组以格物、致知、诚意、正心为一组，认为格致是"为诚意而设"的工夫，并且认为一旦诚意则心自正，从而以诚意统摄格物、致知、正心三者。又依据"身之本在心"一说，从而以诚意融摄修身，最后达到以诚意统摄八条目的目的。与前期相比，在具体论述上，《大学古文参疑》的诠释又有不同之处。约而言之，有三点：其一，将《大学古记》及《大学古记约义》中原本作为工夫的"知止"之原文移出第一章，从而不再以知止为工夫，而是以诚意为工夫。这一改变更为重要的意义是，使得其诠释呈现出以三纲领、八条目为中心的文本架构，也符合刘宗周以诚意为宗旨的论述需要。当然，最根本的改变无疑是以"格致为诚意所设"，以格致为诚意工夫，这样才能真正在义理上架构起以诚意为宗旨的诠释。其二，由于主张意为心之本、知藏于意、物即意，从而将原本在《大学古记》及《大学古记约义》中较为模糊的心、知、意、物四者关系予以清晰界定，真正做到以诚意贯通格物、致知、正心三者。由此，使得以诚意为中心贯通八条目显得更为顺

---

① 此处所论之物是专指本体之意根之物，因而即与意重复。但顺着《大学》所论，故而仍然将其列出。

畅。并且以诚意贯通八条目，较之前期以八条目之外的"知止"去贯通八条目，显得更具理论效力。其三，由于赋予意以"好善恶恶"的意涵，从而指出："好乐"、"忿懥"、"恐惧"、"忧患"是"好恶"之所发于心者，"亲爱"、"贱恶"是"好恶"之所发而见于家者，"孝悌慈"及"其所令反其所好"是"好恶"之发而见于国者，"民好民恶"、"好人恶人"是"好恶"之发而见于天下者。这就使得以诚意贯通八条目显得更为顺畅。不再像早期以知止、慎独贯通八条目时，所呈现出来的略显牵强之不足。

就《大学古文参疑》所呈现出的不同于《大学古记》、《大学古记约义》的三大特征而言，其中，第二、三点显得尤为重要，是理解刘宗周以诚意贯通八条目的关键。因此，须作进一步的疏解。

首先，刘宗周论诚意与格物、致知的关系。就文本结构而言，《大学古文参疑》毕竟还是在"诚意章"前有"格物致知章"，因而难免予人以诚意之前有格致工夫的印象。为纠正此说，刘宗周提出了"诚意为专义"、"格致为诚意而设"、"即诚即致"等不同说法。这些观念的意旨，无疑都是指出格物、致知作为工夫就是诚意的谨守意根的工夫，从而得出只说诚意则格致即在其中的结论。此外，刘宗周特别强调在"诚意章"中，不当有"所谓诚其意者，先致其知"的说法，其目的亦在于论证格致是诚意的工夫，格致即在诚意之中。当然，诚如上文所指出的，在《大学古文参疑》中，刘宗周仍然坚持在早期的诠释中所提出的格致即知止、知本的观念，因此，在《大学》诠释中，他不再以知止为工夫，而是将知止的工夫融摄于诚意之中，从而在义理、文本上都达到他以诚意为第一义、专义的目的。

其次，刘宗周如何以诚意贯通正心、修身、齐家、治国、平天下五者。在与正心相关的"释修身之先义"章中，刘宗周并未就如何修身与正心作出讨论，而是强调"诚意为专义"的观念。在注解"所谓修身在正其心者……则不得其正"时，他指出："止言修身在正其心，而更不言正心先诚其意者，正以见诚意之为专义也。"① 此外，在注解"心不在焉……食而不知其味"时，他还是在强调诚意，刘宗周说："心不在焉，心何在？心无所主便不成其在，意不诚也。正见诚意之为专义也。"② 刘宗周以意为心之体，因此，只要诚意，则心自当得其正。所以在引文字中，他反复论

---

① 《大学古文参疑》，《刘宗周全集》第1册，第615页。
② 《大学古文参疑》，《刘宗周全集》第1册，第615页。

述"以诚意为专义",其目的在于说明由于诚意则心有所主、自当得其正、自当无不在,从而将正心消融于诚意之中。虽然对与"正心"相关的"忿懥、恐惧、好乐、忧患"等,在"释修身之先义"章中刘宗周未予讨论,但却在"释齐家之先义"章中一并予以解说。他说:

> 亲爱五者,即从忿懥四者生来。而忿懥四者,又却从好恶二者生来。至诚意之好恶,又却从致知格物来。故此章隐括尽之。夫知既只是知好知恶,故知格致为诚意而设,而先儒云"知善知恶是良知",犹然偏指也。①

"故此章括尽之"一语的确将刘宗周解释《大学》的方法概括到极致。《大学》在解释何以"齐家在先修其身"时认为人可能会因为亲爱、贱恶、畏敬、哀矜、敖惰而产生偏见,刘宗周认为这五种偏见是由未能正心的忿懥、恐惧、好乐、忧患四者而来。并由此推进一步,认为最根本的原因是未能诚意,从而导致意之"好恶"未能起用。并且更为重要的是,由于未能诚意,会导致不能修身,他说:"止言不修故不齐,而不详言所以修身之法,盖曰先诚其意云"②。足见,正心、修身实则都是由诚意来决定的,一诚意则心正、身修。刘宗周并非止于此,而是更进一步指出齐家、治国、平天下三者同样是由诚意决定的,一诚意则家齐、国治、天下平。

对治国与平天下的阐释,刘宗周强调的仍是絜矩之道。这与前期的诠释无异,即将孝、悌、慈三者由家而推至于国、天下。但亦有不同之处,即刘宗周强调以诚意来解释絜矩之道,甚至认为絜矩之道就是"诚意推广之大道"③,他说:

> 又承上齐家三事而来(笔者按:即齐家的孝、悌、慈三者),而归之絜矩。矩者,心之位也。其所从絜者,意也。④

引文是对《大学》的"所谓平天下在治其国者……是以君子有絜矩之道

---

① 《大学古文参疑》,《刘宗周全集》第1册,第616页。
② 《大学古文参疑》,《刘宗周全集》第1册,第616页。
③ 即"以吾之'如恶恶臭'者,絜而为上下四旁之恶,絜矩之道,即诚意推广之大道也。言所恶,则不必更言所好矣。所恶在彼,所好在此,故曰好恶两用而一机"。《大学古文参疑》,《刘宗周全集》第1册,第618页。
④ 以上两处引文,均见于:《大学古文参疑》,《刘宗周全集》第1册,第618页。

也"一段文字的注解。刘宗周认为"絜矩之道"即指《大学》的"上老老而民兴孝,上长长而民兴弟,上恤孤而民不倍",可以概括为孝悌慈三者。并且与前期的诠释一样,刘宗周对孝悌慈三者的根源加以追问,指出三者均以本体之意根为依据,此即所谓"其所从絜者,意也"之意。不过,刘宗周所论又有不同于前期的地方,即区分了"絜"与"矩"。"絜"应当是从根源、本体的角度来论述的,指的是以意根为"所从出者"。"矩"应当是从发用的角度来论述的,刘宗周将之称为"心之位"。那么,何谓"心之位"呢?在接下来对"所恶于上……此之谓絜矩之道"的解释中,刘宗周有明确解释,他说:"以吾之'如恶恶臭'者,絜而为上下四旁之恶,絜矩之道,即诚意推广之大道也。言所恶,则不必更言所好矣。所恶在彼,所好在此,故曰好恶两用而一机。"①所谓"以吾之'如恶恶臭'者",实际上即指意根。因为《大学》提及诚意时指出"所谓诚其意者,如恶恶臭,如好好色",在此,刘宗周只是借用"如恶恶臭"来指代意根。基于此,刘宗周将"絜矩之道"解释为"絜而为上下四旁之恶"。需要指出的是,"恶"即"如恶恶臭"之意。显然,"絜"的确是指意根,而"矩"自然是指"上下四旁"。所谓"上下四旁",实际上是以空间为角度来说明心的活动。质言之,"矩"作为"心之位"即指心的一切活动,包括身、家、国、天下在内的一切。根据"心是一切经验活动的总称"、"意是心之本体"的观念,所谓"絜矩之道",在刘宗周看来,即指承意根以起用,将意根的"好善恶恶"彰显于心的一切活动中。正是在这一意义上,刘宗周指出"絜矩之道"实际上就是对诚意的推广,即所谓"絜矩之道,即诚意推广之大道也"。这样看来,以"絜矩之道"为内容的治国、平天下仍是由诚意决定的,离开诚意则无治国、平天下之道。足见,刘宗周对八条目的解释始终是紧扣诚意,以诚意贯通八条目。

当然,与前期不同,《大学古文参疑》别出"释明明德于天下"一章,即对平天下的解释。这一章涉及以诚意统摄三纲领,但其要义不过以明德即为意根、以忠信即诚意②,因而认为明明德即诚意;明明德之极,

---

① 《大学古文参疑》,《刘宗周全集》第1册,第618页。
② 即"承上章而言,释明明德于天下之义而归之诚意。忠信,即诚意之别名"。《大学古文参疑》,《刘宗周全集》第1册,第622页。

则进而为新民①；而止至善则自明其明德与自新其民之极致，也就是至善之体，即意根②。这样看来，对三纲领的解释仍是在贯彻其"以诚意为专义"的观念。

综上可知，刘宗周的确是以诚意为中心去诠释《大学》的，体现为以诚意贯通三纲领、八条目。就其与前期的诠释相比，的确显得更为一贯与顺畅。最为明显的是能够以诚意一以贯之，将意根之"好恶"贯彻于正心、修身、齐家、治国、平天下中。所以在《大学古文参疑》的末尾，刘宗周总结道："《古本》'听讼'下'此谓知本'，与前'此谓知本'少异。前者言修身为本，后者言诚意为本。修身，本也；诚意，本之本也。"③这一结语彰显了刘宗周诠释《大学》的基本逻辑架构：由"物有本末"从而推衍出以修身为本，又推衍出以诚意为本，从而将诚意至于最根本者，既是工夫又是本体。一诚意则本体呈现，而心正、身修、家齐、国治、天下平。总之，诚意可以贯通三纲领、八条目。

经过以上的分析可知，晚期以诚意为中心的《大学》诠释似乎较之前期的诠释更为一贯，然则何以刘宗周在"临绝"之前要求其子删除《大学古文参疑》呢？按刘汋所述，刘宗周之所以要求他删除此文献，归因于刘宗周认为此文过于割裂。然而对于何谓"割裂"，刘汋未予说明。就以上分析可知，在义理上《参疑》本较之《古记》本更显完备，且分析亦更为深入，更加顺畅。并且就义理发展而言，似乎更符合刘宗周晚期的为学宗旨。唯一不甚顺适的地方是，刘宗周强调以诚意为专义，而在《参疑》本中在"诚意"章前有"格物致知"章，似乎"以诚意为专义"之说在文本上有不完善之处。但在义理上，刘宗周又的确对此作出了合理的解释。由此可知，在义理上应当不存在"割裂"的问题。那么"割裂"之说必然落在版本上。如前所述，《参疑》本是在石经本的基础上修改而成，与《古记》本差异极大。与郑玄古本相比，《古记》本只是移动了一些文句；但《参疑》本则改动的确太大：对文句的移动极多，甚至将原本任何一家版本都未曾移动的文句加以移动，并将原本完整的文句完全拆开。这一文本

---

① 即"明极则新，故又进言之"。《大学古文参疑》，《刘宗周全集》第 1 册，第 622 页。
② 即"自明得新，自新得止，乃灑至善之体"。《大学古文参疑》，《刘宗周全集》第 1 册，第 623 页。
③ 《大学古文参疑》，《刘宗周全集》第 1 册，第 624 页。

的改动的确是世间少有。客观地讲,即便是朱子的改动也尚不足与刘宗周的改动相比。最为关键的是,石经本在刘宗周时即已被判定为伪书。虽然刘宗周在接触之初,认为石经本较之崔铣本更为完备,但这并非意味着他经过反复推敲之后仍持这一观点,所以才会在"临绝"之前要求其子尽删此文。总之,笔者以为"割裂"应当是指文本的"割裂",而非义理的"割裂"。

综上,已对刘宗周的《大学》诠释作了全面而整体的分析。首先,其诠释有前后期的不同,这种不同不仅体现在思想观念上,还体现在版本上。具体而言,在前期的《大学古记》及《大学古记约义》中,刘宗周是以知止为中心来展开其诠释的,即以知止来贯通三纲领、八条目。在这一时期中,刘宗周以崔铣的改本为准。这一改本的特点在于,仅仅是移动几处文字,即可满足朱子的经传模式;其不足在于,刘宗周的解释与文本之间存在一定的差异,主要体现在"经"的缺失。在后期的《大学古文参疑》中,刘宗周是以诚意为中心去诠释《大学》的,即以诚意去贯通三纲领、八条目。并且为彰显其"以诚意为专义"的观念,他对《大学》作了极大改动,形成了《大学古文参疑》本。这一改本提出了有别于朱子"总—分"模式的"总—分—总"模式,是对以往文本结构的创新。但其不足在于,对《大学》的改动过大。其次,就其内容而言,前后期的诠释之间又存在较为一致之处。其中,最为明显的是对格物致知的解释。关于"物",刘宗周认为即指八条目的知、意、心、身、家、国、天下。并且他认为物有本末之分:就身、家、国、天下而言,身是本物,家、国、天下是末物;就身、心、意、知而言,在早期时主张心、意、知是身的本物,在后期时主张意是心、知、身的本物。当然,刘宗周将物区分为本物、末物的目的是希望通过这一区分来确定本物对于末物的决定作用,即论证本物生成、决定末物。这样一来,《大学》的工夫实际上就是守本、知本的工夫。刘宗周将这一工夫称为"格其'物有本末'之物"的格物工夫。而在对"致知"的解释上,他认为致知就是致其知本之知,其内容包括知先、知后。因此,实际上致知就是格物。刘宗周将之统称为知止。这样看来,知止即意味着守本。而根据刘宗周对八条目所作的本物、末物的区分,不难推知,知止的知本、知先、知后,必然意味着以知止决定诚意、正心、修身、齐家、治国、平天下。这也就是说，知止可以贯通八条目。此外，他还指出，"知止"就是"止于至善"。又因他主张"明德"即"至善"，所以知止是贯通三纲领、八条目者。当然，就后期的诠释而言，刘宗周基本沿用早期关于物的区分，只不过在对心、意、知三者的理解上，他强调意是心、知之本，从而以诚意去贯通三纲领、八条目。但这并不意味着与前期诠释有本质之别，因为在后期诠释中，刘宗周只不过是将知止解释为诚意的工夫，仍是以知止为工夫。最后，基于自己两种不同的解释和《大学》诠释史上多种解释，刘宗周提出了"《大学》为疑案"说，认为任何一种诠释都只是一种可能的解释。

第三章
王夫之的《大学》诠释

与刘蕺山一样，船山亦对《大学》多有诠释，亦有前后期的不同。不过，与刘蕺山有别，在诠释的前后期，船山并未以不同的宗旨去诠释《大学》。并且与刘蕺山不同的是，船山更加推崇朱子的解释。但其诠释也并非照搬朱子之说，而是对朱子的解释多有修正、评判，且有其独特的理论贡献。有鉴于此，本书接下来将以朱子的《大学》诠释为理论背景，系统阐述船山的《大学》诠释。

第一节 《大学》诠释的历程及"《大学》乃立教之法、为学之方"说

与刘宗周不同，学界对船山哲学的定位多存异见。因此，要阐明船山的《大学》诠释，应当先对其哲学定位予以讨论。关于王夫之哲学的定位问题，学界一直存在争议。概括而言，有以下三种观点：其一，以梁启超为代表的"理学反动说"[1]。梁氏认为王夫之作为明末清初的"畸儒"，是"王学反动所产生的人物"[2]，并且认为王夫之"为宋明哲学辟一新路"[3]。

---

[1] 梁启超：《中国近三百年学术史》，北京：人民出版社，2008年，第87页。
[2] 梁启超：《中国近三百年学术史》，北京：人民出版社，2008年，第87页。
[3] 梁启超：《中国近三百年学术史》，北京：人民出版社，2008年，第91页。

其二，以侯外庐、萧萐父两位先生为代表的"早期启蒙说"①。持这一观念者，认为王夫之对宋明儒学作了批评的发展与总结，其哲学是典型的"早期启蒙"学说。其三，以嵇文甫、张立文、陈来三位先生为代表，认为王夫之哲学仍属于宋明儒学的范畴，只不过是对宋明儒学作了批判地继承。②以上三种观点，对王夫之哲学的研究都产生了重要影响，在一定的意义上都有其合理性。但随着研究的推进，研究者更倾向于第三种看法。本书亦持这一看法。

笔者之所以将王夫之哲学置于宋明儒学的视域中加以研究，从根本上讲，归因于王夫之的"道统"观。宋明儒在阐述其哲学时，基本都会预设"道统"论。其中，以朱子建立的"孔子—曾子—子思—孟子—周敦颐—二程—朱子"的"道统"论影响最大。王夫之③亦有其"道统"论，他在晚年的《张子正蒙注》的《序论》中说：

---

① "早期启蒙说"为侯外庐先生所提出，对王夫之哲学的研究具有重大的影响，不仅在国内形成了以此种观念研究王夫之哲学的学派，并且国外也有一定的影响。就国内而言，如研究王夫之哲学的大家萧萐父先生即沿袭侯先生所论并作了更大的发挥，使得对王夫之哲学的研究更加深入，体现在对王夫之辩证法的研究上。此外，如章启辉先生的博士论文《王夫之的〈四书〉研究及其早期启蒙思想》以及陈远宁先生等合著的《王船山认识论范畴研究》等研究均持这一观念。侯外庐、萧萐父两位先生的观念主要参见侯外庐：《船山学案》，长沙：湖南人民出版社，1982年；侯外庐主编：《中国思想通史》第五卷，北京：人民出版社，2011年，第3—126页；萧萐父：《船山哲学引论》，南昌：江西人民出版社，1993年；萧萐父、许苏民：《王夫之评传》，南京：南京大学出版社，2002年。此外，萧萐父先生还撰写了诸多关于王夫之的论文。关于萧先生对王夫之哲学研究的贡献及成果，参见王兴国：《萧萐父先生对船山学的贡献》，《船山学刊》2004年第1期；陈屹：《萧萐父论船山哲学》，《船山学刊》2011年第3期；张志强：《萧萐父船山学研究的"内在理路"浅探》，《船山学刊》2013年第3期。
② 持这一看法的研究者颇多，如嵇文甫、张立文、陈来、邓辉、陈赟、季蒙、周兵、刘梁剑诸贤均持这一看法。可以说，随着研究的深入，这一看法基本成为研究王夫之哲学的共识。参见嵇文甫：《王船山学术论集》，北京：生活·读书·新知三联书店，1962年；张立文：《正学与开新——王船山哲学思想》，北京：人民出版社，2001年；陈赟：《回归真实的存在——王船山哲学的阐释》，上海：复旦大学出版社，2002年；邓辉：《王船山历史哲学研究》，长沙：岳麓书社，2004年；邓辉：《王船山道论研究》，湘潭：湘潭大学出版社，2010年；陈来：《诠释与重建——王船山的哲学精神》，北京：生活·读书·新知三联书店，2010年；季蒙：《主思的理学——王夫之的四书学思想》，广州：广东高等教育出版社，2005年；周兵：《天人之际的理学新诠释——王夫之〈读四书大全说〉思想研究》，成都：巴蜀书社，2006年；刘梁剑：《天·人·际：对王船山的形而上学阐明》，上海：上海人民出版社，2007年。
③ 关于王夫之的为学历程、著作形成的时间，主要参考邓潭州：《王船山传论》，长沙：湖南人民出版社，1982年；（清）王之春撰，汪茂和点校：《王夫之年谱》，北京：中华书局，1989年；刘春建：《王夫之学行系年》，郑州：中州古籍出版社，1989年；萧萐父：《船山哲学引论》，南昌：江西人民出版社，1993年；邓显鹤：《船山著述目录》，收在《船山全书》第16册中，长沙：岳麓书社，1996年；王永祥：《船山学谱》，北京：北京图书馆出版社，1997年；邓辉：《王船山道论研究》，湘潭：湘潭大学出版社，2010年。

> 宋自周子出,而始发明圣道之所繇,一出于太极阴阳人道生化之终始。二程子引而伸之,而实之以静一诚敬之功。然游、谢之徒,且歧出以趋于浮屠之蹊径,故朱子以格物穷理为始教,而櫽括学者于显道之中。乃其一传而后,流为双峰、勿轩诸儒,遂迹蹑影,沉溺于训诂。故白沙起而厌弃之,然而遂启姚江王氏阳儒阴释之邪说。其究也,为刑戮之民、为阉贼之党皆争附焉,而以充其无善无恶、圆融理事之狂妄……呜呼!张子之学,上承孔、孟之志,下救来兹之失,如皎月丽天,无幽不烛,圣人复起,未有能易焉者也。
>
> 学之兴于宋也,周子得二程而道著。程子之道广,而一时之英才辐辏于其门。张子教学于关中,其门人未有殆庶者……故道之诚然者不著,贞邪相竞而互为畸胜,是以不百年而陆子静之异说兴,又二百年而王伯安之邪说熺……使张子之学晓然大明,以正童蒙之志于始,则浮屠生死之狂惑,不折而自摧;陆子静、王伯安之蕞然者,亦恶能傲君子以所独知,而为浮屠作率兽食人之伥乎?①

虽然此处的论述,王夫之旨在说明何以横渠之学在他看来是宋明儒学乃至儒学的正统,但无形中却将其"道统"观表彰出来。在王夫之看来,宋明儒学由濂溪所创,而以横渠之学为正统。就其流传而言,二程之学、朱子之学直至王夫之哲学都是这一正统的延续。并且,王夫之明确指出横渠之学是"上承孔、孟之志,下救来兹之失",说明横渠之学亦是对孔、孟之学的承继。那么,王夫之自认是"希张横渠之学为正学",因此,他无疑自视其哲学是对此一正统的延续。因此,可以说王夫之哲学仍属于宋明儒学的范畴。此外,"道统"即"正统",有"正统"则必然有非正统。所以王夫之批判了白沙、象山以及阳明的心学,认为心学是阳儒阴释的异说、邪说。足见,王夫之是以儒学为正统,从而批判、排斥佛学。而按照宋明儒的共识,反对佛老一直是其哲学的重要议题之一。由此亦可说明,王夫之哲学仍属于宋明儒学的范畴。

虽然王夫之自谓其学是承续宋明儒学而来,但从其对心学的猛烈批判来看,王夫之哲学绝非完全赞同宋明儒学,而是有所取舍。对此,嵇文

---

① 本书所引原文,均出自岳麓书社于2011年出版的由湖湘文库编辑委员会编辑的十六卷本的《船山全书》,引用时只列《全书》册数、书名及页码。此处引文见于:《张子正蒙注》,《船山全书》第12册,第10—12页。

甫、陈来二位先生的判定颇为允当。在嵇文甫先生看来，王夫之哲学是"宗师横渠，修正程朱，反对陆王"①。陈来先生在嵇说的基础上，进一步指出王夫之哲学是"批斥佛老，反对陆王，参伍程朱，宗师周张"②。显然，陈先生所修正的"批斥佛老"、"参伍程朱"以及"宗师周张"更能全面地总结与判定王夫之哲学的为学形态与学术继承。尤其是"宗师周张"这一说法，的确优于嵇氏所论③。在确定船山哲学的定位之后，方能进入对本书主题的讨论。

作为宋明儒学的集大成者，船山站在更高的视域来审视整个宋明儒学，因此，其学具有综合和批判并存的特质。这一点，在其《大学》诠释上体现得最为明显。也正是在这一意义上，他发挥朱子的"《大学》乃大人之学"的观念，将《大学》视为"立教之法，为学之方"；并且与刘蕺山一样，其对《大学》的诠释亦有前后期的差异，有一个诠释历程。以下，将详述以上两大问题。

一、《大学》诠释的历程及对朱子《大学》诠释态度之变化

陈来先生的"参伍程朱"这一判准，主要体现在王夫之的《四书》诠释上，最为明显地体现在《大学》诠释上。可以说，王夫之的《大学》诠释是对朱子《大学》诠释的沿袭与修正。

王夫之著述颇丰，涉及《大学》诠释的有《四书稗疏》、《四书考异》、《读四书大全说》、《四书训义》、《四书笺解》、《礼记章句》的《四书章句集注》、《四书详解》及《四书集成批解》等八种文献，其中最后两种文献未见于世。当然，在流传过程中，还出现过《四书授义》、《四书讲义》及

---

① 参见嵇文甫：《王船山学术论丛》，北京：人民出版社，1978年，第109页。
② 参见陈来：《诠释与重建——王船山的哲学精神》，北京：生活·读书·新知三联书店，2010年，第10页。
③ 因为在王夫之哲学中，至少有以下三点可以说明他是宗师周敦颐的：其一，王夫之特别强调"诚"这一概念，将之与本体概念的太虚、太极等相等同，而"诚"恰恰是濂溪所反复强调的概念。其二，在宇宙论上，王夫之提出了宇宙生成的两个阶段，即太极之气的阶段与气化的变合阶段。陈来先生将之称为"太极两仪"与"阴阳变合"的阶段，并且明确指出这一观念来源于濂溪的《太极图说》中所谓"太极动而生阳，动极而静，静而生阴，静极复动。一动一静，互为其根，分阴分阳，两仪立焉。阴变阳合，而生金木水火土。五气顺布，四时行焉。"其三，王夫之在解释恶的来源问题时，其思维方式及所使用的"变合"、"几"的概念，显然来源于濂溪的"诚无为，几善恶"一说。参见陈来：《诠释与重建——王船山的哲学精神》，北京：生活·读书·新知三联书店，2010年，第28页。

《授诸生讲义》等提法的文献。不过，所谓"《四书授义》"实际上就是"《四书笺解》"，"《四书讲义》"及"《授诸生讲义》"实际上就是"《四书训义》"①。当然，上述文献并非写成于同一时期，而是有十几年的跨度。关于上述文献的成书时间问题，邓辉有详细的考定，兹绍述如下：《读四书大全说》重订于 1665 年，《四书稗疏》、《四书考异》成书早于《读四书大全说》；《礼记章句》的初稿完成于 1673 年，其定稿则写成于 1677 年；《四书训义》写成于 1679 年，《四书笺解》应当与《四书训义》同时写成，但具体时间尚待进一步的研究②。据此可知，王夫之的《大学》诠释经历了一个过程，即从最早的《四书稗疏》到最晚的《四书训义》、《四书笺解》，大致有十几年的时间。

经历了十几年的思考，是否意味着观念（思想）的变化呢？这一点是肯定的。不过，王夫之在观念上的变化不像刘宗周一样形成了新的诠释宗旨，而是表现为对朱子《大学》诠释之态度的变化。按陈来先生的说法是："从历史的角度来看，王夫之对朱子的态度前后有所变化。《读四书大全说》中对于朱子学的《四书》诠释，在大关节上予以肯定的同时，往往有苛评之处，虽然主要针对于朱门后学者。但在王夫之后期，对朱子的态度渐就平实，在《礼记章句》和《四书训义》中对朱子的推崇明显加重。"③的确，在《读四书大全说》中，王夫之对朱子的诠释多有批评，集中表现在对正心与格致的解释上。兹引一部分王夫之的批评如下：

> 朱子于正心之心，但云"心者身之所主也"，小注亦未有委悉之者，将使身与意中间一重本领不得分明。非曰"心者身之所主也"其说不当，但止在过关上著语，而本等分位不显，将使卑者以意为心，而高者以统性情者言之，则正心之功，亦因以无。④

> 至如《或问》小注所引《语类》，有谓"父子本同一气，只是一人之身分成两个"为物理，于此格去，则知子之所以孝，父之所以慈。如此

---

① 邓辉对此有详细的考定，参见邓辉：《王船山道论研究》，湘潭：湘潭大学出版社，2011 年，第 16—35 页。
② 参见邓辉：《王船山道论研究》，湘潭：湘潭大学出版社，2011 年，第 55—56 页。
③ 陈来：《诠释与重建——王船山的哲学精神》，北京：生活·读书·新知三联书店，2010 年，第 85 页。
④ 《读四书大全说》，《船山全书》第 6 册，第 402 页。

迂诞鄙陋之说，必非朱子之言而为门人所假托附会者无疑。①

以此求之，传文"天下之物莫不有理"八字，未免有疵。只此洒扫应对进退、礼乐射御书数，约略旁通，已扩尽修齐治平之事。自此以外，天下之物，固莫不有理，而要非学者之所必格。②

在引文中，王夫之分别对朱子的"正心"说以及"格物"说作了批评③。在第一段引文中，他指出朱子以"心者身之所主"来解释"修身在正其心"，不能准确理解正心之心的本质，而是以意或者以"统性情之心"来解释正心之心。因此，王夫之不赞同朱子之说。在第二段引文中，他对朱子在《或问》中所提及的，以子孝、父慈为例来阐述格物说的"一身分为两个"之说作了批评，认为此说是"迂诞鄙陋"之言，绝非朱子之言。第三段引文与第二段引文所论相近，都是批评朱子的格物说。王夫之指出，朱子所谓"穷格天下之理"的说法不妥。因为天下之物的确"莫不有理"，但学者无须穷格天下万物之理。显然，在格物穷理的范围上，王夫之不赞同朱子之说。总之，仅据此三点，我们即可发现，在《读四书大全说》中，王夫之对朱子所论是多有不满并予以批判的。

然而在《四书训义》及《四书笺解》中，这些批评却均未被王夫之提及。不仅如此，他还极力推崇朱子所论。如在十二年之后的《礼记章句》中，他说："故以格物为始教而为至善之全体，非朱子之言也，经之意也……补传之旨，与夫子博文约礼之教，千古合符，精者可以尽天德之深微，而浅者亦不亟叛于道，圣人复起，不易朱子之言矣。"④此处，王夫之对朱子的"格物"说中"以格物为始教"的观念推崇备至⑤，认为此说就是《大学》的本意，甚至认为圣人复起亦需坚持此说。此外，众所周知，朱子的《大学》诠释中最为重要的一点是，他为《大学》作了《格物致知补传》。其实，朱子的这一做法完全是为了阐发其格致说，并且此说也遭

---

① 《读四书大全说》，《船山全书》第 6 册，第 404 页。
② 《读四书大全说》，《船山全书》第 6 册，第 410 页。
③ 在下文的论述中，将会对此处所引的三段文字作详细的讨论，因此，在此仅仅引出以证明王夫之在《读四书大全说》中对朱子多有批评。
④ 《礼记章句·大学》，《船山全书》第 4 册，第 1483—1484 页。
⑤ 需要说明的是，王夫之所谓的朱子"以格物为始教"之论述，与朱子的说法有别。如前所论，朱子的提法是"格物为先"。当然，此处只是借助此一引文以证明王夫之对朱子所论的推崇。

到了后儒的批评①。但王夫之却认为阳明以致良知批评朱子的格致说存在问题,指出其说是:"有儒之驳者起焉……于是取《大学》之教,疾趋以附于二氏之涂,以其恍惚空冥之见,名之曰此明德也,此知也,此致良知而明明德也……况乎为之徒者,无其学问之积而蚤叛其规矩,天理无存,介然之觉不可恃,奚怪其疾趋于淫邪而莫之救与?"②从"此致良知而明明德也"来看,所谓"有儒之驳者起焉"的"儒"即指阳明。王夫之认为阳明以致良知驳斥朱子的格致说反而使得"天理不存",从而使儒学混杂于佛老之学。足见,就朱子、阳明的《大学》诠释而言,王夫之显然倾向于朱子所论,并以之驳斥阳明之学乃近于佛老之学。这都说明,在后期的诠释中,王夫之一改前期对朱子多有批评的做法,转而推崇朱子之论。

在晚期的《四书训义》中,王夫之同样推崇朱子所论。就《四书训义》的体例而言,王夫之是先录朱子的《章句》,然后再在《章句》的观念下加以申述,几乎全用朱子之意③。并且王夫之对此亦有明确意识,他说:"夫之不敏,深悼其所为而不屑与之一辨也,故僭承朱子之正宗而为之衍,以附章句之下,庶读者知圣经之作、朱子之述,皆圣功深造体验之实。"④在王夫之看来,朱子对于《四书》的诠释是深得圣人之道。因此,他认为只需沿用朱子之说即可。由此,更见在后期王夫之对朱子的诠释之推崇。

综上可知,在王夫之的《大学》诠释历程中,最明显的变化是越来越推崇朱子的《大学》诠释。其实,即便是在对朱子多有批评的《读四书大全说》中,王夫之也并非全部否定朱子的诠释,而是对其诠释多有承继⑤。然而,王夫之又的确有不同于朱子的地方,主要体现在《读四书大全说》中,体现在对格物、致知、诚意、正心四者的解释以及对修身、齐家、治国、平天下之间关系的理解上⑥。这些与朱子诠释的不同,即彰显

---

① 阳明和刘宗周都对朱子的格致说及补传都有所批评,阳明的批评请参看本书第一章,刘宗周的批评请参看本书第三章。
② 《礼记章句·大学》,《船山全书》第4册,第1483—1484页。
③ 此处之所以说几乎全用朱子之意,是因为王夫之在对"正心"的解释时,仍然坚持了自己在《读四书大全说》中所提出的以"持志"解释"正心"的观点。而对三纲领、八条目等其他概念的解释,王夫之几乎都是照着朱子所论而加以申述。
④ 《礼记章句·中庸》,《船山全书》第4册,第1246页。
⑤ 这一点,由下文的论述即可看出。
⑥ 下文将对此作专门而详细的讨论。

了王夫之对朱子《大学》诠释予以修正的一面。因此可以说，王夫之的《大学》诠释实际上即是对朱子《大学》诠释的沿袭与修正①。

二、"《大学》乃立教之法、为学之方"说

《大学》作为《礼记》的一篇，应当与其他的《礼记》文献一样是对"礼"的论述。因此，《大学》的"本意"可能的确是讨论古代学制的最高学府——"太学"②。正是在这一意义上，在注解"大学"时，朱子明确指出"旧音泰"③。此即意味着，朱子即已意识到《大学》的"本意"应当是古代的学制、学宫，即"太学"。不过，既然是学制、学宫，就必然有为学的内容。宋明儒正是通过对为学内容的解释，从而形成了具有宋明儒学特质的如何成就"大人之学"的"大学"。其中，朱子的贡献最大。朱子指出，"大学"即"大人之学"④，《大学》的三纲领、八条目即是如何成就"大人之学"的为学次第及具体方法⑤。据此，朱子将《大学》诠释为如何成就"盖必其有以尽乎天理之极，而无一毫人欲之私也"⑥的"大人之学"。朱子的这一诠释对后人影响至深，连批评朱子《大学》诠释的阳明都承袭此说。

以《大学》为"大人之学"，王夫之无疑是肯定的。他说：

> "大人"者，成人也。十五而入大学，乃学内圣外王之道。"如字"及"音泰"者，义一而已。以大学为学宫名，非论学之道，故取

---

① 顺便指出，如前所论，王夫之的《大学》诠释之文献十分丰富并且存在着一定的差异，因此，在具体研究中，应当以何种文献为准呢？就以往的研究而言，像陈来、季蒙、周兵等先生都是以《读四书大全说》为主，而极少涉及其他文献。这样的处理有其缘由。由于在《读四书大全说》中，王夫之对朱子既有沿袭又有批判，以此为主则更能看出王夫之《大学》诠释的独特处。然而，此一处理办法显然难以揭示王夫之《大学》诠释的全貌。有鉴于此，笔者将不再限定于《读四书大全说》，而是以所有与《大学》诠释相关的文献为对象。这样既能看出王夫之《大学》诠释的独特处，又能揭示出他向朱子诠释转变的过程。当然，在具体的讨论中，《读四书大全说》始终应当置于首位。因为其他文献更多地是作为王夫之为学生讲授《大学》的讲义，其思想性不及《读四书大全说》。
② 关于这一问题，刘又铭先生曾作了详细讨论，参见刘又铭：《大学思想论证》，政治大学博士论文，1992年，第12—13页。
③ 《四书章句集注》，《朱子全书》第6册，第16页。
④ 即《章句》所谓"大学者，大人之学也。"（《四书章句集注》，《朱子全书》第6册，第16页）
⑤ 朱子指出："于今可见古人为学次第者，独赖此篇（即《大学》）之存，而《论》、《孟》次之。"（《四书章句集注》，《朱子全书》第6册，第16页）结合朱子认为"大学"是"大人之学"，那么显然《大学》的三纲领、八条目显然就是成就"大学"的具体方法、途径了。
⑥ 《四书章句集注》，《朱子全书》第6册，第16页。

义于大人。①

王夫之指出，所谓"大人"，即"成人"。"成人"亦即"十五而入大学"所说的十五岁以上之人。此说显然源于朱子。在《大学章句序》中，朱子说："及其十有五年，则自天子之元子、众子，以及公、卿、大夫、元士之适子，与凡民之俊秀，皆入大学。"②朱子以十五岁为界，将为学的内容分为"大学"、"小学"。并且，朱子还专门撰有《小学》一书，并以"小学"为"学事"、"大学"为"穷理"将二者贯通③。从"《注》所云大人者，亦对小人之小学而言"④来看，王夫之的确是谨守朱子此说。然而，王夫之亦看到朱子此说存在问题，即作为学宫的《大学》与"大人之学"似乎分属不同的范畴。有鉴于此，王夫之发挥朱子之说，提出以大学作为太学的为学内容的观点，从而将大学与太学关联起来。王夫之对"大人之学"的分析，显然是在朱子之说的基础上加以深化的结果，是对朱子说的推进。

在以"大学"为"大人之学"的基础上，王夫之更进一步提出了有别于朱子的《大学》之判定，即认为《大学》是"本以言学，凡所言者皆立教之法，为学之方"⑤。对于何谓"立教之法，为学之方"，王夫之说：

> 《大学》一书，本以言学，凡所言者皆立教之法，为学之方。《注》所云大人者，亦对小人之小学而言。即以大人为《易》及《孟子》所言之大人，亦是学为大人之事。（小注：犹孟子言大人之事备矣）时文填以"作君师、建极赐福"等大语，则是称赞大人之德，不通莫甚焉。"古之欲明明德"，言欲，则是为学之志如此，"先治其国"是先求治国之理，如孝弟慈是也。时文动云"古之大人"，全是不通，当云古之学者。下明言"自天子以至于庶人"，则《序》所谓"天子之元子至凡民之俊秀"是也。⑥

---

① 《礼记章句·大学》，《船山全书》第4册，第1469页。
② 《四书章句集注》，《朱子全书》第6册，第13页。
③ 关于朱子论"大学"、"小学"的相关问题，参看朱人求：《下学而上达——朱子小学与大学的贯通》，《江南大学学报》（人文社会科学版）2013年第2期，第5—10页。
④ 《四书笺解》，《船山全书》第6册，第109页。
⑤ 《四书笺解》，《船山全书》第6册，第109页。
⑥ 《四书笺解》，《船山全书》第6册，第109页。

首先，需要厘清王夫之何以提出这一说法，即王夫之此说所针对的问题。显然，王夫之认为后人在解释"大人之学"时将问题转向了"大人之事"。王夫之认为《大学》讲的是成就"大人"的学问，即《大学》并非是对"大人"的具体描述，而是对如何成就"大人"的方法、原理的阐述。质言之，《大学》是一种为学方法。因此，王夫之认为即便是如《周易》、《孟子》中所提到的"大人"，也并非是陈述"大人"为何，而是讨论如何成就"大人"的方法。王夫之认为其说有三点理据：其一，《大学》讲的是"古之欲明明德于天下"，而不是"古之明明德于天下"，说明《大学》论述的是为学的志向，而并非为学的效验、境界。"为学志向"即与为学方法、途径相关，而不是阐释为学效验的"大人"状态。其二，在"先治其国"的"先"字上亦有所体现。在王夫之看来，"先"字意味的是先明了孝悌慈等治国之道，而不是对古人治国的理想状态的描述。其三，《大学》的"自天子以至于庶人"说明，"古之欲明明德于天下者"包含了具有治国资格之人和不具有治国资格的"庶人"及"凡民之后秀"。这意味着，"大人之学"应当是指为学的方法。因为"大人之学"若是对其效验的描述，那么不具备治国资格的庶人如何会有国治的效验呢？基于以上三点理由，王夫之将《大学》诠释为一种为学方法，认为只要是立志为学的人，都可依据《大学》的具体方法做德性修养的工夫。在此，顺便指出，季蒙以王夫之的《大学》乃是政教之学的观点颇为不妥①。因为王夫之明确指出，"庶人"及"凡民之后秀"都可以依据《大学》而从事德性修养。但"庶人"及"凡民之后秀"并不具有从事政教的资格，季氏的说法显然与这一观念相悖。此外，王夫之认为齐家与治国、平天下两者不同，齐家以"教"为内容，而治国、平天下则是以教、政两者为内容。但王夫之的这一区分并不妨碍他以《大学》为立教之法、为学之方的判定，而是推进了这一观念。有关王夫之的这一观念，下文将详细论述。

综上可知，王夫之的《大学》诠释有一个历程，其诠释在总体上是对朱子《大学》诠释的沿袭与修正；有进于朱子的是，王夫之将《大学》解释为为学之方法的"大人之学"。

---

① 参见季蒙：《主思的理学——王夫之的四书学思想》，广州：广东高等教育出版社，2005年，第113—125页。

第二节　三纲领、八条目新诠

既然王夫之的《大学》诠释在总体上是对朱子《大学》诠释的沿袭与修正，那么在阐释其《大学》诠释时，最好的方法就是沿用阐释朱子《大学》诠释时的方法，即分析三纲领、八条目的内涵，并讨论它们之间的关系。当然，如果王夫之所论与朱子差异不大或不存在差异，则只在行文中提及而不作专门的讨论，因此，本书将着重论述王夫之异于、有进于朱子的地方。就概念而言，王夫之对"明德"、"格致"、"诚意"、"正心"的解释可谓最具新意。

一、"明德"即"身心意知之德"

如前所述，朱子是从心、性两个方面来解释"明德"的。他认为，心是一切知觉、意识活动的总体，具有经验的性质；又认为性是心之体，具有先验的性质；因此，"明德"作为心、性的合一者，因其本体之性而具有道德的先验及必然性，因其经验活动之心而能够彰显、呈现本体之性。王夫之对"明德"的解释显然受到了朱子的影响，如在《读四书大全说》中，他详细讨论了明德与心、性的关系。不过，王夫之又不同于朱子：他不再纠缠于心、性两者之间，而是强调只能以心来解释"明德"。他之所以会提出异于朱子的观念，从根本上讲，是因为二人对心、性的理解有别。

关于"明德"，王夫之说：

> 缘"德"上著一"明"字，所以朱子直指为心，但此所谓心，包含极大，讬体最先，与"正心"心字固别。性是二气五行妙合凝结以生底物事，此则合得停匀，结得清爽，终留不失，使人别于物之蒙昧者也……明德唯人有之，则已专属之人。属之人，则不可复名为性。性者，天人授受之总名也。故朱子直以为心。而以其所自得者则亦性也，故又举张子"统性情"之言以明之。乃既以应万事，则兼乎情，上统性而不纯乎性矣。①

---

① 《读四书大全说》，《船山全书》第6册，第396—397页。

显然，王夫之对"明德"的解释是建立在朱子所论的基础上，是以对朱子学说的批判来建立他的解释的。王夫之认为朱子之所以从"心"来解释"明德"，归因于《大学》在"德"字前加一"明"字以形成"明德"的概念。就文献而言，王夫之此说似乎并无直接的证据。即便就义理而言，王夫之此说亦难免有臆测之嫌。不过，这并不妨碍王夫之的论述。王夫之论述的重点在于，指出朱子有以心解释明德的一面。当然，王夫之绝不局限于朱子的解释，而是进一步指出以心解释明德的心并非正心之心①。这就意味着，他虽然赞同以心来解释明德，但心当有特殊的规定。不过，他坚决反对以性来解释"明德"，其理由是：性是一切人、物所共有的天人授受的总体，而明德则专属于人。显然，性与明德在内涵上有别。具体而言，性是天人授受的总名，包含了天、人的双层意涵；而明德则专属于人，不具有性所具有之天的一面。因此，明德不能以性来解释。虽然如此，但王夫之又认为明德必须具有性所内含的天之本体一面的意涵。据此，他指出朱子为解决这一问题，提出了以"统性情之心"的心来解释明德的方案。不过，王夫之认为，"统性情"之心既然是"统情"者，就不再纯然是性了。因此，他始终认为朱子的解释未能准确地将明德的意涵表彰出来。而纵观王夫之的批评与分析，我们可以发现，实际上王夫之对心、性等有完全不同于朱子的解释，由此才导致了二人对于明德解释的差异。这样看来，有必要先对王夫之论心、性及其关系作一些讨论。

关于"性"，王夫之认为，它是"天人授受之总名"，以性作为沟通天人者。这一观点看似与其他宋明儒所论无异，实则王夫之此说另有新意，主要体现在对天人关系的理解上。按照宋明儒学的天道性命相贯通的观念，性是作为天道或者本体直贯并内在万物者，在天则称之为命、在人则称之为性；正是因为性，才使得天道创生的实体（本体）得以内在于人，从而作为人的一切行为的内在根据。王夫之也基本沿袭此说，不过他对天道、性命的解释又的确有其殊异处。按陈来先生之见②，王夫之是从气体

---

① 下文将专门讨论王夫之对"正心"的解释，此处暂作一点说明。即"正心"之心不是本心，不属于本体的范畴。
② 陈来先生在其《诠释与重建——王船山的哲学精神》一书的《绪言》后，列有《概说》一节，专门就王夫之哲学中较为重要的概念及问题作了简要而允当的综述，对于我们理解王夫之哲学的基本意涵极为重要。本书的写作即得益于此。参见陈来：《诠释与重建——王船山的哲学精神》，北京：生活·读书·新知三联书店，2010年，第27—48页。

与气化的角度、从宇宙论的径路来阐释其天道性命观的。王夫之指出，本体即气体，气体有太虚之气、太极、阴阳等不同的说法，都可以"诚"称之。气体的"变合"则有了气化，因气化而有世间的万物。但气体在变合之后，并非回归气体的状态，而是内在于气化的万物之中。气体之内在于万物是以性的形式存在其中的。但需要说明的是，王夫之并不认为性这一概念可以用于气体，它仅仅是作为天人授受的总体内在于气化之后的万物之中。换言之，性必须是气体变合之后才有的概念。由于万物都是由变合、气化而来，因此对万物而言，性是作为气化之后的万物的本体。这意味着，在气体与气化的万物之间存在着差异，气体可以称之为天道，气化之后则只可称之为人道。曾昭旭先生即根据以上意思，将王夫之哲学中关于本体的论述称之为"天之天"、"人之天"①。并且最为关键的是，王夫之认为在气化之后，气体以性的形式存在于万物之中，从而使得万物在气化之后仍然能够生生不已。因此，在王夫之哲学中，性因决定了人道的生生不已，显得格外重要。正是在这一意义上，王夫之提出了著名的"性日生日成"说。当然，性的"日生日成"并非是万物均能如此，而是只有能够从事道德修养的人方能如此。正是因为性具有如上的意义，所以王夫之认为不能以性来解释明德，而只能以心来解释明德。

按照陈来先生之见，王夫之对心的解释基本上沿袭朱子从心之体与心之用两个方面来讨论的观点②。就心之体而言，心、性之间并无差别。如前所论，王夫之以性作为人道的本体，因此，心即由性所生，他说："而性为心之所统，心为性之所生，则心与性直不得为二，故孟子言心与言性善无别。'尽其心者知其性'，唯一故也。"③王夫之此论见于解释孟子的尽心说时。孟子的尽心之心指本心，在王夫之哲学中即为心之本体，所以王夫之此处所谓"心性是一"，实际上是指心之本体与性为一，而并非指心就是性。这是因为心还有知觉运动的一面。关于这一观点，在分析王夫之何以认为"求放心"应当是求"仁心"时，陈来先生有精准的论述，他说："仁是心之德，是朱子的主张，王夫之同意此说，认为心和仁不能等

---

① 参见曾昭旭：《王船山哲学》，台北：远景出版事业公司，1983 年，第 354—367 页。
② 参见陈来：《诠释与重建——王船山的哲学精神》，北京：生活·读书·新知三联书店，2010 年，第 39—41 页。
③ 《读四书大全说》，《船山全书》第 6 册，第 895—896 页。

同，心是知觉意识的总体，而仁是心的道德本性，如果把心和仁等同，就会把一切心的知觉活动都当成仁，当成性。"①足见，在王夫之哲学中，心有心之体和心之用两面。心之体固然是性，而心之用则是指一切知觉活动的总体。由于知觉活动有可能是非道德的，即有可能是不善的，因此，心之用就与性有别。总之，王夫之对心的解释有心之体与心之用的两面，就体的一面而言，可以等同于性；就用的一面而言，不能等同于性。

依据以上分析，王夫之以心论明德似乎又回到了朱子的解释，即由心之体是性以说明德的本体一面，由心之用以说明德之可以开显为经验的一面。所以王夫之说："此所谓心，包含极大，托体最先，与'正心'心字固别。"②这实际上是从心之体的角度以说心，而不是从包括心之用的总体之心去论述的。但从"性是二气五行妙合凝结以生底物事，此则合得均匀，结得清爽，终留不失，使人别于物之蒙昧者也"③一句来看，王夫之还是认为不能将此明德等同于性。这或许有两点理由：其一，性作为本体是"二气五行妙合凝结以生底物事"④，是气体与气化的生生之本体的关联点，是人、物所共有的；而心显然专属于人，物不能说心。其二，性作为本体之内在于人者，只是潜存于人的，其彰显与否需要心来完成⑤。因此，在这一意义上，亦不可将性等同于心，更不能以性来解释明德⑥。

总之，王夫之始终都否认从本体之性去解释明德。不过，王夫之心论的特质决定了他必然从心之体与心之用两个方面来解释明德，从而使得仍像朱子的解释一样具有体用的两面。当然，这并非指王夫之与朱子的解释

---

① 陈来：《诠释与重建——王船山的哲学精神》，北京：生活·读书·新知三联书店，2010年，第311页。
② 《读四书大全说》，《船山全书》第6册，第396—397页。
③ 《读四书大全说》，《船山全书》第6册，第396—397页。
④ 顺便指出，周兵认为"'明德'是'二气五行''合得停匀，结得清爽'而产生的'良能'或者'神明'"，这一观点显然有悖于王夫之所论。王夫之的意思恰好是不能由性来说明德，而强调的是以心说明德。因此，周兵所引文字中的"此则"二字被他忽视了。所谓"此则"实际上说的心，而非"性是二气五行妙合凝结以生底物事"。参见周兵：《天人之际的理学新诠释——王夫之〈读四书大全说〉思想研究》，成都：巴蜀书社，2006年，第254页。
⑤ 即陈来先生所谓"性为心之所统，即性不能离开心，心包含着性"。陈来：《诠释与重建——王船山的哲学精神》，北京：生活·读书·新知三联书店，2010年，第40页。
⑥ 此外，陈来先生从工夫论的角度认为由于性不能有"明之"的工夫，因而王夫之只能以心论明德。陈氏的观点亦有道理，值得吸收。但由于其论述已经极为详细，本书在此即不再赘述。参见陈来：《诠释与重建——王船山的哲学精神》，北京：生活·读书·新知三联书店，2010年，第59—60页。

一致。从根本上讲，王夫之始终强调只能以心来解释明德。此外，就对明德的解释而言，王夫之又有进于朱子的地方，集中体现在明德的具体规定上。

朱子对"明德"的解释是"人之所得乎天，而虚灵不昧，以具众理而应万事者"①，但朱子并未对"虚灵不昧，以具众理而应万事"作具体的解释。王夫之对此展开讨论，使得他对明德的解释有进于朱子。关于"明德"，王夫之首先认为它与心、意、知、身紧密相关，他说：

> 德者有得之谓，人得之以为人也。繇有此明德，故知有其可致而致之，意有其不可欺而必诚焉，心有所取正以为正，而其所著，发于四肢，见于事业者，则身修以应家国天下矣。②

在他看来，由于人人具有明德，从而可以做致知、诚意、正心、修身的工夫。足见，知、意、心、身等与明德紧密相关。从宽泛的本体与工夫的角度来看，明德似乎是指包含了心、意、知、身在内的本体，而致知、诚意、正心、修身则是明明德的工夫。这一点，在后期的《四书笺解》中，有更为明确与详细的论述。其文云：

> "明德"，身心意知之德也。"虚灵"，知之德；"不昧"，意之德；"具众理"，心之德；"应万事"，身之德。明之者，格致诚正修以著其全体大用也。③

朱子的确未将明德与知、意、心、身四者相关联。王夫之提出这一观点，的确较之朱子所论更进一步。王夫之将朱子所界定的"虚灵"视为知之德、"不昧"视为意之德、"具众理"视为心之德、"应万事"视为身之德，从而将明德的内容与明明德的工夫加以一一对应。这一解释，使得对《大学》的诠释上更为一贯，内在理路更加清晰，的确优于朱子。正是由于王夫之肯定了人人所具有的"身心意知之德"，所以人人方可有格致诚

---

① 《四书章句集注》，《朱子全书》第 6 册，第 16 页。
② 《读四书大全说》，《船山全书》第 6 册，第 396—397 页。
③ 《四书笺解》，《船山全书》第 6 册，第 110 页。

正修的"明明德"之工夫。当然，按照周兵之见①，此处所谓"明德"应当是"性之德"，即指人先天所具有的内在的德性。而通过格、致、诚、正、修的工夫，从而在人心中所形成的"有所得"之"德"，才是"性之德"在人心的真实体现。周氏此说将本体与工夫完满地结合起来，足以展现王夫之的"明德"所具有的新意。但王夫之对"明德"的这一全新解释亦难免有其问题，即"格物"之"物"在"明德"中并无对应者。当然，王夫之亦可像刘宗周一样将"物"解释为心、意、知、身、家、国、天下等，从而可以说格物之物即是心、意、知、身的总体。王夫之也的确有这一层面的意思，他说："明德所以谓之物者，以身心意知亦是待治之物，如言有物有则。"②但细究王夫之对格物的解释，显然还是像朱子一样是泛指一切事物。然而不可否认的是，一切事物当然包含了心、意、知、身四者。总之，王夫之的这一解释是对朱子所论的深化，但也的确稍显不足。

二、格致相因

与对"明德"的解释所体现的对朱子解释的发挥与深化不同，对"格物"、"致知"的解释则更多地体现了王夫之对朱子所论的批评与修正。按照朱子的解释，"致知"是"格物"的效验，"致知"以"格物"为工夫，"致知"本身并无工夫可言。但王夫之显然不赞同朱子此说。他与朱子最根本的差异在于，他认为"致知"与"格物"一样具有工夫论的意涵，而不是以"格物"代替"致知"。他说：

> 若统论之，则自格物至平天下，皆止一事。（小注：如用人理财，分明是格物事等）若分言之，则格物之成功为物格，"格物而后知至"，中间有三转折。藉令槩而为一，则廉级不清，竟云格物则知自至，竟删抹"致"字一段工夫矣。③

---

① 周兵将王夫之论德分为两种，即"性之德"与"行道有得之德"，可以说前者是人人具有的、内在的先天之德，后者是人通过工夫而具有的德。后者以前者为基础、根据，前者又必须通过后者才能真实地化为主体的德性。但以王夫之解释《大学》的"明德"为"性之德"，则需要说明的是，这里的"性"字并非是以性论明德，而只是说明"性之德"的先天性。参见周兵：《天人之际的理学新诠释——王夫之〈读四书大全说〉思想研究》，成都：巴蜀书社，2006年，第358—378页。
② 《四书笺解》，《船山全书》第6册，第110页。
③ 《读四书大全说》，《船山全书》第6册，第405页。

若从统摄的角度来看，王夫之认为《大学》的八条目可以由格物来统摄。但《大学》的确又是分别来讨论八条目的，因此，王夫之批评朱子未将"致知"视为独立的工夫。在他看来，"格物"的极致状态应该是"物格"，而并非"致知"，更别说"知至"了。因此，他认为按照《大学》论述八条目的"先后"之序，在"格物"与"知至"之间，应该还有"物格"、"致知"的环节。但朱子以"格物"为"致知"工夫，显然"删抹"了"致知"之"致"的工夫。足见，在王夫之看来，格物与致知是彼此独立的，致知并非由格物而来。王夫之之所以会如此解释，显然是因为他对格物、致知的理解不同于朱子。然而细究王夫之所论，他并未对格物作新的解释①，那么就只能是在对"致知"的理解上有别于朱子。从根本上讲，应当是他对"知"的解释异于朱子。

关于"知"，王夫之说：

> 且如知善知恶是知，而善恶有在物者，如大恶人不可与交，观察他举动详细，则虽巧于藏奸，而无不洞见；如砒毒杀人，看《本草》，听人言，便知其不可食：此固于物格之而知可至也。至如吾心一念之非几，但有愧于屋漏，则即与蹠为徒；有如酒食黍稻本以养生，只自家食量有大小，过则伤人：若此于物格之，终不能知，而唯求诸己之自喻，则固分明不昧者也。②

王夫之将"知"分为两种：一种是依于物的知，一种是可以脱离物而独立自存的知。具体而言，他认为像对于人之善恶与否的知③、对于砒霜有毒会导致人丧命之知，都属于前一种知；而对于自己意念善恶与否的知、对于自己食量大小的知，则属于后一种知。仅就此处的案例而言，王夫之所论之知实际上都是一般的知识，甚至可以说是一般的常识。这显然尚不同于儒家一贯强调的知善知恶的德性之知。其实，上引文字只是王夫之为了

---

① 这里所谓新的解释，是指完全不同于朱子的解释，并非指王夫之将格物的范围作一些限定等非本质性的解释。因为在下文的论述中，我们将看到王夫之在格物的范围上并不认同朱子所说。关于这一点，陈来先生已经明确指出，参见陈来：《诠释与重建——王船山的哲学精神》，北京：生活·读书·新知三联书店，2010年，第78页。
② 《读四书大全说》，《船山全书》第6册，第405页。
③ 这里所谓的"善恶之知"并非是德性之知，而只是对人的行为所体现的善恶之认知。德性之知是就本体而言，行为的善恶则仅仅是经验的事实判断。

说明德性之知有"依于物"与"不依于物"的两种类型所作的譬喻,并非是王夫之对知的真实区分。这可以从引文之始的"且如"两字,及紧接着的一段文字之始的"是故"两字所形成的具有譬喻形式的论述中看出。王夫之继而指出:

> 是故孝之不学而知,不虑而能,慈者不学养子而后嫁,意不因于知而知不因于物,固矣。唯夫事亲之道,有在经为宜,在变为权者,其或私意自用,则且如申生、匡章之陷于不孝,乃藉格物以推致其理,使无纤毫之疑似,而后可用其诚。此则格致相因,而致知在格物者,但谓此也。①

从"故而"来看,这一段引文中提及的"知"才是王夫之所要讨论的对象。依据前一段譬喻性的文字,王夫之将他对两种知的区分运用到对道德知识或者德性之知的区分上。他指出,像孝、慈等德性是不依于物的,即所谓"意不因于知而知不因于物";而像实践孝的具体方法之事亲之道等,因为它们本身是一种经验行为,具有经权适宜与否的问题,故而必须通过对事物加以研究才能获得其知。因此,就道德哲学而言,王夫之提出了两种不同的知:一种是孝、悌、慈等德性,另一种是如何实践德性的具体方法、途径。严格说来,前者不能叫作知,因为王夫之自己也明确指出此种知是"不学而知,不虑而能"的,更是不依于物的。这种知的唯一内涵就是善恶,亦即对善恶本身的知。质言之,这种知是无法对象化的。后者是可以成为知识的,因为它依于物且在经验之中,故而可以对象化。

既然王夫之区分了两种不同的知,那么获得其知的方法、途径又是如何呢?由于第一种知不是依于物而有,不可以对象化,严格讲并非一种知识,而是人先天所具有的德性,如果一定要说是一种知识的话,那几乎相当于阳明所说的良知②。因此,此种知应当只需像阳明一样"致良知"即

---

① 《读四书大全说》,《船山全书》第 6 册,第 405 页。
② 虽然本章在一开始即指出,王夫之哲学一个重要特征就是反对陆王心学。但根据王夫之对第一种知及"致知"的解释,显然与阳明的良知相近,甚至可以说就是阳明的良知。学者在论述王夫之对知与致知的解释时,大都将之视为近于或等同于阳明的良知与致良知。如陈来先生说"此知是知非之知,似有取于阳明良知之说",曾昭旭先生直接肯定这一知善知恶之知就是阳明的良知,他说:"其言致知则实同于阳明,乃是显心知是知非之良能,以裁物成用者。"参见陈来:《诠释与重建——王船山的哲学精神》,北京:生活·读书·新知三联书店,2010 年,第 80 页;曾昭旭:《王船山哲学》,台北:远景出版事业公司,1983 年,第 303 页。

可，王夫之称之为致知。而第二种知是依于物的，是可以对象化的，因此王夫之主张以格物的方式来获得，即所谓"乃藉格物以推致其理，使无纤毫之疑似，而后可用其诚"。为了更为深入地阐释两种知的差异，王夫之借助于《中庸》和《孟子》的相关论述予以进一步分析。他说：

> 大抵格物之功，心官与耳目均用，学问为主，而思辨辅之，所思所辨者皆其所学问之事。致知之功则唯在心官，思辨为主，而学问辅之，所学问者乃以决其思辨之疑。①

引文包含了《孟子》的"心之官则思，思则得之"，以及《中庸》的"博学之，审问之，慎思之，明辨之，笃行之"等概念、观念。在王夫之看来，致知工夫主要是以《孟子》的"心之官则思，思则得之"为主，而以学问为辅助；格物的工夫以学问为主，即以《中庸》的"博学之，审问之"为主，而以思辨为辅助。所谓"主"，是就决定性的本质一面而言；所谓"辅"，是就非决定性、非本质性的辅助一面而言。因此，"思辨为主"是指以内在的自身反思为主的工夫，"学问为主"是指在事物中推致事物之理。后者几乎等同于朱子的穷理。王夫之认为致知是以思辨为主、以学问为辅，意味着致知工夫应当是一种内在的自身反思为主的工夫，是以对自身的善恶加以反思以求获得对于善的知识的工夫。但反思所得之知必然要呈现于事物之中，因此需要以在学问中所获得的知识来辅助。而格物则是对外在事物的博学、审问，以形成关于如何实践善的具体方法、途径的工夫。但这一知识的正确与否不能由格物之知自身来决定，而须以内在的反思之知去判断。正是在这一意义上，王夫之将两种获得知识的工夫关联起来，提出了著名的"格致相因"说。

王夫之的"格致相因"说，是通过对"致知在格物"的解释来展开论述的。对于"致知在格物"的解释，王夫之首先引入了孟子的一段譬喻来加以解释。他说：

> 孟子曰："梓匠轮舆能与人规矩，不能使人巧。"规矩者物也，可格者也；巧者非物也，知也，不可格者也。巧固在规矩之中，故曰"致知

---

① 《读四书大全说》，《船山全书》第6册，第406页。

在格物";规矩之中无巧,则格物、致知亦自为二,而不可偏废矣。^①

据杨伯峻先生之见,引文所引《孟子》文字的意思是,木工工匠能够传授他人关于制作车轮、车厢的规矩、准则,但制作的具体技巧却不一定能够传授他人。其引申之意为:关于制作的巧妙之处,应当取决于各人的心悟。^②王夫之只是借用孟子此说以解释格物、致知的关系。他以"巧"譬喻"致知"之"知",认为获得它的方法是人的自我反思与觉悟;以"规矩"譬喻"格物"之"知",认为它是在物之中从而可以通过格物来获得。王夫之意在说明的是,"致知"之"知"虽然可以独立于物而由心作自我反思以获得其知,但它仍然要呈现于物中。这就像制作车轮或者车厢时,虽然不同的工匠在制作时有不同的巧妙之处,但这一巧妙之处必然要符合或曰通过车轮、车厢的基本规矩、准则方能表现出来。质言之,王夫之认为致知必须通过格物,方能真正实现致知的工夫。这样看来,王夫之对于致知与格物关系的解释至少包含了两个方面:其一,致知与格物是各自独立的工夫;其二,致知又必须在格物中以表现其致知之知。第二点亦即所谓"格致相因"。正是在这一意义上,陈来先生说:"因此王夫之的最终立场,对于《大学》的工夫条目,既不像阳明学那样注重致知,忽略格物;也与朱子学注重格物,忽略致知有所不同。"^③

综上可知,王夫之对于"致知之知"与"格物之知"是持两者不可偏废、两者并重的观点。这与朱子的"以格物为工夫"以成就"致知"的说法显然不同。究其原因,则与王夫之肯定人人具有先天的、不依于物的德性的"致知之知"有关。由于王夫之肯定了人人具有先天的、不依于物的良知^④,且以性释良知,因此,他一定要强调致知作为工夫的意涵。不

---

① 《读四书大全说》,《船山全书》第 6 册,第 406 页。
② 关于《孟子》此段话的意思,参见杨伯峻:《孟子译注》,北京:中华书局,2005 年,第 326 页。
③ 当然,陈来先生此处只是大致的比较,并非是细节性的比较。这一点,他在小注已经作了说明。参见陈来:《诠释与重建——王船山的哲学精神》,北京:生活·读书·新知三联书店,2010 年,第 81 页。
④ 如前所论,良知这一概念是阳明所特别重视的,王夫之也肯定这一概念。如他在《读四书大全说·孟子》中即以性来解释良知、良能,他批评阳明也只是批评"无善无恶是良知",并非是否定良知这一概念。王夫之以性解释良知,如果借用牟宗三先生对本体的解释而言,则王夫之之性应该是"即存有即活动"的,因而与朱子的"只存有不活动"的理本体是不同的。因此,可以说王夫之肯定"致知之知"从而表现出与朱子不同的观念,根本上就是因为对本体之理解的差异。王夫之论良知及对阳明良知说的批评,参见《读四书大全说》,《船山全书》第 6 册,第 1127—1128 页。

过，王夫之对于致知的强调，似乎在后期的《四书训义》及《四书笺解》中有所减弱。在《四书笺解》中，他说："致知者，析理之是非，无毫发之差也。故必格物以因事辨理，而后是非昭著。"①王夫之以"致知"为"析理之是非"，这一说法与前期的辨是非善恶之说并无大的差异。不过，他认为致知"必格物以因事辨理"，则与前期认为致知具有独立的工夫意涵的观念有不一致处。显然，王夫之在此强调的是"格物"对于"致知"是必要的，即离开格物则"致知"之知无法辨析是非。这一观点，显然更接近朱子的观点。但此说又与朱子以"格物"为"致知"工夫的观点尚存差异。王夫之的这一改变恰好证明了本章一开始所指出的，王夫之的《大学》诠释是对朱子《大学》诠释的沿袭与修正，并且王夫之在后期越来越接受朱子的诠释，几乎对朱子所论未有异议。不过，与对格致的解释不同，王夫之对"正心"的解释始终保持着对朱子的批评与修正。

三、"正心"即"持志"

按照《大学》论述八条目的先后之序，在格物、致知之后是诚意，因此，合理的论述顺序应当是先讨论诚意。但由于对"意"作"心之所发"的解释，因此在逻辑上，正心应当先于诚意。由此即引发了"正心"与"诚意"究竟何者为先的问题②。但由于王夫之对"诚意"的解释必须以对"正心"之"心"的解释为前提③，因此，本书将先论述"正心"。

与对"致知"作新的解释一样，王夫之之所以对"正心"作出新的解释，归因于他认为朱子的解释消解了"正心"的工夫意涵。他说：

> 朱子于正心之心，但云"心者身之所主也"，小注亦未有委悉之者，将使身与意中间一重本领不得分明。非曰"心者身之所主也"其说不当，但止在过关上著语，而本等分位不显，将使卑者以意为心，而高者

---

① 《四书笺解》，《船山全书》第6册，第112页。
② 这一问题在本书第一章论述朱子、阳明的《大学》诠释之比较时已经指出，在此为论述之便再作简要的陈述。需要指出的是，这一问题只是对于认为心并非本心者才成其为问题。因为只有心是经验之心时，才会有"正心"的工夫，如朱子；而像阳明一样以心为本心之良知，则心本正而无需以"正心"为工夫，那么自然就只需"诚意"的工夫，故而不存在在"诚意"之前先"正心"之说。
③ 这一点，下文将会予以讨论。其要义是：诚意实际上是指将正心之心推致出去，使得意完全合于正心之心。因此，如果没有正心，则诚意即无法做工夫。

以统性情者言之，则正心之功，亦因以无。①

在王夫之看来，朱子的"心者身之所主"这一说法，虽然在义理上并无大的过错，但如果将之置于《大学》的诠释中来，则会导致"正心"工夫消解这一弊病。王夫之认为"心者身之所主"的说法会导致身与意之间的必要环节缺失，即"将使身与意中间一重本领不得分明"。要理解王夫之此说，应当先厘清他对意、身的界定。所谓"身"，从"若夫修身者，修其言使无过言焉，修其行使无过行焉，修其动使无过动焉"②这一论述来看，即包括言、行、动三者。在一般意义上讲，指人的言行举止等一切直接表现于外的行为总体。所谓"意"，从"抑或以以视、以听、以言、以动者为心，则业发此心而与物相为感通矣，是意也"③这一论述来看，是指心发出并与物相感通但尚未成为经验之事的状态，即一般意义上的介于心之已发与尚未成为"身"的纯意识阶段。足见，"意"与"身"是紧密相连的，"意"表现于外即是"身"。既然身、意的关系如此，那么所谓"身与意中间一重本领"不是指身与意的中间另有一物，而是指意的生成、始出者。王夫之说："故愚谓意居于身心之交（小注：八条目自天下至心，是步步向内说；自心而意而知而物，是步步向外说）……心之为功过于身者，必以意为之传送。"④按照宋明儒学的一般理解，心产生、生成意。王夫之同样持这一看法，并且他认为意之表现出来即是身的言、行、动。足见，就心、意、身三者而言，心为最后的、最内在的，其步步向外推出而有意、知、身、物。正是在这一意义上，王夫之在一定程度上赞同朱子的"心者身之所主也"一说。但他质疑此说，认为"但止在过关上著语"。王夫之的意思是，这一说法过于笼统，未能抓住"正心之心"的本质。由此，会导致"卑者以意为心"、"高者以统性情者言之"两种对于"正心之心"的误解。并且由于这两种对心的误解，都会导致"正心"工夫的消解。

然则，究竟何谓正心之心呢？从上段的论述来看，显然与何谓"卑者以意为心，而高者以统性情者言之"密切相关。正是在对"卑者以意

---

① 《读四书大全说》，《船山全书》第 6 册，第 402 页。
② 《四书训义》，《船山全书》第 7 册，第 47 页。
③ 《读四书大全说》，《船山全书》第 6 册，第 402 页。
④ 《读四书大全说》，《船山全书》第 6 册，第 426 页。

心，而高者以统性情者言之"的讨论中，王夫之阐释了他对正心之心的理解。他说：

> 夫曰正其心，则正其所不正也，有不正者而正始为功。统性情之心，虚灵不昧，何有不正，而初不受正。抑或以以视、以听、以言、以动者为心，则业发此心而与物相为感通矣，是意也，诚之所有事，而非正之能为功者也。盖以其生之于心者传之于外，旋生旋见，不留俄顷，即欲正之，而施功亦不彻也。①

首先，王夫之指出"正心"的内涵之一是：它一定是"有不正者"或者"能不正者"。但按照他对"统性情之心"的解释来看，显然并非"正心之心"。王夫之将"统性情之心"解释为"虚灵不昧，何有不正，而初不受正"之"心"，若按照宋明儒学一般的理解而言，"统性情之心"应当指本心。既然是本心，当然是无有不正的，只能是呈现此本心的工夫，而不能是"正其不正以归于正"的工夫。因此，王夫之认为若以"统性情之心"为"正心之心"，则属于"高者以统性情者言之"的误解。所谓"高者"，是指拔高"正心之心"而以具有本体意涵的"统性情之心"去看待它。据此可知，"正心之心"应当具有一定的经验性，同时它本身又具有"可正、可不正"及"可善、可恶"的双重可能性。与拔高"正心之心"为本心相反，另一种误解则是将"正心之心"等同于意，王夫之将这一误解概括为"抑或以以视、以听、以言、以动者为心"。但他认为以视、以听、以言、以动四者，显然是心之已发的意，而并非"正心之心"；并且意的特征是"旋生旋见，不留俄顷"，因此，在此一瞬间即有即无的意上，很难有"正其不正"的工夫。据此可知，"正心之心"应当具有常存、常留、不随意之消失而消失的特质。

通过对以上两种误解的分析，并结合正心之心所具有的上述多种特质，王夫之指出，所谓"正心之心"是：

> 故欲知此所正之心，则孟子所谓志者近之矣。
> 惟夫志，则有所感而意发，其志固在，无所感而意不发，其志亦未尝不在，而隐然有一欲可为之体，于不睹不闻之中……《传》所谓"视

---
① 《读四书大全说》，《船山全书》第6册，第402页。

不见，听不闻，食不知味"者是已。夫惟有其心，则所为视、所为听、所欲言、所自动者，胥此以为之主。惟然，则可使正，可使不正，可使浮寄于正不正之间而听命于意焉。①

在王夫之看来，所谓"正心之心"，基本等同于孟子的"志"。孟子在阐述"养浩然之气"时，提出了"持志"的工夫。按照孟子之意，由于志与气会相互影响，因此需要"持其志，无暴其气"，否则"气一则会反动其心"。王夫之借用孟子的这一观念，有其合理性。因为按照一般的理解，"志"指的是"心之所之"，志是心的内在指向。"内在指向"的意思是，它既非心本身，又内在于心而作为心如何发动的规定者。这是孟子对志的基本理解，王夫之显然是赞同的，所以他通过与"统性情之心"的比较来说明以"正心之心"为"志"的理据。他认为，志是源于"统性情之心"，是性之所生，但它又并非性，而是与性有别的能够以自身为体之物。根源于性并由性而生，则志可以上通于性，因此，志是可以为善的。然而，由于志是独立于性而有其自体，因此，亦有可能趋向于恶。足见，志有善恶两种可能。这完全符合王夫之对于"正心之心"的"夫曰正其心，则正其所不正也，有不正者而正始为功"之规定。这样一来，所谓"正心"即指端正其趋向于恶之志。王夫之进一步指出，"正心"的具体方法是"持志"②，即常常秉持源于性的符合善的志，从而使不善之志不能作为心的主宰与指向，而是由"持志之志"为主宰。由此亦可知，性即"持志之志"的内在规定，王夫之说："夫此心之原，固统乎性而性之所凝，乃此心所取正之则。"③足见，在王夫之哲学中，他是将"统性情之心"作为本心，而以"志心"作为经验之心的④。因此，人的一切身心活动都是由"志心"去决定的。

此外，依据上文对"正心之心"的特质之分析，"志心"作为"正心之心"应当具有常存而不随"意"流失的特征。王夫之对此有明确意识，

---

① 两段引文均见于：《读四书大全说》，《船山全书》第6册，第403页。
② 关于正心的工夫是"持志"这一问题，下文将有专门讨论，在此不作赘述。
③ 《读四书大全说》，《船山全书》第6册，第403页。
④ "志心"的概念为陈来先生所提出，这一概念既包含了宋明儒学对心的一般理解，同时又包含了王夫之言心的特殊处，故而沿用这一概念。需要指出的是，所谓"志心"并非是"持志之心"，因为"志心"包含了善恶的可能，而"持志之心"则是只有善而无恶的。参见陈来：《诠释与重建——王船山的哲学精神》，北京：生活·读书·新知三联书店，2010年，第63页。

在述及"志"的特质时，他指出："惟夫志，则有所感而意发，其志固在，无所感而意不发，其志亦未尝不在，而隐然有一欲可为之体，于不睹不闻之中。"①在王夫之看来，志的本质是能够有所感而发为意，但同时又不随意而流失，从而保持自身的本性。否则，即如王夫之所批评的，一发动便随着意而流失，则在此瞬间无法做正心的工夫。总而言之，不管志心发与未发，它都是永恒常在的。同时又因为它本身不是一于善的，故而需要正心的工夫。当然，以志心永恒常在，并非意味着志心作为一切言行举止的主宰而不作用于外。其实，"志心"作为一身之主宰，是时时刻刻都可以作用于外的，王夫之说："夫惟有其心，则所为视、所为听、所欲言、所自动者，胥此以为之主。"②视、听、言、动既可以指意又可以指身，但王夫之认为它们都必须以志心为主宰。以志或者志心作为意、身的主宰，因此，使志一于善就极为重要，所以王夫之提出了"持志"的工夫。

按照一般的理解，正心本身应当就是工夫。但由于对心作特殊的理解，朱子亦以"存心"或者"主敬"作为"正心"的工夫。与朱子不同，王夫之明确提出"正心"之"心"应当是"志"，这是否意味着王夫之的"正心"工夫就是"正志"呢？显然，他并不如此主张，而是以"持志"作为正心的工夫。这与他对"志"的解释密切相关。就王夫之对志心的解释而言，最大特点在于将志心与"统性情之心"及意区分开来，认为志心独立于二者之外。因此，就志心上的工夫而言，显然不同于"统性情之心"上及意上的工夫。严格说来，统性情之心作为本心，只有呈现其自身的工夫。因而，志上的工夫主要就是区别于意上的工夫。并且由于志心是常存而未发的，其发则为意。因此，如何正其不正即成为问题。因为若以正者去正其不正，"正"的过程即是已发，而已发已经是意而非志心。换言之，在王夫之的解释中，所谓的"正其不正以归于正"的"正心"说，实际上是意上的工夫，而不是正心的工夫。有鉴于此，王夫之另辟蹊径，以"持志"作为"正心"的工夫。并且王夫之提出这一观念，与对朱子的批评紧密相关，他指出朱子的"正心"说是"故一则曰'圣人之心莹然虚明'，一则曰'至虚至静，鉴空横平'，终于不正之由与不得正之故，全

---

① 《读四书大全说》，《船山全书》第 6 册，第 403 页。
② 《读四书大全说》，《船山全书》第 6 册，第 403 页。

无指证"①。王夫之认为，由于朱子对正心之心有所误解，从而必然导致对正心工夫的误解。并且他认为朱子的解释并未抓住《大学》"修身在正其心"章的"本意"②。如前所论，朱子对正心的解释是：其一，由于心无有不正，故而当于诚意处作工夫；其二，以"敬以直内"的存心为正心的工夫。前者在王夫之看来是以"统性情之心"解释"正心之心"，这已经被他否定③。后者亦为王夫之所反对，他说："不动者，心正也；执持其志者，正其心也。《大全》所辑此章诸说，唯"执持其志"四字分晓。朱子所称'敬以直内'，尚未与此工夫相应"④。王夫之认为朱子的"敬以直内"完全是与"正心"不相应的工夫。并且他肯定了程子的"执持其志"说，认为这才是正心的工夫。不过。诚如上文所论，志或者志心并非只是善的志心，亦有可能是恶的志心。因此，持志必然有所选择，即执持善的志心。这一点，王夫之有明确的意识，他说："孟子之论养气，曰'配义与道'。养气以不动心，而曰'配义与道'，则心为道义之心可知。以道义为心者，孟子之志也。持其志者，持此也。"⑤在此，王夫之借用孟子的概念、观念以解释《大学》的"正心"，亦即解释他的"持志"之工夫。王夫之强调的是，"持志"的"志心"一定是孟子所谓的"配义与道"之"心"。这是因为若离开"道义"，则所持之志有可能是恶的志，这显然与儒学的道德主义不符。

以上所论可以归结为陈来先生所说的："从船山的思路来看，他一方面着重把正心之心与'明德之心'区别开来，以显示出正心之心的经验性；一方面着重把正心之心与'意'区别开来，以显示此正心之心的主宰性。"⑥然而王夫之之所以从"统性情之心"（即陈来先生所谓"明德之心"）、"意"中区分出"志心"，从而使得志心具有独立、自体的意涵，是为了最终落实他的"八条目各自作为工夫"的观念。这一点，在上文对王夫之致知说的论述中亦可看出。他一定要对知加以区分，分离出不依于物

---

① 《读四书大全说》，《船山全书》第6册，第424页。
② 即王夫之所谓"其引伸传文，亦似误认此章实论正心工夫，而于文义有所不详。盖刻求工夫而不文条理，则将并工夫而或差矣"。《读四书大全说》，《船山全书》第6册，第424页。
③ 详见本书第14—15页的论述。
④ 《读四书大全说》，《船山全书》第6册，第422页。
⑤ 《读四书大全说》，《船山全书》第6册，第423页。
⑥ 陈来：《诠释与重建——王船山的哲学精神》，北京：生活·读书·新知三联书店，2010年，第65页。

的知，从而以致知为工夫，最终都是为了贯彻"八条目各自作为工夫"的观念。关于这一问题，下文会有较为集中的论述。不过，与对致知的解释不同，王夫之以持志解释正心一直贯彻于其后期的《大学》诠释中，如他在《四书笺解》中说："有云心是虚灵之觉体，既是知不是心；且此虚灵之心有何不正，而须正之？则此心字以志言明矣。正其心，常持其志使一于善也。"①显然，以持志解释正心一直为王夫之所坚持。然而就王夫之对正心的解释而言，需要讨论的是，既然他严分志心与意，那么这是否意味着他对诚意的解释也会有别于朱子、阳明呢？②

四、心意之辨与"以诚灌意"

与其他条目不同，《大学》明确以"毋自欺"、"自谦"、"慎独"三个概念来解释诚意，所以后人对诚意的解释基本都是围绕着这三个概念来展开讨论的。王夫之亦是如此，不过他首先提出了一个极为重要的问题，即"毋自欺"、"自谦"之"自"所指为何的问题。他说：

> "自欺"、"自谦"一"自"字，《章句》《或问》未与分明拈出。《或问》云"苟焉自欺，而意之所发有不诚者"，将在意上一层说，亦微有分别。此自字元不与人相对。其立一欺人以相对者，全不惺忪之俗儒也，其谬固不待破。且自欺既尔，其于自谦也，亦可立一谦人之名以相形乎？③

王夫之批评了以"自"为"自己"的观点，认为"自"不是指与他人对立的自己。他的理由是：虽然以"自欺"为自己欺骗自己，尚有其合理之处；但决不能以"自己"来解释"自谦"之"自"。这是因为，如果以"自己"来解释"自谦"之"自"，那么就必须设立一个在自己之外的自己来快足于自己，这显然于理有悖。既然"自谦"之"自"并非与人相对的"自己"，那么，"自欺"之"自"亦当如此。然则，"自"所指为何呢？王夫之依据朱子在《或问》中所说的"苟焉自欺，而意所发有不诚者"一

---

① 《四书笺解》，《船山全书》第6册，第112页。
② 需要指出的是，阳明的《大学》诠释虽然是由批评朱子而来，但二人对诚意的解释却基本一致，故而此处将朱子、阳明并列。
③ 《读四书大全说》，《船山全书》第6册，第414页。

句，认为朱子是以"意"来解释"自"。但他并不赞同朱子此说，认为"自"与"意"应当截然相分。他说："苟以意为自，则欺不欺，慊不慊，既一意矣，毋自欺而自谦，又别立一意以治之，是其为两意也明甚。若云以后意治前意，终是亡羊补牢之下策。过后知悔，特良心之发见，而可云诚意而意诚哉？况其所发之意而善也，则已早无所欺矣；如其所发而不善也，此岂可使之谦焉快足者乎？"①在此，王夫之对以意为自的观点进行了集中批评，认为这一观点存在以下两个方面的问题：其一，会产生两种意，即自欺、自谦之意与判断是否自欺、自谦之意。王夫之认为若以后一层面的意去对治前一层面的意，则前者已经形成，显然不能有诚意而意诚的效果。其二，就意为心之所发而言，若意本身为善，则不当有自欺其意的说法；若意本身为恶，则意又不能自我快足。总之，王夫之要批评的是以自为意的观念。所以他总结以上诸说，认为从根本上讲都是因为"意无恒体"。他说："无恒体者，不可执之为自，不受欺，而亦无可谦也。"②在王夫之看来，意的本质是无恒体，即意是瞬间即逝的，因此，就不可能以意来自欺其意，也不可能以意来快足于意。这样一来，就必然需要对"自"作出新的解释。

对于"自"的全新解释，在王夫之看来是对以往诠释的理论突破，他说：

> 则愚请破从来之所未破，而直就经以释之曰：所谓自者，心也，欲修其身者所正之心也。盖心之正者，志之持也，是以知其恒存乎中，善而非恶也。心之所存，善而非恶。意之已动，或有恶焉，以陵夺其素正之心，则自欺矣。（小注：意欺心）唯诚其意者，充此心之善，以灌注乎所动之意而皆实，则吾所存之心周流满惬而无有馁也，此之谓自谦也。（小注：意谦心）③

基于以往对"自"的解释中所存在的问题，王夫之对它作了一个自认为从来无人作过的全新解释，即以"自"为正心之心，亦即"志心"。如前所论，志心本身并非是纯善的，它还包含了恶的可能。因此，就与意为对的

---

① 《读四书大全说》，《船山全书》第 6 册，第 415 页。
② 《读四书大全说》，《船山全书》第 6 册，第 415 页。
③ 《读四书大全说》，《船山全书》第 6 册，第 415 页。

志心而言，显然是持志之志心。从根本上讲，即指合于理、合于德性的志心。否则若志心本身是恶，则自欺、自谦将失去评判的标准。以志心解释"自"，对于王夫之的诚意说具有重要的理论意义。由于志心本身是恒存常在的，不会如意一般瞬间即逝，从而符合王夫之对"自"的规定。并且由于持志之志心是善、合于理，因此，可以对意的善恶加以判断，从而使得自欺、自谦的说法得以成立。这意味着，由于"志心—意"是对立的架构，从而使得意的"毋自欺"、"自谦"有了"毋自欺"、"自谦"的对象。据此，所谓"毋自欺"，是指在志心发动为意时，意应当由志心来决定其彰显于外；但如果意反客为主，不随志心而发，即是自欺。"自欺"强调的是，意在志心知晓的情况下反叛志心。所谓"自谦"，指意完全合于此志心之善，以志心为主宰从而彰显于外。"自谦"强调的是意听命于志心，从而快足于志心。显然，在王夫之"志心—意"的对立构架中，志心成为意的主宰，是诚意说中的主动因素，而意则处于被动的地位。

不过，王夫之分别志心与意并以"志心—意"的对立架构来阐释诚意，似乎仍然会陷入朱子在论及正心与诚意关系问题时的理论困境[①]。王夫之以持志解释正心，并承认意为志心之所发。因此，其诚意说欲得以成立，就必须保证志心是持志的志心。这样一来，相对于朱子的"心无有不正"而言，王夫之必然更加强调持志的重要。甚至可以说，王夫之的诚意说要得以成立，持志作为前提工夫是必不可少的。显然，王夫之的诠释不仅未能缓解朱子的理论困境，反而使得这一问题更加凸显。这显然是王夫之所始料未及的，亦可说是王夫之《大学》诠释中存在的问题。

在对"自"作了全新的解释之后，围绕着毋自欺、自谦及慎独三个概念，王夫之展开了对诚意的解释。首先，他否定以"毋自欺"来专指诚意。这显然是针对朱子的"实其心之所发，欲其一于善而毋自欺"而来。王夫之说：

> "所谓诚其意者"六字，是通挈一章之词，与"所谓修身在正其心者"同。"毋自欺也"连下"如恶恶臭，如好好色"十二字是一句，言其毋自欺必如此其至，然后可以自慊。"也"字与"舜禹之有天下也"、"君子之事君也""也"字同，乃起下之词。不知那一位盲人，将"毋自

---

① 关于这一问题，参见本书第一章的论述。

欺也"连上出题，遂至狂惑，将"也"字应"者"，以"毋自欺"作"诚意"注脚。①

按照朱子的解释，诚意是指"一于善而毋自欺"，因此"毋自欺"的重要性显然高于"自谦"与"慎独"②。王夫之认为，朱子的这一论述是以"毋自欺"为诚意的专论，不符合《大学》的"原意"，因此，对此展开批评。在他看来，这是对《大学》原文的一种误读。他认为"毋自欺也"不当与"所谓诚其意者"连读，而是与"如好好色，如恶恶臭，此之谓自谦"连读，并认为"毋自欺也"的"也"字只有起下之用，并无实义。由此，王夫之对诚意的解释即为"所谓诚其意者，毋自欺也如好好色，如恶恶臭，此之谓自谦"。王夫之的意思是，"毋自欺"在诚意中并非专指，而是作为自谦的内在要求。因此，王夫之的解释显然更加重视"自谦于志心"。其实，这与王夫之对意的解释有关。他认为意是"志心之所发"，是瞬间即逝的，因此，作为已发者，不能再做"毋自欺"的工夫。这是因为，由于意是瞬间即逝的，时间上不容许有"毋自欺"的工夫。此外，王夫之还从其他方面否定以"毋自欺"作为诚意的工夫。他说：

> 《章句》云"毋者禁止之辞"，如今郡县禁止词讼，只是不受，非挈着来讼者以刑罚治之也。不然，虚内事外，只管把者意拣择分派，此为非自欺而听其发，此为自欺而遏绝之，勿论意发于仓卒，势不及禁，而中心交战，意为之乱，抑不能滋长善萌。况乎内无取正之则、笃实之理为克敌制胜之具，岂非张空拳而入白刃乎？经传皆云"诚其意"，不云"择其意"、"严其意"，后人盖未之思耳。③

王夫之分析了朱子以"禁止自欺"来解释"毋自欺"的观点，认为此说存在问题。在王夫之看来，朱子此说若要成立，需要先对意作出分别，判定何者谓之善意、何者谓之恶意；然后再择其善意使之表现出来，而禁绝恶

---

① 《四书笺解》，《船山全书》第6册，第116、117页。
② 关于究竟应当如何理解朱子的诚意说，许家星有较为详细而允当的论述，参见许家星：《"更是〈大学〉次序，诚意最要"——论朱子〈大学章句〉"诚意"章的诠释意义》，《南昌大学学报》（人文社会科学版）2011年第1期，第18—25页；《论朱子的"诚意"之学——以"诚意"章诠释修改为中心》，陈来主编：《哲学与时代——朱子学国际学术研讨会会议论文集》，上海：华东师范大学出版社，2012年，第57—80页。
③ 《读四书大全说》，《船山全书》第6册，第411页。

意表现于外。若遵从朱子此说，则诚意应当是"择其意"。但《大学》明言诚意。因此，王夫之认为朱子的解释未得诚意之实。更为根本的是，意既然是已发，就不可能再有禁止之功。此外，意作为已发者，本身不能作为善恶的判断标准，因此，禁止恶意是不可能的。总之，王夫之认为"毋自欺"不能用以专指诚意的工夫。那么是否意味着"诚意"当在"自谦"上用功呢？

王夫之对"自谦"的解释是："唯诚其意者，充此心之善，以灌注乎所动之意而皆实，则吾所存之心周流满惬而无有馁也，此之谓自谦也。"①王夫之此论，对自谦与诚意的区分并不十分清晰。但在他处却有明确区分，他说："'自谦'云者，意诚也，非诚其意也。"②王夫之认为，自谦可以说是诚意的境界或曰检验诚意与否的标准，即以意是否自谦于心来检验是否诚意；但绝对不能作为诚意的工夫。

既然王夫之否定"毋自欺"与"自谦"作为"诚意"的工夫，那么诚意究竟为何呢？其工夫又如何呢？他说：

> 要此诚意之功，则是将所知之理，遇着意发时撞将去，教他吃个满怀；及将吾固正之心，吃紧通透到吾所将应对底事物上，符合穿彻，教吾意便从这上面发将出来，似竹笋般始终是这个样子。如此扑满条达，一直诚将去，更不教它中间招致自欺，便谓之毋自欺也。③

引文中，王夫之对诚意的解释与对自谦的解释基本一致，强调的都是在意将要发动之际，将已持之志心在遇事之初推致出去，以求使得此志心表显出来。显然，这一解释仍然是强调以志心为主动者，即以志心去形成意、主宰意。因此，"诚"似乎完全没有工夫论的意涵。这与王夫之对"诚"的理解有极大关系。按照陈来先生所概括的王夫之哲学的基本思想，"诚"在王夫之哲学中有多重意涵，其中最为重要的一层意涵是以"诚"为本体④。以"诚"为本体，则诚意即指将此诚彰显于意，此即所谓"以诚灌注乎意"。就这一点而言，王夫之也有明确的论述，他指出："恶恶

---

① 《读四书大全说》，《船山全书》第 6 册，第 417 页。
② 《读四书大全说》，《船山全书》第 6 册，第 416 页。
③ 《读四书大全说》，《船山全书》第 6 册，第 413 页。
④ 陈来：《诠释与重建——王船山的哲学精神》，北京：生活·读书·新知三联书店，2010 年，第 65 页。

臭，好好色，是诚之本体。诚其意而毋自欺，以至其用意如恶恶臭、好好色，乃是工夫至到，本体透露。将此以验吾之意诚与否则可，若以意要如此，而径以如恶恶臭、如好好色，则直是无下手处。"①王夫之认为"恶恶臭，好好色"是诚之本体，因此就不能以"恶恶臭，好好色"作为工夫，而是以将这一诚之本体直接推致、表显出来作为工夫。这样一来，在"以诚灌意"的过程中，"毋自欺"理所当然地不再是工夫，而只是诚意的内在要求。并且"毋自欺"作为诚意的内在要求是极为微弱的，诚意的关键在于彰显志心、彰显"恶恶臭，好好色"的本体之诚。正是在这一意义上，王夫之认为不当在"恶恶臭，好好色"上做工夫，而只是将它作为检验是否诚意的标准。总之，王夫之对诚意的解释，归结起来就是"以诚灌意"，即将本体之诚贯彻于意中②。

由于王夫之是在《大学》诠释中来展开他对诚意的解释的，因此，不能忽略《大学》在论述诚意时所提及的慎独。在对诚意的解释中，王夫之对慎独的确有所论及，并且他对慎独的阐释是由对朱子学说的批判与深化开始的。朱子对"独"的解释是"人所不知而己所独知之地也"③，但对"人所独知"所指为何却未作明确说明。王夫之正是抓住这一问题，深入分析了慎独的意涵及其与诚意的关系。首先，王夫之对"独"与"意"的关系作了讨论，他说：

> 但是触物而动即为意；自初起念，直至为善为恶之成，皆人所共知，亦是意为之。独者，意之初几。慎独乃是诚意及早下手工夫，不待著见而始慎。诚意之功在慎独，不可以慎字当诚字，独字当意字。④

王夫之认为，"独"虽然与"意"相关，但并非可以等同于"意"。这是因为意有表现为人所共知之时，而这与朱子"人所不知而己所独知之地"的规定相悖。因此，朱子以"慎独"为工夫的观点显然也不为王夫之所

---

① 《读四书大全说》，《船山全书》第6册，第414页。
② 需要说明的是，上文在论述时，强调的是持志之志心，而此处又认为是诚之本体，这一论述看似有偷换概念的嫌疑。其实就道德哲学而言，虽然对志心有善恶两种可能，但王夫之已经明确指出作为诚意前提的志心必须是经由持志工夫之后的志心，而这一持志工夫下的志心显然在内容上等同于诚之本体。因此，诚之本体与志心在这一特殊解释中，在内容上是一致的。
③ 朱熹：《四书章句集注》，《朱子全书》第6册，上海、合肥：上海古籍出版社，安徽教育出版社，2002年，第21页。
④ 《四书笺解》，《船山全书》第6册，第117页。

取。但限于《大学》的论述，王夫之又必须肯定意与独的关系，所以他将独解释为"意之初几"。所谓"意之初几"，即指志心在为外物触动时必然会发而为意，其发与未发的将发之际可称为"意之初几"。其实，意之是否诚、诚之是否灌注意即在这一"意之初几"之上，如果"意之初几"听命于志心、由诚而直贯下去，则是诚意；否则即是自欺。据此，王夫之认为，在诚意中，慎独极为重要，是"诚意之功"。但必须指出的是，慎独可以是诚意之功，然而绝非即是诚意本身，即"不可以慎字当诚字，独字当意字"。这是因为诚意包含了由志心的直贯，而慎独只是"诚意及早下手工夫，不待著见而始慎"。质言之，慎独只是诚意中的一个工夫环节，而非诚意工夫的全部。因此，所谓"慎独"即指当意在"意之初几"时，力求使得此将发未发之意合于志心。

综上可知，在王夫之看来，诚意并非是以意为中心的，而是强调将本体之诚灌注于意中。此即"以诚灌意"。与对正心的解释一样，王夫之对诚意的解释直至后期亦未发生变化，这可以从王夫之在《四书笺解》中仍坚持他在《读四书大全说》所提出的以"毋自欺也"与其下的十二字连读中看出[①]。

第三节　三纲领、八条目之关系

由于王夫之的《大学》诠释深受朱子诠释的影响，因此，他必然会对朱子所详细讨论的三纲领、八条目之关系问题作出讨论。对三纲领的关系问题，王夫之的观点与朱子所论无异。如前所论，朱子认为三纲领的关系是：明明德、新民以止于至善为目的或者终极境界。王夫之对"止于至善"的解释是："'必至于是'是未得求得，'不迁'是已得勿失。'止于至善'须是一气读下，归重'至善'一'至'字。言必到至善地位，方是归宿，而既到至善地位，不可退转也。朱子以'不能守'反'不迁'，最为明切。此中原无太过，只有不及。"[②]他指出，朱子的"至"、"不能守"及

---

① 在《四书笺解》中，王夫之说："'毋自欺也'连下'如恶恶臭，如好好色'十二字是一句，言其毋自欺必如此其至，然后可以自慊。'也'字与'舜禹之有天下也'、'君子之事君也''也'字同，乃起下之词。"这与《读四书大全说》的观点完全一致。足见，在后期，王夫之并未改变他的"以诚灌意"的"诚意"说。引文见于：《四书笺解》，《船山全书》第6册，第116页。
② 《读四书大全说》，《船山全书》第6册，第398页。

"不迁",是对"止于至善"的准确理解。并且强调,"止至善"即指不能过于至善。然则何者"不能守"、"不迁"呢?何者不能过于"至善"呢?紧接上述引文,王夫之说:"或疑明德固无太过之虑,若新民,安得不以过为防?"①王夫之以设问的方式指出,"太过"指的是"明明德"、"新民"不能"太过"。据此可知,他同样是以止于至善作为明明德、新民的目的与境界。在批评朱子较多的《读四书大全说》中,王夫之如此肯定朱子之说,足见在三纲领之关系的问题上他与朱子的看法是一致的。当然,王夫之也有深化朱子的地方,主要体现在对"新民"的解释上。王夫之认为作为新民内容的齐家、治国、平天下三者,有政教的不同②。并且,王夫之的这一论述还涉及他对内圣外王之关系问题的理解③。相对于三纲领的关系问题,王夫之对于八条目之关系问题的论述要复杂得多,并且与朱子所论也多有不同。不过,王夫之却有较为明晰的解决方式,即以对"先后"问题的讨论为入手处来展开论述。

一、"先后之辨"与"八条目各尽其事"

"先后"的问题一直是《大学》诠释中一个颇具争论的问题。朱子谨守《大学》的先后之序,阳明、蕺山则完全不顾此说。并且,朱子的"先后"主要是在逻辑上来考虑的,即陈来先生所谓的"前提"之意。具体而言,是指八条目的后一条目当以前一条目为前提。但朱子此说必然会引发一些问题,其中最为关键的是,如果前一条目尚未实现,是否可以展开后一条目的工夫?这一点,朱子即已意识到。在《朱子语类》中,有以下论述:

《大学》自致知以至平天下,许多事虽是节次如此,须要一齐理会。

---

① 《读四书大全说》,《船山全书》第 6 册,第 397 页。
② 对于三纲领与八条目的关系,王夫之全用朱子之意。在《读四书大全说》中,王夫之说:"不知格物、致知、正心、诚意以明明德"(《读四书大全说》,《船山全书》第 6 册,第 397 页)、"新民者,以孝、弟、慈齐家而成教于国"(《读四书大全说》,《船山全书》第 6 册,第 397 页)。虽然引文中王夫之未提及修身与平天下,但他以格致诚正修为明明德内容、以齐治平为新民的内容之观念,在此还是可以看出的。而这一观念在《四书笺解》中则被直接点出,其文云:"明之者,格致诚正修以著其全体大用也。"(《四书笺解》,《船山全书》第 6 册,第 130 页)以格致诚正修为明明德的内容,自然会以齐治平为新民的内容。王夫之此意与朱子所论完全一致。
③ 对于这些问题,下文将有专论。

不是说物格以后方去致知，意诚以后方去正心。若如此说，则是当意未诚，心未正时有家也不去齐，如何得！①

显然，在论及八条目的关系时，朱子的确坚守《大学》的"先"、"后"之序，因而才会有八条目当以格物为前提的观点。不过，他也看到在具体做工夫时，"前提"的观念又的确存在问题。因此，才有引文的说法，即在具体的工夫实践中，并不一定要遵从《大学》的先后之序。可以说，《大学》本身的"先后"之说，的确给诠释者带来了极大的麻烦。由于朱子对这一观念持守最严，因此，此一困扰在他的诠释中体现得最为明显。当然，朱子也于此获益良多，最明显的是他提出的"格物为先"说，成为后人讨论《大学》时所不能回避的问题。王夫之依循朱子的诠释，必然会遇到这一问题，并且他试图解决这一问题。不过，他对此一问题的解决迥别于朱子，其核心观念可以概括为"八条目各尽其事"。

在早期的《读四书大全说》中，王夫之似乎并未意识到这一问题；到了后期的《四书笺解》中，他才意识到并着力解决这一问题。这显然与王夫之到后期越来越谨守朱子的诠释有关。对"先后"的论述，他说：

《大学》"後""后"二字异用。"後"者，且勿急而姑待异日之意：对"前"字，则"先"字作在前解，而"後"者始得之意，言物格知始得至，（小注：余仿此）才完了致知之功；不对"前"字，不以时言，则"先"字亦是从彼处下工夫，为此工夫地之意。况云"物格而后知至"云云，乃以效之必然者言之，非云物格而後知致有次序，不可不知所後，且勿致知，待物已格而後求致知也。本文"欲"字则已有上一截工夫矣，但不得纯全，故须下一截工夫以成之。以是思之，"知〔所〕後"之不同明矣。②

王夫之首先提出与朱子一样的问题，即如果按照《大学》的先后之序，是否意味着在尚未正心以前，即便有修身之事于前，也不可做修身的工夫。王夫之显然反对这一说法。但他不同于朱子只是指出在修养实践中应当遇

---

① 朱熹：《朱子语类》，《朱子全书》第14册，上海、合肥：上海古籍出版社，安徽教育出版社，2002年，第495页。
② 《四书笺解》，《船山全书》第6册，第111页。

着可做的工夫时即做此一工夫，而是希望从《大学》本身去解决这一问题。所以他转而分析问题的根源——《大学》的"先后"之说，从而对"先"、"后"、"欲"等与这一问题相关的核心概念作了新的解释。"先"、"后"在《大学》中有明显的区分："先"是从工夫来论述的，如格物、致知；"后"是从工夫的效验来论述的，如物格、知至。在王夫之看来，之所以会在八条目之关系的问题上众说纷纭，关键在于对"后"、"後"两字的理解一直较为含混。所以他由此入手来解决问题。首先，他指出"后"、"後"分别对应"先"、"前"。继而，他从"先"、"前"的不同来探寻"后"、"後"的不同。王夫之认为，如果"先"字作"前"解，则是以时间为论述的角度，因此，与"前"对应的"後"是指在时间上处于前一条目之后；并且，在时间上是前一条目完成之后，后一条目才能出现或曰"始得"。如果"先"不与"前"对，仅指"先"本身，则与"先"对应的"后"是指前一条目是后一条目的工夫。据此，王夫之指出应当从"先后"而非"前後"来阐释《大学》，他说："《经》云'知至而后意诚'，非云致知而后诚意，其谬在误将'先'字作'前'字解，恰似今年且致知，明年方诚意一般。"①

不过，以"先后"为准来解释八条目之关系仍然存在问题。依据王夫之"'先'字亦是从彼处下工夫，为此工夫地之意"的说法，就"欲正其心者，先诚其意"来看，似乎是指正心的工夫在诚意，这显然又回到了朱子的解释困境，仍有消解正心的嫌疑。并且，此说显然与王夫之认为正心当以持志为工夫的观念相悖。为解决这一理论难题，王夫之继而对"欲"字作了全新的解释。他认为"欲"字与"先"字所构成的"欲……先……"的论述，并非是指前一条目以后一条目为工夫，而是指前一条目以自身为工夫的同时，仍需以后一条目的工夫来补充、完成。总之，对由于"先"、"后"、"欲"所引起的理论问题，王夫之作了非常明晰的解释：其一，《大学》应当以"先后"为确义；其二，八条目通过"先"、"后"、"欲"所构成的关系是八条目各自作为工夫，并且前一条目需要以后一条目作为补充来完成其工夫。

在此，需要对上述的第二点作出更为具体的说明。首先，看修身与正

---

① 《四书笺解》，《船山全书》第6册，第116页。

心的关系。王夫之指出修身是使得言、行、动没有过错，这是修身之理或曰修身的工夫。他说："若夫修身者，修其言使无过言焉，修其行使无过行焉，修其动使无过动焉，盖责之躬者备矣。"①但他又强调修身的工夫却因身是已发而不能对之施以制止之功，所以需要以持志的工夫作为补充。王夫之说："而古之欲修其身者，则以为及其发而制之，有不胜制者矣。吾立身之始，有为身之主者心也。当物之未感，身之未应，而执持吾志，使一守其正而不随情感以迷，则所以修身之理，立之有素矣。"②其次，看正心与诚意的关系。正心无疑是以持志为工夫，但心必有所发，因此，在其发动的初几时，应当以诚意来补充、完成持志。此即王夫之所谓"乃心，素定者也，而心与物感之始，念忽以兴，则意是也。静而不失其正，动而或生其妄，则妄之已成，而心亦随之以邪矣。古之欲正其心者，必先于动意有为之几，皆诚于善，而无一念之不善夺其本心焉"③之意。再次，看诚意与致知的关系。对此，王夫之说："乃意者忽发者也，而意所未发之始，几可素审，则知是已。发而乍欲其善，预未有以知其不善，则著之不明，而意亦惑于所从出矣。古之欲诚其意者，必先于善恶可知之理力致其辨，而无一理之不明，引意以为妄焉。"④他认为诚意作为工夫固然是"以诚灌意"，但在"以诚灌意"的过程中，尤其是在意尚处于初几的将发之际，应当以致知作为补充工夫去审察其意是否合于理、达于善。最后，看致知与格物的关系。对此，王夫之说："而古人之致知，非虚守此虚明之体而求白也，非一任吾聪明之发而自信也，以为凡吾之理皆一因乎万物固然之理，则物物有当然之则；凡天下之物接于吾身者，皆可求其得失顺逆之则，以寓吾善恶邪正之几，故有象可见，有形可据，有原委始终可考，无不尽吾心以求格，则诗书礼乐之教，人官物曲之事，皆必察焉，而大学之为学，于斯焉极矣。"⑤致知固然是致其知善知恶之知，但知善知恶之知并非是空守此本体之良知，而是必须在经验中去检验此知，所以在致知时需要以格物为工夫去完善致知工夫。以上所论，即是王夫之所谓"八条目各尽其事"及"前一条目须以后一条目来完成"的观念。

---

① 《四书训义》，《船山全书》第 7 册，第 47—48 页。
② 《四书训义》，《船山全书》第 7 册，第 48 页。
③ 《四书训义》，《船山全书》第 7 册，第 48 页。
④ 《四书训义》，《船山全书》第 7 册，第 48 页。
⑤ 《四书训义》，《船山全书》第 7 册，第 48 页。

不过，由上述观念推衍下去，则会发现：何以在论述格物与致知关系时是"致知在格物"，而不是"欲致其知者，先格其物"？对此，王夫之有一定的解释，他说："致知在格物变文言'在'者，以若云先格其物，则'其'字不妥；若云'先格物'，又不成句耳。"①若不说"致知在格物"，则只能说"先格其物"或者"先格物"，但王夫之否定两说。关于第一说，王夫之认为会产生"其"字所指不清的弊病。这是因为，在《大学》"欲……先……"的论述中，在一般的解释上，"其"字指做工夫的主体。但若依循此说，则"格其物"的"其"字的确很难以"主体"来指称。关于第二说，王夫之认为，在"致知在格物"之前，都读为类似的"先致其知"、"先诚其意"等，若读为"先格物"则显然与前面的句式不一致，即所谓"又不成句耳"。不过，王夫之的解释并未从根本上直接说明何以要用一"在"字，只是间接地批判另外两种读法的不可取。其实，若直接以他解释八条目之关系的观念来说明，则更为可取。依王夫之的观念，之所以说"致知在格物"，是因为"推致吾心之知是知非"最终需要落实在事物上去判定所知的是非。在这一解释中，"在"字的意义是在物上（即格物）去判定其知的是非。此说本身就有"在"的意思。

当然，以上的分析是由修身开始论述的，而对于齐家、治国、平天下则尚未论及。这是因为王夫之对三者关系以及三者与前五条目的关系之解释，并非是按照朱子、阳明、蕺山的本末之说去理解的，而是另赋新意。

二、"理可通而事有异"的内圣外王之道

如前所论，朱子、阳明、蕺山都是按照朱子所提出的"本末"来理解修身、齐家、治国、平天下之间的关系。王夫之所论与此不同，他认为应当从"理"与"事"两个方面来看待齐家、治国、平天下及其与修身的关系，指出从"理"的角度来看，齐家、治国、平天下之理都是由修身而来，因此，可以说"理"上相通；但从"事"的角度来看，他认为齐家、治国、平天下各有其事，因此，可以说是"事上有异"。"事上有异"的说法，显然是贯彻其"八条目各自作为工夫"的观念②。一言以蔽之，王夫

---

① 《四书笺解》，《船山全书》第 6 册，第 112 页。
② 严格来讲，齐家、治国、平天下并不能以工夫来论述，因为工夫是人人可做的，而治国、平天下显然并非人人所能从事。

之对齐家、治国、平天下关系的理解是"理可通而事有异"。此外，按照一般的理解，《大学》的修身、正心、诚意、致知、格物被称为"内圣之学"，齐家、治国、平天下则被称为"外王之学"，而八条目的关系则被看作内圣与外王的关系。但在朱子、阳明、蕺山等宋明儒的诠释中，外王之学都是由内圣之学决定的，或者说外王实际上只是内圣之道德修养的延续和拓展。王夫之提出齐家、治国、平天下三者是"事有异"，那么是否意味着他对传统的内圣与外王之关系有所突破呢？

先看王夫之对齐家、治国、平天下三者的论述。关于"齐家"，王夫之说：

> 乃《经》所谓"齐家在修其身"者，何也？盖施教而教行，必先正吾之好恶，以处家人之美恶。好恶明而家人皆喻吾之情，然后可使家之人革其恶而增其美，以成吾教也。①

在王夫之看来，"齐家"即指"立德教"。由于齐家是关联着修身来说的，因此，"立德教"乃是由修身而来。具体而言，他认为人先须自明其好恶，从而使得家人亦可知晓何谓正确的、合理的好恶，从而可以据此以革去旧染之污。足见，所谓"齐家"指的是先以德行彰显自己的德性，从而使得家人可以效法其德行。就个人的德性彰显而言，从王夫之的"齐家自有教义之道，至下章孝弟慈始见"②的论述来看，无疑是以孝、悌、慈三者为主。而对于治国、平天下，王夫之认为二者不同于齐家，而是另有特定的事项。他说：

> 若平天下，自有命德讨罪、省方问俗、柔远能迩之政，皆可不言；亦犹第八章不言教家，第九章不言散财用人也。③

> 絜矩之道、忠信之德、外末内本、以财发身、见贤先举、远退不善，凡此节治国之大经，而可通之于天下者也。若平天下之事，则自有命德讨罪、制礼作乐之大政，要亦可以此通之。④

---

① 《四书训义》，《船山全书》第7册，第72页。
② 《四书笺解》，《船山全书》第6册，第120页。
③ 《四书笺解》，《船山全书》第6册，第122页。
④ 《读四书大全说》，《船山全书》第6册，第436页。

王夫之认为，治国之事包括散财用人、絜矩之道、忠信之德、外末内本、以财发身、见贤先举、远退不善等内容；平天下之事包括命德讨罪、省方问俗、柔远能迩之政、制礼作乐等内容。并且，他指出治国之事可以通于平天下之事。这意味着，治国所用的具体方法、大经，在平天下中仍需使用或遵循。但是王夫之又指出，平天下之事的命德讨罪、制礼作乐等，是治国之事所未含的。足见，齐家、治国、平天下三者，从"事"上来看，是全然不同的。此即所谓"事有异"。

此外，王夫之认为三者还有"政"、"教"的不同，他说："齐家恃教而不恃法，故立教之本不假外求。治国推教而必有恒政，故既以孝弟慈为教本，而尤必通其意于法制，以旁行于理财用人之中，而纳民于清明公正之道。"[1]在王夫之看来，齐家只可以从"教"来论述，而治国则既可以从"教"又可以从"政"来论述。所谓"教"，指道德的教化或教养；所谓"政"，主要指包括法制、理财用人之道等治国的方法。从王夫之"曰：'此谓国'，初未言及天下。盖以言国与天下所同然之理，治平一致之道，则言国而天下在其中"[2]的论述来看，他认为治国与平天下之道都包含了政、教两个方面。足见，就齐家、治国、平天下三者而言，虽然从"事"上说三者存在差异，即"事有异"；但从"教"的角度而言，三者显然是一贯的。并且，王夫之还提出了"理可通"或曰"理同"的观念来解释三者的一贯，他说：

> 夫家国不同，而齐之治之者，同此身也，同此修身以齐之治之也。其所以教家国者，同一理也，同一心也。故修身者，以同然之心、同然之理而修之，则家之人、国之人谁无此心，谁无此理，而有不效之者乎？[3]

> 家与国不同，而教同也；国与天下不同，而政同也。其教同者，立教之本同也；其政同者，出治之本同也。而政与教不同而理同也。其理同者，人心之顺逆、天理之存亡同也。[4]

---

[1] 《读四书大全说》，《船山全书》第6册，第438页。
[2] 《四书笺解》，《船山全书》第6册，第122页。
[3] 《四书训义》，《船山全书》第7册，第76页。
[4] 《四书训义》，《船山全书》第7册，第87页。

在王夫之看来，虽然齐家是以立德教为内容，治国又有理财用人等不同于齐家的内容，且平天下又有不同于治国的内容，但三者作为为政的事务却有共同的对治对象——身。在一定的意义上，修身本应是个体的自觉工夫，但个体必然在公共社会中存在，因此，若个体未曾自觉修身时，王夫之认为就需要发挥齐家、治国、平天下之政，以促成其修身①。这样看来，在对治身、修身上，齐家、治国、平天下三者是一致的。并且按照宋明儒学的一般理解，修身作为工夫，必然有其形而上学的根据。王夫之显然持此种观念。他不仅认为修身有其本，即便是政教亦有其本，并将此"本"规定为同然之心、同然之理。换言之，在王夫之的解释中，无论是修身还是齐家、治国、平天下，其目的都是为了恢复人之德性。而这一德性恰好就是政、教的根源。因此，他认为齐家、治国、平天下的政、教之别都可以相通。此即所谓"理同"。总之，齐家、治国、平天下三者的关系是"理可通而事有异"。王夫之此说显然已经超出朱子、阳明、蕺山的"本末"说，并且隐含了对儒学"内圣外王"问题的突破。

关于"内圣外王"问题，牟宗三先生有高度的概括。他说：

> 此"心性之学"亦曰"内圣之学"。"内圣"者，内在于个人自己，则自觉地作圣贤工夫（作道德实践）以发展完成其德性人格之谓也。"内圣外王"一语出于《庄子·天下》篇，然以之表象儒家之心愿实最为恰当。"外王"者，外而达于天下，则行王者之道也。王者之道，言非霸道。此一面足见儒家之政治思想。②

依牟先生之见，所谓"内圣"指的是道德修养，在儒学中主要表现为"心性之学"的工夫论；而"外王"则是指在外于个人的公共社会中实现王道政治，在儒学中主要表现为儒学的政治思想。以牟宗三先生的此一观念套在《大学》中来看③，《大学》的格致诚正修五者应当是指"内圣之学"，

---

① 当然，这一意义上的修身并非严格意义上的修身，因为就"政"这一角度而言，显然是包括刑法于其中的。因此，"政"是一种强制行为，与修身的自觉行为是不同的。但是王夫之从效果上认为这仍属于修身的范畴。这也说明，王夫之始终还是坚持了内圣独外王的决定作用。这一点将在下文中加以讨论。

② 牟宗三：《心体与性体》上，上海：上海古籍出版社，2007年，第4页。

③ 需要说明的是，牟宗三先生的这一区分基本没有问题，当然亦可作更深入的研究。但此处意在讨论王夫之在《大学》诠释中所涉及的"内圣外王"问题，因此只须依据牟宗三先生上述的简单界定即可。

而齐治平三者则是指"外王之学"①。然而在《大学》诠释以及儒学的内圣外王问题中，内圣与外王的关系问题一直存在争议。按照朱子、阳明、蕺山的解释，外王之学仅是内圣学的延伸，只是将内圣之学推至于外即是外王之学。进一步说，内圣对外王具有决定作用，外王几乎没有独立的地位，只是内圣的附庸。而按照劳思光先生的意见，这一问题并非仅仅是因为朱子、阳明、蕺山的诠释而产生的，而是根源于儒学本身②。然而诚如上文所分析的，王夫之对八条目之关系，尤其是对属于外王的齐家、治国、平天下三者关系的论述，显然不同于朱子、阳明等传统宋明儒的解释，那么是否意味着王夫之对内圣外王问题有了全新的解释呢？

就对《大学》的诠释而言，相对于朱子、阳明等儒者的解释，王夫之对《大学》所蕴涵的内圣外王问题的解释的确具有一定的新意。如前所论，在论述八条目关系时，王夫之认为"八条目各自作为工夫"。这意味着代表外王的齐家、治国、平天下三者同样具有独立的意义，而不再是像朱子、阳明一样仅仅作为内圣之学的附庸、延伸。并且，王夫之极为重视这一观念。说明在王夫之的意识中，他显然认为外王之政、教不同于内圣的道德修养。至少可以说，王夫之不再认为外王是由内圣所决定的，而是具有相对的独立性。并且他从政、教的不同，对外王的具体方法、内容作了明晰的界定。而就其内容而言，显然已非道德修养所能概括、限定。这些都说明，相较于其他宋明儒而言，船山对内圣外王问题的思考已有极大突破。当然，诚如劳思光所言，王夫之并未真正解决"客观化"问题③，即并未真正建立起完全独立的外王学。这一点，在《大学》诠释上亦有体

---

① 当然，这一说法只是大致的界定。并且"修身"这一条目由于在不同的诠释中意义不同，因而既可归于内圣又可归于外王。如王夫之以修身为齐家的补充工夫，显然与外王有关；而朱子、阳明等人的解释则将修身仅仅视为内圣的工夫之一，即以修身为内圣之学。
② 劳思光先生将"内圣外王"问题概括为"客观化"的问题，按照劳先生的理解，"客观化"应当是"主体性"的"客观化"，因此有相对于"主体性"的独立意义。同时他也强调一定要先建立"主体性"，方能建立"客观化"。因此，劳先生认为即便是荀子亦未建立起真正的"客观化"。由此，劳先生指出儒学的传统是只重视"主体性"而完全忽略"客观化"，可以说"客观化"的缺失是儒学所固有的问题。参见劳思光：《新编中国哲学史》三卷下，桂林：广西师范大学出版社，2005年，第386—395页。
③ 当然，劳思光先生之所以认为王夫之并未解决"客观化"问题，并非是因为王夫之没有提出"客观化"的具体架构，而是因为王夫之并未建立起"主观性"。劳先生的看法就其一贯主张而言，的确可以自圆其说。参见劳思光：《新编中国哲学史》三卷下，桂林：广西师范大学出版社，2005年，第579—581页。

现：其一，按照王夫之对八条目关系的理解，虽然八条目各自作为工夫是独立的，但他同样强调后一条目是对前一条目的补充、完成，因此，外王的齐、治、平三者显然不能完全脱离内圣的格、致、诚、正、修五者；其二，王夫之认为齐家、治国、平天下的"理"是相通的，而这一理显然来源于格物穷理及致知所得，因此，齐治平三者仍然与内圣之学相关。总之，王夫之对《大学》诠释所内含的内圣外王问题的讨论，既有超越前贤之处，同时又在一定程度上同于前贤所论。

综上，已对王夫之的《大学》诠释作了分析。具体而言，首先对王夫之《大学》诠释的特点及"《大学》乃为学之方"说作了讨论。与上章所述的刘宗周之诠释一样，王夫之的诠释也有一个历史过程。但与刘宗周的诠释不同的是，王夫之并未形成两种或多种不同的诠释，其观念在前后期并未发生明显的变化。当然，王夫之的诠释同样有其特色，主要体现在对朱子《大学》诠释的态度之变化上。在早期的《读四书大全说》中，王夫之对朱子的某些解释多有批评；在后期的《四书训义》、《四书笺解》及《礼记章句》中，王夫之更加信任朱子的解释，在早期所批判的一些看法已不存在。基于王夫之诠释的这一特点，本书进一步概括出其诠释的特点是对朱子诠释的修正。当然，王夫之还在整体上对《大学》作了界定，认为它并非是对"大人之学"的事实描述，而是在阐释如何成就"大人之学"的方法之学。其次，详细阐述了王夫之有进于朱子的地方。在概念上，王夫之对明德、格致、正心、诚意的解释显然有别于朱子，体现了其对朱子诠释的修正这一特质。就对"明德"的解释而言，王夫之批评朱子从心性两个角度来解释，认为只能从心的角度来解释同时他还指出，明德包含了身、心、意、知之德，从而与"明明德"所包含的修身、正心、诚意、致知、格物更为一致。就对"格致"的解释而言，王夫之的最大特点在于调和朱子、阳明的解释。在王夫之看来，人要完成其德行以成就德性，需要两个方面的知识：一是关于为什么须要实行德行的德性之知，一是如何成就德性的实践之知。并且他指出，前者是以内在反思为主的致知工夫，后者是以穷究事物之理为主的格物工夫。显然，按王夫之的解释来看，前者接近于阳明的致良知，后者就是朱子的格物。因此，通过赋予两种知识不同的界定与作用的方式，王夫之对朱子、阳明的格物致知说作了一定的调和，提出了著名的"格致相因"说，认为格物和致知是相互依存的、不可或缺的两种工夫。就对"正心"的解释而言，王夫之认为正心之心应当是可善可恶的实然之心，而不是统性情的本心。并指出，正心之心实际上就是孟子的志心，正心的工夫就是持志，即持守其合于道、义之志。就对诚意的解释而言，王夫之首先批评了以往对于"毋自欺"、"自谦"中"自"的解释，认为"自"就是持志的志心。基于这一解释，他将诚意解释为"以诚灌意"，指的是将持志的志心贯彻于意而直至于行中。最后，王夫之对朱子论八条目之关系作了修正，集中体现在对修身与齐家、治国、平天下的关系上。在王夫之看来，修身与齐家、治国、平天下不是本末的关系，而是"理同而事异"的关系。他认为，由于修身、齐家、治国、平天下的对象都是身，所以四者在原理、根据上是一致的。但四者的方法、途径却绝对不同。这就是"理同而事异"说。当然，除此说之外，在八条目之关系的解释上，王夫之通过对"先"、"后"的辨析，更加强调"八条目各自作为工夫"这一观念。他之所以重新解释格物致知、诚意及正心，实际上都是对这一观念的落实。

第四章

陈确的《大学》诠释

陈确的《大学辨》，无论是在明清之际儒学的发展，还是在《大学》诠释史上，都具有重要意义。其中，最为根本的是，其标志着宋明儒学的转向，即由宋明的以心性之学为主的义理学，转向清代的以训诂为主的义理学。并且，《大学辨》所采用的方法，被学者视为在方法上开启了清代的考据学[①]。因此，陈确的《大学辨》一直为学者所重视，成为研究陈确哲学或思想所必须讨论的问题。就本书的主题而言，理所当然要讨论陈确的《大学辨》。

第一节 陈确哲学的为学宗旨重探及辨《大学》的缘由

《大学辨》的目的是辨《大学》非圣经，亦即从根本上否定《大学》的儒家经典地位。因此，与一般的《大学》诠释不同，它是从否定的角度去看待《大学》的。既然是否定《大学》，那么否定它的缘由就值得研究。从根本上讲，陈确之所以否定《大学》，无疑是认为《大学》不符合他的哲学观念，即《大学》的思想与陈确的为学之道或者为学宗旨相悖。

---

① 如余英时先生即持这样的看法，参见余英时：《论戴震与章学诚——清代中期学术思想史研究》，北京：生活·读书·新知三联书店，2012年，第346页。

由此，为深入探析陈确辨《大学》的缘由，需要先对陈确的为学宗旨有所了解。

一、为学宗旨：重行、重践履的"孔孟之道"

依劳思光先生之见，每一位哲人都有一个基源问题，即每一位哲人都以对某一基源问题的回答来构建思想系统[①]。基于劳说，笔者以为，哲人的基源问题用概念或者命题的形式表达出来即是其为学宗旨。无疑，为学宗旨应当在哲人论学的各个方面都有所体现。如果其哲学对其他哲人的哲学加以批判时，他所采用的批判标准就与为学宗旨紧密相关。基于以上认识，我们即可展开对学界较少关注的陈确哲学的为学宗旨或者基源问题的探讨。

大致而言，明清之际儒学既有崇尚程朱理学的东林学派以及张履祥等，亦有主张对王学加以修正的刘宗周、黄宗羲、孙奇逢、李颙等，还有主张复兴经学的顾炎武、费密、张尔岐等[②]。各种思想的交汇必然会引发一个根本性的问题，即各种思想都认为自己是儒学的正统，那么儒学正统究竟是什么？以往诸家的争论，都是在宋明儒学的视域内去争论程朱、陆王之学何者为正统，那么在程朱、陆王之学以外，是否有更为根本的儒学正统呢？宋明儒学与先秦儒学的孔孟之道是否有所区别呢？面对上述诸问题，陈确提出以孔孟之道作为儒学正统的标准。以此正统观为根据，陈确对程朱、陆王的本体论、工夫论及人性论等方面展开了双向批评；并且对程朱、陆王所聚讼不已的《大学》作了彻底的批评，指出《大学》的思想与孔孟之道相悖。可以说，在论学的各个方面，都可以看出陈确时刻以孔孟之道来展开讨论。因此笔者以为，陈确的为学宗旨应当就是回归孔孟之道[③]。

粗看陈确论学的主要作品——《大学辨》、《性解》、《气情才辨》、《气

[①] 参见劳思光：《新编中国哲学史》一卷，桂林：广西师范大学出版社，2005年，第10—12页。
[②] 将明清之际学术思想划分为以上几个派系，为梁启超、郑宗义以及汪学群等先生所提出。参见梁启超：《中国近三百年学术史》，北京：人民出版社，2008年；郑宗义：《明清儒学转型探析——从刘蕺山到戴东原》，香港：香港中文大学出版社，2000年；汪学群：《明代遗民思想研究》，北京：中国社会科学出版社，2012年。
[③] 需要指出的是，所谓"孔孟之道"，只是陈确的看法，并非真正意义上的完全同于孔孟哲学。当然，为论述之便，本书依据陈确自述仍以"孔孟之道"称之。

禀清浊说》及《无欲作圣辨》等——即可发现，陈确赞述最多的或者说论学的标准实际上是孔孟之道。先看《大学辨》。詹海云曾对陈确作《大学辨》的原因有所讨论，他认为陈确辨《大学》的原因之一就是"《大学》非孔孟之道"①。这一点，在《大学辨》中体现得极为明显，如在《与吴裒仲书》中，陈确说："长夏无事，又构得《性解》数篇，其狂癖复不减《大学辨》，然不敢不一正吾兄。嗟乎！孔、孟之道，将以公之天下万世，绝非一人之所得私。"②陈确认为他之所以作《大学辨》、《性解》等文，只是为了彰显孔孟之道。因此，孔孟之道才是陈确论学的标准所在。这一点，亦可从他辩解《大学》的具体内容中看出。在论述自己何以主张先正心于格致时，他说：

> 故弟之意若曰：欲诚其身者，先正其心。此非弟之臆说也。孟子曰"心之官则思"，《洪范》曰"思曰睿，睿作圣"，此其旨也。子曰："吾十又五而志于学。"只学则心正矣，而后有立、不惑、知命之可言。至于耳顺，从心而化矣，惟至诚为能化也。此正、诚之说也。又曰："志于道。"志道则心正矣，而后有据德、依仁、游艺之可言。据之依之，而亦诚矣。此又正、诚之说也。③

引文旨在批判《大学》的"欲正其心者，先诚其意"。在具体的分析何以《大学》所言不当时，为证明其说法的可靠，陈确在这一简短的论证中两引孔子之说、一处引用孟子之说。这说明，孔孟之言或者孔孟之道在他看来是最具权威的。由此可见，他非常自觉地以孔孟之道为判断的依据。如果接受道统论的话，陈确的道统应当只在孔孟之道。

其次，看《性解》、《气情才辨》等文献。在《大学辨》大约三四年之后，陈确写成《性解》、《气情才辨》等文。这些文献更为集中地体现了陈确以孔孟之道作为为学宗旨的观点。《性解》是围绕着孔子的"性相近"和孟子的"道性善"来展开论述的，其特色在于：将孔孟的人性论关联在一起，以孟子的性善说来解释孔子的"性相近"说，并且指出孔孟的人性

---

① 参见詹海云：《陈乾初大学辨研究——兼论其在明末清初学术史上的意义》，台北：明文书局，1986年，第67—89页。
② 陈确：《大学辨·与吴裒仲书》，《陈确集》下，北京：中华书局，2009年，第578页。
③ 陈确：《大学辨·答沈朗思书》，《陈确集》下，北京：中华书局，2009年，第574页。

论才是儒家人性论的正统,后儒的人性论都是对此一正统的背离。他说:"孟子而后,性学日淆。至于濂、洛,庶几复旦,而所谓刚柔善恶,气质义理之说,去告子所见,不甚相远。诸子言虽人人殊,要不离二家近是,而告子独擅宗风矣。至云'才说性便已不是性',更不解是何语。嗟乎!世流愈下,论益怪幻,我孔、孟之旨何由复明于天下哉!而吾儒之学,何以大别于二氏哉!"①显然,陈确认为只有孔孟的人性论才是正统,后儒的人性论不仅与此相悖,且与佛老二氏之学相杂,从而使得他视为唯一正统的孔孟之道不能光复于天下。质言之,陈确认为儒学正统只在孔孟之道,而他的哲学亦是对孔孟之道的接续。因此可以说,陈确的为学是以孔孟之道为旨归。

仅就命名《气情才辨》而言,即可看出陈确对孟子的推崇。因为在陈确所能见到的先秦乃至整个儒家文献中,只有《孟子·告子上》将性、气、情、才等概念置于一起来加以讨论②。并且就《气情才辨》的内容而言,它是借助孟子性善之说以阐释他的"性善即气情才之善"的观念③。足见,在文献及概念的传承上,陈确始终都以孟子为前提、标准以及根据。并且在该文结尾,他说:"甚矣,诸子之巧于灭性也!虽张子谓'学先变化气质',亦不是。但可曰'变化习气',不可曰'变化气质'。变化气质,则变化吾性也,是杞柳之说。在孟子则曰'善养',曰'无暴'耳。使诸儒学识更出孔、孟之上,则吾有所不敢知;若犹未也,请一衷于孔、孟之言。"④陈确指出,后儒的人性论都是对人性论的毁灭。他所认定的真正的人性论就是孔孟的人性论,所以他指出如果未能确定后儒的人性论是否符合正统时,应当以孔孟的人性论为准。毋庸置疑,陈确此论的根

---

① 陈确:《瞽言二·性解上》,《陈确集》下,北京:中华书局,2009年,第449页。
② 需要说明的是,此处仅是指在《孟子·告子上》中孟子在论述人性论问题时关联着性、情、才、气,但并非指陈确的解释就是孟子之意。郑宗义先生对此曾作详细辨析,参见郑宗义:《明清儒学转型探析——从刘宗周到戴东原》,香港:香港中文大学出版社,2000年,第211页。
③ 关于这一问题,研究陈确哲学的郑宗义、王瑞昌、申淑华及汤建荣诸贤都有讨论。但诸贤在论述时,有些论述过于信任陈确哲学,几乎未对陈确的解释与孟子之本意作出区分。这不免使陈确之学未得彰显。参见郑宗义:《明清儒学转型探析——从刘宗周到戴东原》,香港:香港中文大学出版社,2000年,第211页;王瑞昌:《陈确评传》,南京:南京大学出版社,2002年,第292—302页;申淑华:《素位之学——陈乾初哲学思想研究》,北京:中国社会科学出版社,2012年,第78—82页;汤建荣:《陈乾初哲学研究——以工夫实践为视阈》,昆明:云南大学出版社,2010年,第107—119页。
④ 陈确:《瞽言三·气情才辨》,《陈确集》下,北京:中华书局,2009年,第454页。

据仍是孔孟之道。

当然，不仅在上述三种极为重要的著作中是如此，即便在同时或稍后的文献中，亦随处可见陈确以孔孟之道裁定诸家学说。在《原教》中，关于人性问题，陈确以孟子之说裁定宋儒诸说，他说："盖孟子言性必有工夫，而宋儒必欲先求本体，不知非工夫则本体何由见？孟子即言性体，必指其切实可据者，而宋儒辄求之恍惚无何有之乡……且不有孔、孟之言，又何有阳明之言乎！"①显然，在人性论上，陈确仍然坚持孟子所论，而反对宋儒之说。说明在孟子与宋儒之间，他以孟子为准。可以说，陈确所认定的儒学正统就是孔孟之道。这一现象，在《子曰性相近也》、《无欲做圣辨》及《学解》等文献中亦大量存在。在此，不予一一列举。总之，就自觉意识而言，陈确自认为是接续孔孟之道的，亦即以孔孟之道作为为学宗旨。

并且，在陈确的著作中可以很明显地发现，他对程朱、陆王都展开了批评，而不是坚守理学或心学的派系。他是自觉地跳出程朱、陆王的理学与心学之争，并希望以孔孟之道来重建儒学。他说：

> 学何尝废准绳，要以孔、孟绳诸儒，则曲直立见。弟至愚陋无知，然所言皆朴实有据，非泛说者。亦岂敢云独得之见，要只奉孔、孟为规矩准绳而已。故知陆、王之得，亦未始不知陆、王之失；知程、朱之失，亦未始不知程、朱之得也。②

> 嗟乎！学至于孔、孟，可以已矣；书至于《论》、《孟》，可谓有证矣。而犹以为未足，而无端举两千余年无证据之《大学》，而强以为圣经，而尊之《论》、《孟》之上，则喜新立异之讥，在程、朱固无以自解于昔日矣。③

程朱、陆王的理学、心学之争，自朱陆之争开始，一直是学界划分宋明儒学的重要标准之一④。正是基于这一判分，学者对明清之际儒学的流派之

---

① 陈确：《瞽言四·原教》，《陈确集》下，北京：中华书局，2009年，第457页。
② 陈确：《大学辨·答张考夫书》，《陈确集》下，北京：中华书局，2009年，第602页。
③ 陈确：《大学辨·答沈朗思书》，《陈确集》下，北京：中华书局，2009年，第575页。
④ 关于学界对宋明儒学派系的划分问题，参看本书第一章第二节的论述。

划分就有"阳明学派之余波及其修正"、"程朱学派及其依附者"二者①。足见,在明清之际的儒学中,理学与心学之争是一个重要的问题。然而陈确却并未参与此一争论之中,而是提出了一个更为根本的问题——以程朱、陆王为代表的宋明儒学是否属于儒学或曰是不是纯粹的儒学。陈确认为,由于程朱、陆王等的宋明儒学夹杂了佛老之学,因此,已与孔孟的儒学或者孔孟之道有了相当的差异。所以,他提出了评判儒学的全新标准,即以孔孟之道作为儒学的唯一标准。当然,陈确自认其学是符合此正统的儒学,所以他说:"亦岂敢云独得之见,要只奉孔、孟为规矩准绳而已。"据此,他进一步指出,为学当以孔、孟的《论语》、《孟子》为准即可,强烈批判宋明儒将非孔孟经典的《大学》置于《论语》、《孟子》之上。总之,陈确是以孔孟之道自居的,亦即以此作为为学宗旨。

综上可知,陈确之学的确是以他所理解的孔孟之道为主旨。然则他所理解的孔孟之道为何呢?对于这一问题,可以从学者对陈确哲学之特征的概括来展开讨论。综观诸家对陈确之学的评定可以发现,他们一致认为陈确有重视行、重视践履的特质②。王瑞昌先生虽然肯定了陈确之学仍属于心学一系,但认为其学是"偏霸"的心学,并指出其学有"崇实尚质"的特质。关于"尚质",他说:"陈确之'尚质',表现在:重力行,不重理论上的思辨讲解;重在日用中体道,不喜冥思玄想工夫;重道学之实质内容,厌恶虚文铺张。"③王先生对于陈确的"尚质"之解释,显著的一点是重行、重践履。申淑华以"素位之学"作为陈确哲学的主旨,她指出素位之学的一大特点是重视行、实。她说:"换言之,素位之学的特点即是

---

① 这一分派由梁启超首倡,得到汪学群等先生的响应与发挥。参见梁启超:《中国近三百年学术史》,北京:人民出版社,2008年,第45—59、110—119页;汪学群:《明代遗民思想研究》,北京:中国社会科学出版社,2012年,第15—310页。
② 此处需要特别说明的是,所谓重行、重践履与重工夫是有极大差异的。重工夫固然包含重行、重践履,但重行、重践履却不一定包含重工夫。所谓行、践履指的是对某一原则的实行与践履,如对道德原则的实行、践履等,它强调的是必须在经验中加以实践。就道德哲学而言,就是强调一定要在日用伦常中践行其道德原则。所谓工夫的确包括在经验中实践这一层面的涵意,如阳明特别强调致良知一定要在格物上落实,朱子所谓"诚意作为行之始",即是这一层面的涵意。但工夫并非仅限于这一层面,它还可以包括明道的"识仁"、杨时—李侗的观未发前气象、五峰的涵养等,这些工夫似乎均不在日用伦常中去展现,而是直面本体,作一超越的逆觉之证悟。因此,不能说重工夫就是重行、重践履。而在陈确的论述中,虽然有所谓的"正心"的工夫,但他更多的是强调重行、重践履,下文将有详论。
③ 王瑞昌:《陈确评传》,南京:南京大学出版社,2002年,第433页。

'实'与'时'。"并指出:"由上可知,陈确所谓'实',主要包含以下几层意思,首先是理论之实,即非空谈心性,而是要求理论有依据,有切实的内容。其次是工夫之实。陈确特别强调王阳明的知行合一,其目的就在于强调实行。最后是效果之实。无论是人性论还是礼仪内容,陈确都突出工夫之后的实在结果……所以,陈确素位之实可以用实理、实行、实效或实用等概念来界定。"①其实,申氏所概括的这些特点,都必须落实在实行上,即由行以落实。此即意味着,素位之学的特点是重行、重践履。在总结陈确之学时,汤建荣指出:"笔者认为陈确之学并未脱离宋明儒学传统,仍然属于心学一系,而是理学的重要补充与发展。即陈确之学是对宋明儒学'形上玄远'理论的扬弃,而注重力行笃实之工夫,力主回复到孔、孟儒学,有别于程、朱与陆、王的力行实践学说。"②汤建荣所谓"陈确重视'力行笃实'",笔者以为就是重行、重践履。这样看来,就研究者的一致观点而言,重行、重践履的确是陈确哲学的一大特质。若结合上文所述的陈确哲学是以孔孟之道为宗旨来看,则可以说陈确的为学宗旨是重行、重践履的孔孟之道。笔者以为,至少可以从以下三个方面来论证这一观点。

首先,从陈确的知行观来看其重行、重践履的为学宗旨。自朱子在《大学》诠释中提出知行问题之后,这一问题一直是宋明儒所必须关涉的问题。针对朱子的"知先行后"说③,阳明提出了以致良知为基础的"知行合一"说。陈确服膺阳明之说,认为"阳明'知行合一'之说,决可与孟子性善同功"④。对于陈确的"知行合一"说,汤建荣有详细而允当的分析。他认为此说可以从三个方面来理解:其一,"行"是"知"的前提,是认识的基础。亦即离开"行"即无"知",知必须在力行实践之后才可能得到。其二,就知行关系中的标准问题而言,应当以实行作为检验的标准。其三,就知行的过程而言,可以称为"如环无端"。其要义是,

---

① 申淑华:《素位之学——陈乾初哲学思想研究》,北京:中国社会科学出版社,2012年,第34页。
② 汤建荣:《陈乾初哲学研究——以工夫实践为视阈》,昆明:云南大学出版社,2010年,第290页。
③ 需要说明的是,所谓朱子的"知先行后"说,只是阳明的认定,并非朱子即持这一观念。关于这一问题,陈来先生已经有详细分析。参见陈来:《朱子哲学研究》,北京:生活·读书·新知三联书店,2010年,第363—377页。
④ 陈确:《大学辨·与刘伯绳书》,《陈确集》下,北京:中华书局,2009年,第576页。

"知"必须在行中才有所谓"知","行"又在"知"的指导下去"行",从而知行不断推进,无有始端与终点①。从汤氏所概括的陈确的"知行合一"说来看,其实它与阳明的"知行合一"说已经有了根本区别:阳明的知是指良知,是作为本体而可以自存的;陈确的知则显然只是在经验中的知,即良知之呈现于事中的具体的善之行为,只能说是本体之发用,而绝非本体自身。但陈确之所以强赋己说于阳明之说,实则是欲借阳明的"知行合一"说以强调行。显然,就汤氏所论而言,在知行观中,陈确无疑更加强调行。

其次,从本体与工夫的关系看陈确之重行。关于陈确的本体与工夫之关系问题,申淑华与汤建荣有详细论述。申淑华将陈确论本体与工夫之关系概括为三点:其一,陈确排斥"本体"二字,认为二字系"宋儒从佛氏脱胎者";其二,陈确在本体—工夫上,有化本体为工夫的特点;其三,心外没有工夫,工夫即本体,无工夫亦无本体,非工夫则本体无由见②。其实,申氏的上述观点可以概括为一点,即陈确主张即工夫以言本体,排斥专论本体。不过,学者亦有不同意见。虽然同样认为陈确是即工夫以言本体,但汤建荣认为陈确提出了性善本体的概念③。就二人的意见而言,共同之处在于,认为陈确主张即工夫以言本体。不同之处在于,申氏不认为可以专言本体,即反对在工夫之外设定本体;而汤氏则认为陈确还是设定了性善本体。就申氏所论而言,既然陈确排斥专言本体,并主张即工夫以言本体,那么自然是强调工夫的行的一面。由此可以说,陈确哲学具有重行的特质。不过,对于汤氏的观点,则须加以辨析。

汤建荣从四个方面来论证陈确持性善本体的观念:其一,"陈确首先肯定,'性即是体,善即是性体'。此'性体'是人人生而本有、先天具足的,即使人们修养达到圣人之境,对此性体也未增加一丝一毫,'虽圣乎,于人之性曾无毫末之加焉'。反之,恶人之性同样是本于此'性善之

---

① 汤建荣:《陈乾初哲学研究——以工夫实践为视阈》,昆明:云南大学出版社,2010年,第211—220页。
② 参见申淑华:《素位之学——陈乾初哲学思想研究》,北京:中国社会科学出版社,2012年,第24—25页。
③ 汤建荣:《陈乾初哲学研究——以工夫实践为视阈》,昆明:云南大学出版社,2010年,第68—88页。

体',即恶人也不因其作恶而使此性体减损一丝一毫。"①其二,性本于天,性体具有超越性②。其三,陈确论"性善本体"的超越性正是继承其师刘宗周的"独体"而来③。其四,由"本体即工夫"以论证性善本体④。就此四点而言,第二点与第三点基本一致,只是指出性体是继承其师的"独体"而来。因此,在接下来的辨析中将放在一起讨论。

先看第一点。汤氏的论述是从圣人与恶人均不能改变此性善之本质,来证明人人具有性善本体。这一论述看似合理,实则只能证明性善具有普遍性。本体当然具有普遍性,但不能由某一事物具有普遍性来证明它即是本体。如人人都是饿而求食,但绝无哲人将此视为本体。一般而言,本体之为本体,除具有普遍性外,还必须具有超越性。这一点汤氏似乎也注意到了,所以他继而论证了性善的超越义。这就涉及汤氏论证的第二、三两点。其论证性善的超越义所依据的主要文字见于陈确的《讲义·尽心章》中,原文为:

> 故有所谓性为天所命者,非推高之词也,正欲合言之而使学者反求诸幽独之地焉耳。而时士不察,遂谓学不知性,则无以明吾心之体量;不知天,则无以见吾性之本原。于是言性者纷纷,言天者亦纷纷,而说何从定哉!吾他日亦尝言天矣,曰"物必有则",而世犹疑。他日又尝言性矣,曰"人无不善",而世愈疑。呜呼!其亦弗思而已矣。⑤

汤氏在其论述过程中并未将上引文字全部引出,而只是引用至"则无以见吾性之本原"为止。据其所引文字,他得出结论说:"这是我们判断陈确'性善'的超越性之根据,即性善之根源在天,性为天所命也,不知天,则无以知性。"⑥只要对比汤氏所引文字与陈确原文即可发现,汤氏并未真正理解陈确此段文字的本意。陈确是反对推高一层去言说何谓性体、天命等,尤其是反对"不知天,则无以见吾性之本原"的说法,因此,指出天是"物必有则"、性是"人无不善"。从"物必有则"的"物则"来看,陈

---

① 汤建荣:《陈乾初哲学研究——以工夫实践为视阈》,昆明:云南大学出版社,2010年,第70页。
② 汤建荣:《陈乾初哲学研究——以工夫实践为视阈》,昆明:云南大学出版社,2010年,第71—76页。
③ 汤建荣:《陈乾初哲学研究——以工夫实践为视阈》,昆明:云南大学出版社,2010年,第76—78页。
④ 汤建荣:《陈乾初哲学研究——以工夫实践为视阈》,昆明:云南大学出版社,2010年,第78—88页。
⑤ 陈确:《讲义·尽心章》,《陈确集》下,北京:中华书局,2009年,第550页。
⑥ 汤建荣:《陈乾初哲学研究——以工夫实践为视阈》,昆明:云南大学出版社,2010年,第72页。

确似乎更加强调的是，天指的是在经验中所呈现的具体规则、规律，而不是去推高一层专门讨论何谓性、天等。这恰好说明不能由此去证明性、天的超越义。其实，陈确的确是反对推高一层去言说本体的。他说：

> 性即是体，善即是性体。既云"道性善"，又云"不言性善之体"，岂非骑驴觅驴乎！"本体"二字，不见经传，此宋儒从佛氏脱胎来者。兄谓"《商书》'维皇将衷'、《中庸》'天命之性'皆指本体言"，此诬之甚也。皇降、天命，特推本之词，犹言人身则必本之亲生云耳，其实孕育时，此亲生之身，而少而壮而老，亦莫非亲生之身，何尝指此为本体，而过此以往，即属气质，非本体乎？①

"性即是体，善即是性体"即为汤建荣引以论证陈确有本体之说的原文。依此全部引文来看，陈确对"性善之本体"的论述与一般宋明儒对本体的论述的确有别。一般而言，宋明儒所谓本体主要是从作为经验存在者的根据、原因的角度去论述的，很少从宇宙生成论的角度去论述本体。而陈确此处所谓的"亲生"、"孕育"等说法，强调的是性善之体就是人之身。这恰是郑宗义先生所谓"亦绝非在指出性体在表现上乃与气质夹杂不离，而是完全由一经验之生的立场看，不承认气质以外有什么超越本体"②。足见，陈确对性善的论述并没有超越的意涵，否则他何以会以"物则"来理解"天"呢？因此，汤氏的说法并不足取。据此，其第三点论证亦不成立。

再看汤氏的第四点论证。第四点论证则是由陈确主张即工夫以言本体而来。汤氏认为，既然陈确主张即工夫以言本体，那么本体即在工夫中显现，从而论证陈确主张性善本体。不过，汤氏的推理显然不够严密，有过度推理的嫌疑。"即工夫以言本体"强调的是，由工夫以彰显本体。但这并非意味着本体与工夫没有区别，本体毕竟有不同于工夫的一面：其一，本体可以不依于工夫而自存；其二，本体必须具有超越性。质言之，本体具有超越性、自身完满性、自存性。因此，如果仅仅依据"即工夫以言本体"就判定其哲学中有本体的一面，则论证显然不够严密。以阳明为例，我们可以清楚地看出汤氏推理的问题。阳明不仅确立以良知为本体，他更

---

① 陈确：《瞽言·与刘伯绳书》，《陈确集》下，北京：中华书局，2009年，第466页。
② 郑宗义：《明清儒学转型探析——从刘宗周到戴东原》，香港：香港中文大学出版社，2000年，第207页。

加强调致良知的工夫。这意味着，必须在致良知的工夫中将本体之良知呈现出来。为我们所熟知，就道德哲学的实践而言，致良知的工夫是在经验的日用伦常中来实现，如事父当孝、事兄当悌等。但在日用伦常中，以孝事父、以悌事兄并不意味着就是致良知的工夫，因为这些行为完全有可能是出于非良知的原因而从事的。质言之，致良知包括事父、事兄，但事父、事兄并不一定是致良知，更不能由事父去证明良知的存在。因此，必须首先肯定本体的超越性、自存性，才能说"即本体以言工夫"。否则，如果只是"即工夫以言本体"，虽然人的行为亦可符合道德规范，但并不能说此行为是由本体生发而来，而极有可能仅是一合于道德规范的行为，缺乏真实性。其本质即为道德作伪。因此，不能因为阳明哲学中有此一意涵即认为陈确亦有以性善为本体的观念。因为阳明同样强调良知作为本体的自存性、超越性等。阳明将本体之良知解释为"知善知恶"，并认为"只好恶便尽了良知"，这意味着，阳明同样强调良知作为本体的良能的一面。更进一步说，如果没有良知的良能的一面、没有良知的知善知恶的一面，人如何能有致良知的工夫呢？而陈确排斥专言本体，则显然与宋明儒对本体的规定相悖。总之，"即工夫以言本体"无法证明性善本体之说。

综上可知，汤氏的论证不能成立，应当以申淑华之说为准。足见，在本体与工夫的角度而言，陈确认为只有行的工夫的一面。

最后，从陈确的"扩充尽才"的工夫论来看其重行的为学特质。关于"扩充尽才"，王瑞昌、申淑华及汤建荣等人均有详细论述①，在此仅略呈其要义如下：其一，陈确认为性善即气、情、才之善，因而只需扩充其气、情、才即可。其二，所谓扩充、尽才也就是尽心。其三，性善的真正完成或者说性善的真实彰显必须由扩充、尽才来实现，即性善之全是由扩充、尽才而见之。陈确首先肯定了性善即所谓气情才之善，虽然汤建荣认为这里的气、情、才是表现性善的载体②，但这显然是用宋明儒学的观念

---

① 参见王瑞昌：《陈确评传》，南京：南京大学出版社，2002年，第273—302；申淑华：《素位之学——陈乾初哲学思想研究》，北京：中国社会科学出版社，2012年，第67—82页；汤建荣：《陈乾初哲学研究——以工夫实践为视阈》，昆明：云南大学出版社，2010年，第110—119页。
② 汤建荣说："在一定的意义上可以说气、情、才皆善，陈确是在这样的思维下而不以'气'为恶，因为'气'是表现性体的资质，如果视'气'为恶，就等于承认人性亦为恶。所以陈确主张，作为体现性善的气、情、才是善的，而把人性之恶归之于'习'。要之，以气善、情善论性善。"参见汤建荣：《陈乾初哲学研究——以工夫实践为视阈》，昆明：云南大学出版社，2010年，第108页。

来解释陈确哲学。因为陈确主张气、情、才之善即是性善，并且他排斥言说本体，因此，若依汤氏所说，则必然要承认有一个在气、情、才之外的本体，这就导致陈确所论自相矛盾了。更为重要的是，如果说气、情、才并非性善之本身，而是扩充其性善之载体，那如何保证其扩充不是对恶的扩充。因为只有本体才是善本身，而载体则是有善、恶两种可能。因此，只能说性善即是气、情、才之善①。既然以气、情、才之善就是性善，那么其扩充、尽才本身只是在经验中展现性善，也就是一种经验的行为。在经验中扩充气、情、才，即指在日用伦常中修身。因此，陈确工夫论是以实行为特质。足见，就工夫论而言，陈确同样重视行、重视践履。

综合以上三点理由，笔者以为，陈确的为学宗旨是重行、重践履的孔孟之道。正是基于这一为学宗旨，陈确对不符合他所理解的孔孟之道的《大学》展开了猛烈批判。

二、辨《大学》之缘由：纠《大学》之近禅以回归"孔孟"

关于陈确作《大学辨》以辨《大学》非圣经的原因，詹海云及汤建荣二位先生均有论及②。但汤氏所论实际上只是引用詹说，并且詹说的分析更为详细而允当。詹说从五个方面来阐释陈确辨《大学》的缘由：其一，"《大学》使蕺山重实践之精神未受重"③。如前所论，刘宗周的确对《大学》多有讨论，形成了两种解释，并且最终不得不将《大学》视为疑案。刘宗周去世之后，弟子对刘宗周为学的主旨多有讨论。陈确认为刘宗周的主旨是"改过"，因此，对刘宗周经由《大学》诠释而提出的"诚意"说多有批评，认为正是由于过于重视《大学》才导致了对刘宗周"改过"说的不重视，忽视"改过"说的重实践的精神。其二，"《大学》造成理学的是

---

① 此处，实际上有一个根本问题汤氏没有注意到，即孟子与陈确的差别。具体地说，陈确所谓的气、情、才是实说，即以气、情、才为实体性概念。而孟子的情才并非实说，只是作为言性的虚位性概念。而对于气而言，则孟子显然说的是浩然之气，这与一般的气不同，是由集义所生之气，非一般意义上的中性之气。这一区分汤氏似乎并未注意，所以才将陈确的说法完全等同于孟子的意思，以孟子解释陈确。关于孟子的性、气、情、才的关系，参看牟宗三：《原善论》，长春：吉林出版集团有限责任公司，2010年，第16—22页。

② 詹海云：《陈乾初大学辨研究——兼论其在明末清初学术史上的意义》，台北：明文书局，1986年，第67—89页；汤建荣：《陈乾初哲学研究——以工夫实践为视阈》，昆明：云南大学出版社2010年，第232—236页。

③ 詹海云：《陈乾初大学辨研究——兼论其在明末清初学术史上的意义》，台北：明文书局，1986年，第68页。

非之争。"①经由二程表彰、朱子作《章句》，阳明再以心学加以诠释，使《大学》成为宋明儒者阐释思想所不可或缺的经典。陈确之师刘宗周即对《大学》多有讨论，至少形成了两种不同的《大学》诠释，但最终只能以"疑案"评定《大学》②。由于儒者的解释各异，从而必然导致何者才是《大学》"本意"的问题，但这一问题却一直未有定论。更为关键的是，宋明儒都以诠释《大学》来阐述自己的哲学，伴随着程朱、陆王的理学、心学之争，那么就存在何者才是宋明儒学正统的问题。这就使得《大学》的诠释更加复杂，陷入了理学、心学都能以之为经典、都以之争正统的两难之境。在明清之际的儒者中，仍有坚持以理学、心学来争论《大学》者，并以他所理解的《大学》去批评、辩驳对方的《大学》诠释，但这只会使得《大学》继续陷于理学、心学的争论不休之中。因此，陈确认为正是因为《大学》才导致了理学、心学以及《大学》本意为何的争论，所以需要辩驳《大学》。其三，"《大学》的教法不符合孔孟讲学精神"③。上文指出，陈确是以重行、重实践的孔孟之道为旨归。而他认为《大学》所讲的"知止"的工夫完全不符合其重行、重践履的精神④，因此，必须批判《大学》。其四，"大学混淆儒释疆界"⑤。关于《大学》的实质，陈确有明确的判定，他说："弟《大学辨》曰'《大学》言知不言行，必为禅学无疑'，此一篇之纲也。"⑥显然，陈确是以《大学》为禅学。其理由是，《大学》是言知而不言行的，而这显然与他重行、重践履的精神相悖。并且陈确认为，如果以《大学》为儒学经典，则会导致混淆儒释的弊病，因此主张批驳《大学》。其五，"《大学》促使士风浮华不实"⑦。在陈确看来，宋明儒由于过于重视《大学》，从而用心于《大学》的格物、致知等概念的辩解，而不再重视孝、悌、忠、信等具体的伦理实践，因此造成士风不以笃行实践为

---

① 詹海云：《陈乾初大学辨研究——兼论其在明末清初学术史上的意义》，台北：明文书局，1986年，第71页。
② 关于刘宗周的《大学》诠释，请看本书第二章的论述。
③ 詹海云：《陈乾初大学辨研究——兼论其在明末清初学术史上的意义》，台北：明文书局，1986年，第76页。
④ 关于陈确认为《大学》以知止为工夫这一观点，下文会有具体论述。
⑤ 詹海云：《陈乾初大学辨研究——兼论其在明末清初学术史上的意义》，台北：明文书局，1986年，第82页。
⑥ 陈确：《大学辨·答沈朗思书》，《陈确集》下，北京：中华书局，2009年，第573页。
⑦ 詹海云：《陈乾初大学辨研究——兼论其在明末清初学术史上的意义》，台北：明文书局，1986年，第86页。

主，而以浮华的义理、概念辨析为主。据此，陈确主张辩驳《大学》。

詹先生的分析可谓详尽、谛当。不过，笔者以为，对詹说的五点可以作进一步的讨论。关于第一点，虽然刘宗周的确提出过"改过"说，但显然不能以此作为刘宗周为学的真精神。诚如上文所分析的，刘宗周是以慎独为中心来展开其哲学的。即便是刘宗周的"改过"说，也不能等同于陈确所说的重践履。因为在"改过"说中，有处于尚未表现为经验的只是意识的"微过"、"隐过"，显然不能以践履来看待。这说明，陈确并未抓住刘宗周哲学的根本，而是以自己的看法来判定师说。因此，基于此的判断就是陈确以自己的哲学之判定。那么就需要讨论其哲学的旨归为何。关于第二点，由于对《大学》的诠释的确产生了各种不同的意见，并且在陈确之时仍有理学与心学之争，但陈确显然提出了一种较为独特的处理方式，即将《大学》视为非儒家的经典，试图由此解决附加于《大学》身上的理学、心学之争。显然，这与第三点所论十分一致。关于第四点，陈确以《大学》为禅学，显然不符合思想史的史实。此论欲得以成立，必须是陈确对禅学有独特的解释。而纵观陈确所论，他是以知行来判定儒释之分的，凡重践履、重行就是儒学，否则即是禅学。足见，他的确提出了一套全新的判分标准。而结合上文对陈确为学宗旨的分析可知，他正是以重行、重践履的孔孟之道为标准来判定儒释的，因此，第四点实则是根源于第三点的。关于第五点，陈确认为《大学》概念思辨有碍对孝悌忠信的践履，实则其判断标准还是在于是否重行、重践履。

综上，笔者以为，可以用第三点来涵摄、概括其余四点。不过，笔者以为必须对第三点有所补充，即以陈确的为学宗旨为标准来判定《大学》与此不符，从而需要批判《大学》。笔者之所以提出这一看法，归因于第三点抓住了陈确辨《大学》的根本，而其他四点实际上只是对这一点的扩展与发挥。一般而言，任何一种批判都是基于自己的标准而去批判他人与自己不相符的部分。在上文的论述中，笔者以较多笔墨论证了陈确哲学是以重行、重践履的孔孟之道为旨归，这不仅见之于他对宋明儒学的批判，而且见之于他论学的各个方面。甚至在对老庄哲学的批判中亦可见之，他说："老庄已是禅宗，况汉儒耶！"①因此，将此观点置于他对《大学》辩

---

① 陈确：《大学辨·答恽仲升书》，《陈确集》下，北京：中华书局，2009 年，第 607—608 页。

驳中来看，更能从根本上说明其辩驳《大学》的原因。从根本上讲，陈确之所以要批判《大学》，无疑是认为《大学》的思想与他的重行、重践履的孔孟之道相悖①。

当然，以上论述并非否定詹海云先生对陈确辨《大学》的分析，而是指出他所概括的五点实际上可以归于这一根本原因。不可否认，从表面上讲，陈确的确是欲借辨《大学》来解决宋明儒学中的理学、心学之争。但问题却并非如此简单，因为《大学》诠释只是理学、心学之争所依附的经典而已，而并非是争论的本质所在。陈确指出："程、朱偶为《大学》所误会，因自误误入。而吾党皆熟视而未敢一匡救，则非程、朱之过，而吾党之过也。"②为解决这一宋明儒学的难题，陈确是从两个方面来处理的：其一，指出理学、心学之争是因为过于信任《大学》所导致的，并论证、辩驳《大学》非儒家经典。这样就将理学、心学之争的基础予以否决。其二，在理学、心学之外树立起儒学的真正道统，即孔孟之道。这样就可以由孔孟之道来评判理学、心学的得失，从而真正解决这一宋明儒学的难题。正是在这样的观念下，陈确以重行、重践履的孔孟之道为旨归，据此展开对《大学》的辩驳，最终实现他解决宋明儒学理学、心学之争的目的。因此，可以说，陈确作《大学辨》的缘由是欲借辩驳《大学》非儒家经典而复归孔孟之道，以求从经典根基上解决宋明儒学的理学、心学之争。陈确有一个基本判准，他说："弟《大学辨》曰'《大学》言知不言行，必为禅学无疑'，此一篇之纲也。"③在陈确看来，《大学》乃禅学，而程朱、陆王都以此为经典，则必然会导致对孔孟之道的叛离，由此所产生的理学、心学之争即可迎刃而解。所以说，陈确之辨《大学》非圣经，也就是辨《大学》之为禅学而务求回归孔孟之道。当然，陈确欲实现这一目标，须先对《大学》有一个总体的解释，否则是无法辩解其非儒学经典的。

---

① 虽然在阐述陈确之辨《大学》时，汤建荣提到了"从'义理'上辨《大学》不符合孔孟宗旨"，但他并未以之为根本的标准，也没有始终抓住这一点来展开论述。参见汤建荣：《陈乾初哲学研究——以工夫实践为视阈》，昆明：云南大学出版社，2010年，第240页。
② 陈确：《大学辨·翠薄山房帖》，《陈确集》下，北京：中华书局，2009年，第565—566页。
③ 陈确：《大学辨·答沈朗思书》，《陈确集》下，北京：中华书局，2009年，第573页。

第二节 归宗"知止"的《大学》诠释

以往对于陈确《大学辨》的研究主要是阐释其如何辨《大学》非圣经，兼及《大学辨》在学术史上的意义及评价问题①。实则要梳理陈确的《大学辨》，必须先对陈确是如何理解《大学》作一讨论。因为既然是辨《大学》非圣经，那么必然是对《大学》有系统的理解，否则无法判定《大学》非圣经。并且诚如上文所分析的，陈确之辨《大学》是因为他将《大学》视为禅学，从而与他所主张的重行、重践履的孔孟之道相悖。那么，陈确显然是对《大学》有了明确的理解，才会认为它是禅学。当然，必须指出的是，陈确所理解的《大学》并非就是《大学》的"本意"；更准确地讲，应当是一种《大学》诠释。

其实，陈确对《大学》的理解并非一开始即认为它是禅学。如在顺治九年（1652）的《与吴仲木书》中，他说："《学》、《庸》二书，纯言经济，而世所不察，谓是言道之文，真可哑然一笑。"②这一年陈确四十九岁，在他看来，《中庸》、《大学》两书都是经邦济世之书，并非儒家的言道之书。惜乎此时未有文献记载陈确究竟是如何解释《大学》的。但可以肯定的是，虽然他认为《大学》只是经邦济世之书，此时陈确绝对没有形成《大学》是禅学的观念。不过两年之后，他即作《大学辨》，认为《大学》是禅学。这说明在短短的两年之内，陈确对《大学》的理解发生了变化③。这一点，他自己是非常清楚的。他说：

> 弟于《大学》，信程、朱之说者四十余年矣，信阳明之说者逾年，信己之说逾月，而皆弃之……弟始疑于《大学》，自格致之说，既而觉"古之欲明"全节之支离，既而觉"知止"节必为禅学，既则于《大学》全

---

① 参见詹海云：《陈乾初大学辨研究——兼论其在明末清初学术史上的意义》，台北：明文书局，1986年，第 97—140 页；王瑞昌：《陈确评传》，南京：南京大学出版社，2002 年，第 317—377 页；申淑华：《素位之学——陈乾初哲学思想研究》，北京：中国社会科学出版社，2012 年，第 120—136 页；汤建荣：《陈乾初哲学研究——以工夫实践为视阈》，昆明：云南大学出版社，2010 年，第 236—270 页。

② 陈确：《书一·与吴仲木书》，《陈确集》上，北京：中华书局，2009 年，第 74 页。

③ 关于这一问题，王瑞昌先生有专论，参看王瑞昌：《陈确评传》，南京：南京大学出版社，2002 年，第 318—320 页。

篇无不疑矣。①

引文有三点值得重视：其一，陈确曾经分别信任过朱子、阳明的《大学》诠释，并且似乎更多地受朱子的影响②。其二，陈确对《大学》有自己独特的解释。当然，这一诠释并不一定就是《大学辨》中所批判的诠释。陈确明确说过"信己之说踰月"，那么就说明一定是有自己的解释。但他又说"而皆弃之"，说明他的确曾有一段时间提出了自己的《大学》解释，只不过后来认为自己的全新解释并不可取，所以放弃了此时的诠释。因此，很难判定陈确所"信己之说踰月"的"己说"是否就是《大学辨》所理解的《大学》。但陈确一定有系统的《大学》诠释则是无可怀疑的。其三，陈确之怀疑《大学》而辩驳《大学》有一个过程，即从怀疑"格致"到怀疑"古之欲明"一节，继而怀疑"知止"节为禅，最后到怀疑《大学》全文是禅学。这样看来，他也的确对《大学》下过工夫，也足以证明朱子、阳明的《大学》诠释作为诠释范例对后世的影响。但陈确又的确有其特殊之处，即他能从繁复的《大学》诠释中脱离出来，并彻底否定《大学》。

不管是"信己之说踰月"的"己说"，还是《大学辨》中的解释，陈确都有自己独特的理解。但由于文献不足，在此只能分析《大学辨》中陈确所理解的《大学》。需要说明的是，由于陈确并未如朱子、刘宗周一样有专门的注解之作，其《大学辨》也并非全部逐文辩驳《大学》，因此，为论述之便，仍以上文所总结的"三纲领、八条目及其关系问题"为主，去疏解陈确的《大学》诠释。

第一个主题，即陈确对三纲领及其关系的解释。在正式讨论这一问题之前，先对陈确《大学》诠释中的版本问题略作交代。对这一问题，陈确亦有专论。他说：

> 昔阳明子尊信古本《大学》，谓失于过信孔子则有之非故去朱子之分章而削其传也。其言甚直，确于今日亦云然。吾又以阳明之信古本，去

---

① 陈确：《大学辨·答吴仲木书》，《陈确集》下，北京：中华书局，2009年，第570页。
② 关于这一问题，陈确在引文中明确表示他信任朱子的时间超过阳明。当然，时间的长短并不一定说明影响的大小。但就陈确辨《大学》的内容而言，他的确受到朱子影响更大，在很多方面都以朱子的解释为自己的解释的。这一点，由下文的论述自可看出。

程、朱所见仅一间耳。盖以为《戴记》之杂文，则信古本可也，虽分章而补传，亦无不可也。以为是孔、曾之书，则分章而补传固不可也；信古本，愈不可也。故不争之于其本，而争之于其末，其争殆未可息也。①

陈确似乎并不十分重视版本问题。他认为无论是古本还是朱子的经传本，只要不是以之为孔子、曾子之书，都是可以接受的。但若以《大学》为孔、曾之书，则不论是朱子的版本还是古本均不可取。也就是说，陈确在意的是从根本上否定《大学》，此即所谓"争之以本"。而对版本问题的争论，陈确认为只是"争之以末"。正是在这一意义上，陈确指出阳明未能"争之以本"，而是"争之以末"，即只是不信朱子的版本而尊信古本。并进而指出"信古本，愈不可也"。所谓"愈不可"，并非指陈确认为在朱子版本与古本中当信朱子版本，而是指阳明没有抓住根本问题——辨《大学》非圣经——与朱子去争论。足见，版本问题在陈确看来并非关键的问题，朱子本、古本甚至其他改本均可。他关注的是如何否定《大学》作为儒家经典。

陈确对三纲领及其关系的论述，主要是讨论其关系，但亦可窥见他对三纲领的解释。他指出，三纲领是从《尚书·尧典》的"克明峻德，以亲九族。九族既睦，平章百姓。百姓昭明，协和万邦。黎民于变时雍"而来，足见他基本认同朱子的"三纲领传"②。关于"明明德"，陈确以"克明峻德"来解释它。但他反对"明明德"之说，认为只言"明德"即可，其理由是："古人学虽不离乎明，而未尝专言明。推之《易》、《诗》、《书》可见，恶其逃于虚焉故也。而《大学》首言'明明'，固已倍矣。"③在陈确看来，先秦儒者只是言及"德"而未言及"明德"，因此，应当将《大学》的"明明德"的一个"明"字去掉。很显然，他如此解释"明德"，主要是针对朱子、阳明等宋明儒将"明明德"中"明德"作本体的解释而来。他反对专言本体，因此，认为只可言"明德"，据此将"明德"解释为彰明人之德行。其实，这一观点并不足以为奇。牟宗三先生亦曾指出，《大学》的"明明德"中的"明德"由于是根源于《尚书》等先

---

① 陈确：《大学辨·辨迹补》，《陈确集》下，北京：中华书局，2009年，第564页。
② 需要指出的是，陈确认同朱子的"明明德传"，但并非指他认同朱子对"明明德"的解释。这实际上是两回事。
③ 陈确：《大学辨》，《陈确集》下，北京：中华书局，2009年，第553页。

秦经典，因此，应当以"德行"解之，而不当以具有本体义的"德性"解之①。但牟先生认为并非不可说"明德"。陈确为了彰显其复归孔孟之道的为学宗旨，认为依据《尚书》中没有"明德"之说，从而坚决反对《大学》言"明明德"。当然，这显然与他的"辨《大学》非圣经"的目的有关。质言之，陈确认为"明明德"指显明人之德行。

陈确对"亲民"的解释。对"亲民"，历来有两种读法：其一，以朱子为代表的继承二程的"新民"；其二，以阳明为代表的沿袭郑玄古本的"亲民"。陈确似乎对两种观点均有认同，又均有批评。他说：

> 且古之君子，非有所亲疏于民也；而有以民饥民溺为己责者，有以一夫不被泽为耻者，又有箪食陋巷以自乐者，而其道则靡不同……故君子之学不言新民而新民在，言新民而民反不在。②

陈确反对"非有所亲疏于民"之说，认为古代的贤人君子并非于民有所"亲疏"。可以推知，《大学》的"亲民"即有"亲近于民"之意，即陈确以"亲近于民"来解释"亲民"。这说明，他是以"亲民"的读法为准的。此外，他认为三纲领是从《尚书·尧典》的"以亲九族"一段文字而来，说明他以"亲九族"之"亲"来解释"亲民"之"亲"。以"亲疏"来解释"亲民"之"亲"，的确较为特殊，此则绝非朱子、阳明等宋明儒之意，也绝非《大学》之"本意"。因为即便陈确认同朱子所编定的"三纲领传"，其"亲民传"也绝无"亲疏"之说。足见，陈确对概念的界定是极不严谨的。当然，或许正是因为信任朱子的"三纲领传"，所以陈确又提出了"故君子之学不言新民而新民在，言新民而民反不在"的说法，似乎他又是以"新民"的读法为准。但他仅仅是提及这一说法，并且"不言新民而新民在，言新民而民反不在"这一说法本就极为怪异。就其义理而言，有可能是指不当仅仅停留于言说如何"新民"，而是应该真实地去实行"新民"。总之，陈确对"新民"的解释是含混的。

陈确对"止于至善"的解释。与同"亲民"的解释一样，陈确对"止于至善"的解释也极为含混。他说：

---

① 参见牟宗三：《心体与性体》下，上海：上海古籍出版社，2007年，第333—335页。
② 陈确：《大学辨》，《陈确集》下，北京：中华书局，2009年，第553页。

> 至善,未易言也;止至善,尤未易言也。古之君子,亦知有学焉而已。善之未至,既欲止而不敢;善之已至,尤欲止而不能。夫学,何尽之有!善之中又有善焉,至善之中又有至善焉,固非若邦畿丘隅之可以息而止之也。①

陈确似乎并未区分"善"与"至善",他强调的是不能说"止"。因为他认为,善如果尚未"至",则不知止于何处;"善"如果"已至",则不存在"止善"的说法了。由此可以推知,陈确完全是在经验的角度来论述善的。如果按照宋明儒之见,则陈确所理解的善只是本体之"至善"的发用,即只是至善在经验中所呈现出来的具体事项。质言之,陈确只是以事说善。因此,不能说有一可"止"的善。这是因为,由于事是无限的,所以善亦无限,又如何能说"止"呢?此外,在论述善的时候,陈确一定要提到"学"。所谓"学"在一定的意义上可以等同于"习",而陈确主张习于善则善、习于恶则恶,那么善就必须在"学"中而不断呈现出来。而随着"学"的不断进行、深入,则善亦会不断地呈现,此即所谓"善之中又有善焉,至善之中又有至善焉"。这意味着,由于习的无限而导致善的不断呈现,因此,在善上不能说"止"。总之,陈确对"善"、"至善"的解释完全是从经验的事上来理解的,从而绝对不可以说"止于至善"。陈确对"善"、"至善"的解释无疑存在问题,其中最为根本的是,在"学"、"习"的过程中,判断何者为善、何者为恶的根据与标准问题。质言之,陈确以经验的角度论善,导致善缺乏根源义、本体义②。这是陈确此论最大的弊病。

陈确对三纲领关系的论述。如上所论,陈确认为三纲领是从《尚书·尧典》而来,并且认为《大学》的三纲领似乎比《尚书·尧典》的七句话更为简洁,他说:"三言皆脱胎《帝典》(即《尚书·尧典》),《帝典》自'克明峻德',至'黎民于变时雍',凡七句,此以三言括之,似益简切,而不自知其倍也。"③但陈确又认为三纲领实际上已经背离了《尚

---

① 陈确:《大学辨》,《陈确集》下,北京:中华书局,2009 年,第 553—554 页。
② 所谓"善的超越义、本体义",指从本体上来论述善。以本体来看待善,因本体的超越性而自然使得善具有超越性。不过,陈确反对专言本体,因此,就不会从本体的角度来论述善。关于陈确哲学缺乏超越性,郑宗义先生有详细论证,参见郑宗义:《明清儒学转型探析——从刘宗周到戴东原》,香港:香港中文大学出版社,2000 年,第 205—207 页。
③ 陈确:《大学辨》,《陈确集》下,北京:中华书局,2009 年,第 553 页。

书·尧典》之说,他说:"新民即在明德之中,至善又即在明亲之中,故《帝典》'克明'句下贯一'以'字,便文理灿然;而此下三'在'字若三事然,则不通矣。"① 在此,陈确并未明确究竟是"新民"还是"亲民"。足见,其对概念的使用极不严谨。他认为《大学》的三个"在"字即指三纲领为三事,而三纲领在所从出的《尚书·尧典》却是一贯而下,所以他认为三纲领与《尚书·尧典》相悖。此即意味着,陈确将三纲领视为独立的三事。陈确此论确有牵强之处,为何说"在"字就一定意味着是三事呢?如朱子、阳明即以"止至善"当在明明德、新民(亲民)之中,是明明德、新民(亲民)的内在要求与目的。这又有何不可呢?陈确之所以一定要由"在"字区分三纲领为三事,根源在于他对三纲领的理解。其实,即便陈确以经验之事的善来界定"至善",也未尝不可说明德、亲民当以"止至善"为目的。因为任何德行本身即是对善的实践,那么何以不可说"善"是德行的目的,不可说修德时应当"止于至善"呢?可见,只有将三纲领看作三事,陈确才能对"止于至善"展开批评。

第二个主题,即陈确如何解释八条目及其关系。陈确并未逐一解释八条目,即便是他最为关注的"正心",也只是在陈述自己的解释,而并非对他所理解的《大学》的正心为何予以界定。因此,在论述他对八条目及其关系的解释时,将主要陈述他对八条目关系的解释,兼及他对八条目的解释。《大学》本身的"先"、"后"之论,是后人讨论八条目之关系的根源。如上文在阐释朱子的《大学》诠释时即可看出,朱子非常严格地遵从了《大学》本身的"先"、"后"之说。当然,亦有一些解释者完全不顾这一观念,如阳明、刘宗周的诠释。与朱子相似,陈确谨守《大学》的"先"、"后"之规定。他在阐释八条目关系时指出:

> 其曰"古之欲明明德于天下"云云者,尤非知道者之言也。古人慎修其身也,非有所为而为之也,而家以之齐,而国以之治,而天下以之平,则固非吾意之所敢必矣。孟子之释恒言,提一"本"字,何等浑融!《大学》纷纷曰"欲"曰"先",悉是私伪,何得云诚!②

> 至"正心"以往,益加舛谬。既言"正心",不当复言诚意。既先

---

① 陈确:《大学辨》,《陈确集》下,北京:中华书局,2009年,第553页。
② 陈确:《大学辨》,《陈确集》下,北京:中华书局,2009年,第553页。

诚、正，何得又先格、致？①

从引文来看，陈确并不认为修身、齐家、治国、平天下之间是一种"先"、"后"的关系，而应当是孟子所说的"本末"之关系。所谓"本末"的关系，即指修身而家齐、国治、天下平，齐家、治国、平天下在修身之中得以完成，无需专门的工夫。其实，这一观念基本上是宋明儒的共识。如前所论，朱子、阳明、刘宗周都是以"本末"来看待修身与齐家、治国、平天下的关系，只是刘宗周有所谓诚意为修身之本的观念。但以"本末"来看待修身与齐家、治国、平天下的关系，是陈确批评《大学》的标准，因此，相反的观点才是陈确所理解的《大学》的观点。质言之，陈确所理解的《大学》的八条目之关系是严守"先"、"后"之说，并且各自都是独立的事项。此外，按照《大学》本身的"先"、"后"之序，八条目的顺序应当是格物、致知、诚意、正心、修身、齐家、治国、平天下。陈确认为，不当依照《大学》的这一顺序，所以他说："既先诚、正，何得又先格、致"。也就是说，他认为《大学》就是格、致之后方可诚、正。由此反过来说明，陈确对《大学》八条目之关系的解释是严守先后的顺序。其实，陈确在一些地方有明确的表述，他说："《大学》纷纷言先后，有目共见"②、"《大学》固言先后，而阳明子谓知行无先后，此益薪助沸之说也，势必不息也"③。

由八条目应当严守先后之序，必然推出以"格物为先"④的结论。这一点，在陈确的《大学》解释中可以确证。他在《大学辨》中多次强调"以格致为始事"⑤。此处，需要稍作解释的是，按照《大学》所言应当是以"格物为始事"，而陈确何以说"以格致为始事"。其实，这一说法不足为奇，朱子、刘宗周即持此说⑥。朱子以格物是即物而穷究事物之理以求

---

① 陈确：《大学辨》，《陈确集》下，北京：中华书局，2009年，第553页。
② 陈确：《大学辨·翠薄山房贴》，《陈确集》下，北京：中华书局，2009年，第565页。
③ 陈确：《大学辨·答查石丈书》，《陈确集》下，北京：中华书局，2009年，第569页。
④ 需要说明的是，此处笔者使用"格物为先"这一说法，只是依据《大学》的"先"、"后"的论述而作出的一般性界定。其实，针对《大学》的"先"、"后"之说，后人有不同的提法，如朱子的"格物为先"、船山的"以格物为始事"等。并且在不同的解释下，同一提法的"格物为先"亦会被赋予完全不同的意涵。因此，不能仅仅从概念、命题去判断，而是要深入其内涵。对陈确的研究亦当如此。
⑤ 在《陈确集·大学辨》中，至少在第560、564、576、580、586页中均明确提及这一说法。
⑥ 关于朱子、刘宗周的具体论述，请参看本书第一章、第二章的论述。

至乎其极致,以致知为扩充人心关于理之知识;并认为致知并不具有工夫的意涵,而是由格物为工夫,致知只是格物的效验。刘宗周在思维逻辑上与朱子一致,只是他将格物解释为格其"物有本末"之物,致知是致其知止之知、知本之知、知先后之知;并且刘宗周亦认为致知是以格物为工夫的,致知是格物的效验。陈确作为刘宗周弟子,并且自认为深信朱子《大学》诠释四十余年①,因此,受二人的影响从而以"工夫—效验"的逻辑将格致归为一项亦不足为奇。那么,所谓"以格致为始事"指的是格致在八条目是最先的、最根本的,后面的条目均以格致为前提。从陈确主张"以格致为始事"更加说明,他的确认为《大学》八条目之间应当是严格的"先"、"后"之关系,并且最终要以格致为先、以格致为前提。那么格致是否如同朱子、刘宗周所理解的一样,具有工夫的意涵呢?

如前所论,宋明儒对《大学》的诠释主要是在工夫论上。由于受其师刘宗周的影响,陈确认为当以知止为工夫。当然,与刘宗周一样,陈确以格致为知止的工夫。他说:

> 《大学》盖曰一"知止"而学已无余事矣,此《大学》之供案也。后又遂进而求之格致,皆为"知止"起义耳。物格而知至者,知止也。故"物格"节文气绝似"知止"节。又若曰一格致而学已无余事矣,又《大学》之供案也。②

在陈确看来,《大学》的工夫当在知止,格致就是知止的工夫,所以他说:"据《大学》之意,只重知止,知止之功,只在格物"③。并且,从"《大学》盖曰一'知止'而学已无余事矣"、"又若曰一格致而学已无余事矣"来看,陈确显然认为《大学》的工夫只在知止。也就是说,其他条目不像朱子所论一样具有工夫的意涵。陈确认为,除格致作为知止的工夫以外,其他条目都是知止工夫的效验,他说:"盖《大学》言知不言行,一语是定案。诚、正、修、齐、治、平,是推言格致之效,非行也;犹上定、静、安、虑、得是知止之效,并明、新、止皆指成效言。《大学》只言效

---

① 即"弟于《大学》,信程、朱之说者四十余年矣,信阳明之说者踰年,信己之说踰月,而皆弃之"。陈确:《大学辨·答吴仲木书》,《陈确集》下,北京:中华书局,2009 年,第 570 页。
② 陈确:《大学辨·答沈朗思书》,《陈确集》下,北京:中华书局,2009 年,第 573 页。
③ 陈确:《大学辨·答张考夫书》,《陈确集》下,北京:中华书局,2009 年,第 597 页。

验，不言工夫，工夫惟在格致。"①不仅以诚、正、修、齐、治、平为效验，他亦将明明德、新民、止至善三者视为知止的效验。这样的解释显然已经不同于刘宗周，更不同于朱子、阳明了。刘宗周虽然以"本末"将工夫推至格致上，但至少肯定了三纲领之为工夫。陈确如此解释八条目之关系，显然只是为了突出他"《大学》只重知不重行"的基本判断。否则，明显属于动词的"诚"、"正"、"修"、"齐"、"治"、"平"等，何以却被他强行地作名词性的效验解释呢？当然，也正是在这一意义上，陈确指出：

> 故以其前之归重知止，而知上文明、亲、至善之言为虚设也；以其后之归重于格致，而又知上文诚、正、修、齐、治、平之为虚设也。②

所谓"虚"，即针对"实"而来，"实"指工夫。正是因为陈确以知止为工夫，那么必然将三纲领及诚、正、修、齐、治、平等没有工夫意涵者视为虚设。更有甚者，他竟然认为格物、致知亦是效验，而非工夫。他说："据《大学》之意，只重知止，知止之功，只在格物，安得不入禅悟乎！按'物格'一节文义，并格致亦是效验，非功夫。"③仔细玩味这段文字，陈确在说格致亦是效验时，似乎有一前提，即"按'物格'一节文义"。但此说在论证上颇不可取。这是因为，从"物格而后知至"一段文字可以推物格、知至的确是格物、致知的效验，但绝对不能推出格物、致知亦是效验。并且，如上文指出的，他认为当以格致为知止的工夫，而此处又认为格致是效验，那么他将无法确定知止究竟是工夫还是效验。并且更为根本的问题是，这会导致《大学》的工夫究竟为何的难题。此外，陈确此说本身就显示了其论述的前后矛盾，即对知止的解释之前后矛盾。这样看来，陈确对《大学》的解释的确极为含混。以此为基础去辩驳《大学》非圣经，必定难以让人信服。

总的来看，陈确的《大学》诠释很大程度上受到了朱子、刘宗周的影响。比如他强调八条目的"先"、"后"，就与朱子所论极为接近；而他强调知止为工夫的观点则深受刘宗周的影响。但是陈确又的确走出了朱子、

---

① 陈确：《大学辨·答恽仲升书》，《陈确集》下，北京：中华书局，2009年，第607页。
② 陈确：《大学辨·答沈朗思书》，《陈确集》下，北京：中华书局，2009年，第573页。
③ 陈确：《大学辨·答张考夫书》，《陈确集》下，北京：中华书局，2009年，第597页。

刘宗周的规模，最为明显的是他以三纲领为知止的效验这一观念。当然，陈确对《大学》的解释也存在诸多问题，可以说是掺入"己见"最多的诠释者①。这在上文分析陈确对八条目关系的理解时，已经明确指出。显然，陈确过于注重其辩驳《大学》非圣经这一目的，而完全不顾《大学》的本意为何。正是基于以上对《大学》的解释，陈确展开了对其所理解之《大学》的猛烈批评。

第三节　以知行为中心辨《大学》非圣经

陈确的《大学辨》写成之后，即遭到了同门刘汋、张履祥等人的批评②。但陈确不为所动，反而更加坚信己说，从而与同门就《大学辨》展开了"笔战"。自同门辩驳陈确的《大学辨》之后，它似乎销声匿迹了。不过，幸而得到梁启超、钱穆诸贤的表彰，从而使得陈确的《大学辨》又重回学人的视域。尔后，侯外庐等进一步推动了对陈确《大学辨》的研究，再接着詹海云、王瑞昌、申淑华、汤建荣等人都对陈确之辨《大学》作了专题研究。已有研究可以说几乎将陈确《大学辨》的要义朗现无疑，但也并非没有问题，至少可以从两个方面加以推进：其一，以往研究大多对陈确《大学辨》推崇有力，而批评则颇显不足。其二，由于陈确本人对《大学》的解释较为含混，因而其《大学辨》也较为含混。这就使得以往的研究未能整理出陈确《大学辨》的内在理路。鉴于以上两点不足，本书欲对陈确的《大学辨》重新加以探讨。

在本章伊始，笔者花费极多笔墨重新梳理了陈确的为学宗旨，认为陈确是以复归重行、重践履的孔孟之道为宗旨。之所以这样做，是为梳理陈

---

① 当然，经典诠释本来就是对经典所作的解释，重视的并非是经典本身，而是强调借助经典以阐发诠释者的观念。但这并非意味着可以随便解释经典，而是应当基于经典本身的内容，寻求其中最有利于发挥诠释者观念的可能之处去阐发其观念。换言之，经典解释必然牵涉到经典与解释之间的张力问题，张力越小则诠释就更为可取，更具理论效力。笔者所谓的"己见"也就是指这一经典与诠释的张力。显然，通过上文的分析，陈确几乎完全无视《大学》中明显表示工夫意涵的诚、正、修、齐、治、平及三纲领，一律将其视为知止工夫的效验。这足以说明陈确的《大学》解释与《大学》本身的张力过大，他并未在《大学》本身找到一个很好的切入点以阐发自己的观念。因而，笔者认为陈确的《大学》诠释掺入"己见"过多。
② 关于这一问题，王瑞昌、申淑华等人有一定的论述，参见王瑞昌：《陈确评传》，南京：南京大学出版社，2002年，第347—369页；申淑华：《素位之学——陈乾初哲学思想研究》，北京：中国社会科学出版社，2012年，第127—129页。

确的《大学辨》而做的准备工作。正是在这一为学宗旨下，我们才能以"知行关系"为中心去梳理陈确的《大学辨》，才能由此去判断陈确《大学辨》的理论效力及意义等问题。当然，为了更好地梳理陈确的《大学辨》，本章第二节还专门对陈确的《大学》诠释做了梳理。这一工作便于对比其《大学辨》，从而使得对《大学辨》的梳理更加清晰。

按照王瑞昌先生的考订，《大学辨》应当是《大学非圣经辨》①。所谓"圣经"，在陈确看来，应当是指孔孟之书或者是符合孔孟之道的著作。这显然是由陈确的为学宗旨所决定的。陈确主张回归孔孟之道，必然以孔孟之书或者符合孔孟之道的著作作为"圣经"。具体地说，也就是以《论语》、《孟子》作为典型的圣经，或者说作为圣经的标准。这一点确乎如此，陈确曾明确指出：

> 嗟乎！学至于孔、孟，可以已矣；书至于《论》、《孟》，可谓有证矣。而犹以为未足，而无端举两千余年无证据之《大学》，而强以为圣经，而尊之《论》、《孟》之上，则喜新立异之讥，在程、朱固无以自解于昔日矣。②

足见，在陈确看来，《论语》、《孟子》即是孔孟之道的载体，是衡量其他文献是否合于孔孟之道的标准。而所谓孔孟之道，在陈确看来即是重行、重践履之道。正是基于这一观念，陈确认为《大学》与此完全不相符合，从而辩驳《大学》非圣经。按照他自己的说法，他是从"迹"与"理"两个方面来辩驳《大学》非圣经的，他说："确与友人书辨《大学》尝有迹、理之说，谓以迹则显然非圣经也，以理则纯乎背圣经也。顾理细难明，迹粗易见。"③陈确明确意识到从迹、理两个方面来辩驳《大学》，并且他认为迹上的辩驳是极易被看出和认可的，而理上的辩驳则较为幽隐而难于被认可。然而，是否真如他所自认为的如此呢？

---

① 参见王瑞昌：《陈确评传》，南京：南京大学出版社，2002 年，第 320 页。
② 陈确：《大学辨·答沈朗思书》，《陈确集》下，北京：中华书局，2009 年，第 575 页。
③ 陈确：《大学辨·辨迹补》，《陈确集》下，北京：中华书局，2009 年，第 562 页。

一、从"迹"上辨《大学》非圣经

关于"迹",詹海云先生认为指"史料的鉴定",申淑华、汤建荣二人认为指"考证"①。二说各有其长:詹说突出了陈确的为学宗旨,即从孔孟的文献来鉴定《大学》;申、汤之说强调与清代的"考据学"之联系,凸显了陈确之学对于清代学术的意义。二说共同的意思是,陈确希望通过对比《大学》与孔孟文献以突显两者之间的差异,从而判定《大学》非圣经。以往的研究已经基本阐述了陈确从"迹"上辨《大学》的各个方面,其中以詹海云、申淑华二人所论最为详尽,先述其大要如下。

詹海云先生从两个大的方面来阐述陈确的从"迹"上辨《大学》:一由文句、词汇证《大学》非秦以前著作,二由流传证《大学》非圣贤之书。关于第一个方面,詹先生主要是从陈确认为《大学》在论述三纲领时,其以三纲领为三事与《尚书·尧典》之说不符合。此外,《大学》的"明明德"中"明明"两字连用,不同于先秦文献尤其是不同于《尚书·尧典》的"明德"②。关于第二个方面,詹先生所论涉及三点:其一,从《论语》中找不出孔子及其弟子谈论《大学》的证据;其二,认为由汉至唐"真儒辈出",未有学者以《大学》为"圣经"、"孔曾之书";其三,《大学》之所以在宋代才受到重视的原因是受帝王的提倡,学者"增加附会"《大学》③。

申淑华将陈确从"迹"上辨《大学》概括为六点:第一,"大学"一词不妥。陈确认为大学、小学是学宫,而不是学问,因此,不能名为学问的"大学",而应当名为学宫的"太学"。第二,《大学》除了两处文字引用了孔子之言,一处文字引用了曾子之言外,并无其他文字引自孔、曾。第三,孔子并未提到大学。第四,自汉有《戴记》,至于宋千百年间真儒辈出,绝未有以《大学》为圣经者。第五,《大学》以三纲领为三事讲不通。第六,《大学》首言"明明"与《易》、《诗》、《书》之崇实的观念

---

① 参见詹海云:《陈乾初大学辨研究——兼论其在明末清初学术史上的意义》,台北:明文书局,1986年,第97页;申淑华:《素位之学——陈乾初哲学思想研究》,北京:中国社会科学出版社,2012年,第120页;汤建荣:《陈乾初哲学研究——以工夫实践为视阈》,昆明:云南大学出版社,2010年,第236页。

② 关于这两点,上文在论述陈确《大学》诠释时已经指出。

③ 参见詹海云:《陈乾初大学辨研究——兼论其在明末清初学术史上的意义》,台北:明文书局,1986年,第98—104页。

不符①。

显然,二人的观点基本一致,甚至有多处意见相重。足见,陈确从"迹"上辨《大学》的确较为明晰。但比较之下,申淑华的论述多了"大学"为学宫非学问一条,詹海云先生的论述多了从何以《大学》在宋代时成为儒者争相辨析的经典一条。基于二人的研究,陈确从"迹"上辨《大学》已无须赘述,此处需要讨论的是陈确辨《大学》的理论效力问题。所谓"理论效力",指观点的可信度、说服力。以下将依据申淑华所论,对陈确辨《大学》的理论效力问题作一讨论。

就"大学"只是学宫而非学问而言,似乎言之有理。就《大学》诠释史而言,经由韩愈引用、二程表彰,继而朱子为之作《章句》,阐发其"大人之学"。之后,各家基本上都是在朱子"大人之学"的观念上加以阐释的。那么,似乎的确证明了"大学"之作为学问是宋明儒附加于《大学》之上的。其实,朱子即已意识到"大学"并非指后来的"大人之学"。他在《章句》中已经指出:"大,旧音泰,今读如字。"读"大学"为"太学",实际上就是以"大学"为学宫。这似乎更证明了陈确之说。但细推之下,陈确所论实在难以成立。因为即便"大学"只是学宫,学宫中也必须有所学的内容。细究《大学》的修身、齐家、治国、平天下,则很难说不是对学宫所学内容的概括。此外,与"大学"的名称相关,陈确还从"大学"与"小学"的不连贯来辩驳《大学》,他说:

> 且古之君子,非有所亲疏于民也;而有以民饥民溺为己责者,有以一夫不被泽为耻者,又有箪食陋巷以自乐者,而其道则靡不同。此古人之学,所以能善因乎时势而莫之有执也。今使推高禹、稷、尹为大人之学,而贬绝颜子为小人之学,则可笑矣。故君子之学不言新民而新民在,言新民而民反不在。②

其实,这一区分始自朱子,不一定是《大学》的本意。朱子的"大人之学"、"小人之学"主要是从年龄上区分的,并且朱子认为"大学"与"小

---

① 申淑华的观点,参见申淑华:《素位之学——陈乾初哲学思想研究》,北京:中国社会科学出版社,2012年,第120页。
② 陈确:《大学辨》,《陈确集》下,北京:中华书局,2009年,第553页。

学"是完全可以贯通的①。但从引文来看,陈确所谓的"大学"与"小学"似乎与朱子所论有异。他将"大学"理解为以禹、后稷、伊尹为代表的"治国、平天下"的外王学,而将"小学"理解为颜回为代表的"居陋巷而自乐"的内圣之学。这一区分实无根据,《大学》解释者无人作此种解释。究其原因,则与陈确的素位之学有关②。在陈确看来,并非每个人都能有禹、后稷、伊尹那样的时势,而更多的人可能是如颜回那样的"居陋巷",但并不能由此即说颜回非圣贤。换言之,颜回同样是修德成圣之人。依陈确的素位之学,虽然可以解释其何以提出对"大学"、"小学"之分。但从根本上讲,这一区分本来即是陈确自己所设定的,至少其他解释者从未有过这种说法。更为关键的是,若依照陈确对"大学"的界定,则必然要肯定《大学》的治国、平天下,那么这就与他认为《大学》的治国、平天下只是效验一说相矛盾。因为既然肯定《大学》认为人人都要治国、平天下,那么治国、平天下必然具有工夫、践履的意涵,即不能只是效验。总之,仅就这一点来看,陈确此辨是难以成立的。

继而看第二、三两点。这两点所运用的逻辑一致,都是以孔孟的经典来对比《大学》。就第二点而言,陈确的论证是这样的:他认为《大学》对孔、曾之言的引用并不多见,因此,否认《大学》为孔、曾所作,并借此以否定《大学》非圣经。这一论证有一根本问题,即判断思想(观念)之一贯的标准问题。陈确以对孔、曾之言的引用之多寡为标准,引用多者则与孔、曾之道一贯。当然,陈确此论是一种比较的观点,即对比《中庸》、《孟子》等经典,《大学》对孔、曾之言的引用的确较少。不过,此论却并不可取。首先,陈确也承认《大学》的确引用了孔、曾之言,只是

---

① 关于"小人之学",朱子认为指"人生八岁,则自王公以下,至于庶人之子弟,皆入小学,而教之以洒扫、应对、进退之节,礼乐、射御、书数之文。"(朱熹:《四书章句集注》,《朱子全书》第6册,上海、合肥:上海古籍出版社、安徽教育出版社,2002年,第13页)关于"大人之学",朱子认为"及其十又五年,则自"从这一解释看,似乎"小学"的内容与立德成圣无关,只是在年龄上加以区分。并且朱子认为从"学以达道"角度来看,"小学"、"大学"其目的一致,都是为了立德成圣,所以他说:"学之小大,固有不同,然其为道则一而已。"(朱熹:《大学或问》,《朱子全书》第6册,上海、合肥:上海古籍出版社、安徽教育出版社,2002年,第505页)这意味着,在学以立德成圣上,"小学"与"大学"是一致的。

② 关于陈确的"素位之学",申淑华有专门的研究。她以陈确之学即"素位之学",从素位之实与素位之时两个方面分析了陈确素位之学的特征,并且分析了素位之学所反映出来的陈确作为遗民的心态。概言之,素位之学指的是依据人的具体时势去从事修德之事。参见申淑华:《素位之学——陈乾初哲学思想研究》,北京:中国社会科学出版社,2012年,第30—59页。

他认为不如《中庸》、《孟子》之多。但对比《大学》与《孟子》可知，《孟子》的篇幅远大于《大学》，因此，它引用多一点实属正常。其次，从根本上讲，思想（观念）之一贯的判断标准能否是引用言论的多寡。进一步的追问是，引用言论是否能够说明思想的一贯。在中国哲学史上，哲人对同一命题完全可以作不同的解释。甚至于思想（观念）完全背离的二人，都可以引用同一观念、命题来佐证自己的观点。如果依据陈确的逻辑，那是否意味着对同一命题、文本的不同解释，其思想（观念）应当一贯呢？显然不会如此。因此可以说，陈确的第二点论证显然难以成立。与第二点极为相似，陈确认为孔子没有提到大学，因此否定《大学》为圣经。陈确提出了一个例证，即孔子多次提及"中庸"，由此认为"中庸"是孔子之道的内容之一。这一论证亦存在问题。再以他所崇尚的孔孟之道为例。众所周知，就人性论而言，孔子主张"性相近"，而孟子则主张"性善"，显然孔子亦未提及"性善"或者"性才情善"。若依陈确之论，必定不能说孔孟之道是一贯的。然而他却明确指出，孟子的"性善"就是孔子的"性相近"，二者是一贯的。显然，陈确的论证本身存在矛盾。因此，由这一本身存在问题的论证方式去论证《大学》非圣经，其理论效力自然不高。

　　再看第四点。在这一论证中，陈确的前设是，经典一定是从一开始即为儒者所关注，以之为圣经。这一说法的确看似合理，因为经典之为圣经固然是需要儒者所共同尊奉的。但仔细推究，亦不可如此判定。以《孟子》为例，《孟子》固然为陈确所推崇，甚至认为"学至于《论》、《孟》可矣"。但《孟子》似乎与《大学》一样，自汉以后，关注和重视者极少。即便是到了宋明，除陆象山外，重视《孟子》者亦不多见，其关注度还不及《大学》。依陈确之见，《孟子》同样不当视为经典。既然陈确如此推崇《孟子》，就不当以此逻辑来辨《大学》非圣经。

　　最后看第五、六两点。关于这两点，上文在论述陈确《大学》诠释时，已经有了一些批评。首先，必须指出的是，以三纲领为三事完全是陈确的解释，朱子、阳明即不如此看。其次，他根据《大学》的三纲领所从出的《尚书·尧典》的一段话来判定《大学》非圣经。其理由是，三纲领是三事，不符合《尚书·尧典》原话的只是一事。这一点似乎有其道理，因为按照朱子的解释，的确是以《尚书·尧典》"克明峻德"来解释"明明德"的。但三事本身即是陈确自己所设定的或曰是陈确的解释,而《大学》之本意并一定即是如此。因此,他基于此的判断效力肯定有限。此外,他认为讲"明明德"的"明明"就必然落于虚而不实,则显然是受到了宋明儒将"明德"解释为本体的影响。然而《大学》本身并不一定就是以"明德"为本体。按牟宗三先生之见,《大学》的"明德"如果置于其时代中的话,也仅是指德行而非德性①。因此,以"明明德"来判定《大学》非圣经并不可取。陈确如此避讳"明明",只是因为佛学讲"明觉"而已。但绝不可因用字的相似而忽略其思想实质的差异。

综上可知,陈确自谓的"迹粗易见"之说是很难成立的,他从"迹"上辨《大学》的可信度与说服力也并不如他所臆想的那样高。或许正是有鉴于此,陈确不得不从"理"上辨《大学》。

二、以"知行合一"为根本的从"理"上辨《大学》非圣经

所谓"理",詹海云、王瑞昌、申淑华、汤建荣等人都认为指"思想"、"义理"。从"理"上辨《大学》,即从《大学》所内含的思想、义理去辩驳《大学》非圣经。关于陈确从"理"上辨《大学》,詹海云、王瑞昌、汤建荣及申淑华等人均有论及②。因此,本无必要再作赘述。但考虑本书重新提炼了陈确哲学的宗旨,并且论证了陈确之辨《大学》是因为从根本上认为《大学》与他的重行、重践履的孔孟之道相悖,因此,笔者以为有必要以重行、重践履之道为标准重新讨论陈确的《大学辨》。当然,笔者不拟赘述诸贤所论,而是希望抓住陈确辨《大学》时所提出的纲领性命题,从而阐释陈确之辨。就从"理"上辨《大学》而言,陈确有一纲领,他说:"弟《大学辨》曰'《大学》言知不言行,必为禅学无疑,'此一篇之纲也。何以知之?以《大学》先格致,而归重知止焉故也。"③引文有两层意思:首先,必须论证《大学》是只言知不言行的;其次,作为判

---

① 参见牟宗三:《心体与性体》下,上海:上海古籍出版社,2007年,第333—335页。
② 参见詹海云:《陈乾初大学辨研究——兼论其在明末清初学术史上的意义》,台北:明文书局,1986年,第97—140页;王瑞昌:《陈确评传》,南京:南京大学出版社,2002年,第326—342页;汤建荣:《陈乾初哲学研究——以工夫实践为视阈》,昆明:云南大学出版社,2010年,第240—259页;申淑华:《素位之学——陈乾初哲学思想研究》,北京:中国社会科学出版社,2012年,第121—124页。
③ 陈确:《大学辨·答沈朗思书》,《陈确集》下,北京:中华书局,2009年,第573页。

断的依据、标准，必须说明何以只言知即为禅学。可以说，只要厘清这两个问题，即可从根本上把握陈确的《大学辨》。

当然，就上述两个问题而言，二者有共同的基础，即都是以知行关系来展开论述的。这一点，陈确有明确意识，他说："每恨阳明子之贤圣，知行合一之说，决可以与孟子性善同功无疑者，奈何不直辨《大学》非圣经，而徒与朱子争格致之解！朱子之解格致，本未尝错。错在《大学》，不在朱子。"①如上所论，笔者以为陈确是以重行、重践履的孔孟之道为旨归，其主要观点之一即是知行合一，因此，他认为阳明的"知行合一"说可以与他所推崇的孟子之性善论同功。但他指责阳明未能以"知行合一"说对《大学》展开批评。足见，在陈确看来，知行合一符合孔孟之道，理当据此以批判《大学》。这说明，"知行合一"或者知行关系的确是陈确辨《大学》的重要原则和依据。如上所论，陈确认为知行的关系是，知由行而得、知行"如环无端"。此说有两点极为重要的意涵：其一，离开行即不可言知；其二，由于行的无尽，因此知亦无尽。据此去分析上述的两个问题，则第一个问题实际上就是论证《大学》缺乏行的层面，只有知的一面；而第二个问题实际上就是由知行来判分儒释，如果无行就是佛学（禅），如果重行则是儒学。

先看第一个问题。由上文的论述可知，陈确将《大学》解释为以知止为唯一工夫，他甚至说："《大学》盖曰一'知止'而学已无余事矣。"②并且为了证成这一观点，他将明显具有工夫意涵的明、新、止、诚、正、修、齐、治、平等一律视为知止的效验。而最为奇怪的是，本来陈确是以格致为知止工夫的，即"后又遂进而求之格致，皆为知止起义耳。物格而知至者，知止也"③。但为了论证在知止之外别无工夫，他竟然说："按'物格'一节文义，并格致亦是效验，非功夫。"④虽然此说极无学理，但他强调《大学》以知止为第一义的目的却甚为明显。总之，在陈确看来，《大学》是以知止为第一义，为唯一工夫。不仅如此，陈确还进一步指出，从知行关系来看，《大学》的"以知止为第一义"意味着它是只言

---

① 陈确：《大学辨·答查石丈书》，《陈确集》下，北京：中华书局，2009年，第569页。
② 陈确：《大学辨·答沈朗思书》，《陈确集》下，北京：中华书局，2009年，第573页。
③ 陈确：《大学辨·答张考夫书》，《陈确集》下，北京：中华书局，2009年，第593页。
④ 陈确：《大学辨·答张考夫书》，《陈确集》下，北京：中华书局，2009年，第597页。

知的。

关于"知止",《大学》与之相关的论述有以下三点:其一,"止于至善"与"知止",朱子、阳明及刘宗周都将"知止"解释为"知止于至善";其二,"知止而有定,定而后能静,安而后能安,安而后能虑,虑而后能得",刘宗周据此将"知止"解释为工夫,陈确亦是如此;其三,"格致"与"知止"的关系。此处需要对第三点作一说明。朱子、阳明二人并未将格致与知止相关联,但由于"致知"与"知止"都提到"知",因此,解释者即将两者关联起来。如本书第二章所论及的刘宗周即持此一观点。陈确作为刘宗周弟子,显然是受其影响而将格致与知止关联起来。对于"知止",陈确说:

> 而又曰"知止"云云者,则愈诬矣。辟适远者未启行,而遥望逆旅以自慰曰"吾已知所税驾也",知止则知止矣,而止固未有日矣。故未至而知止,知弗知而已,而何遽定、静、安、虑、得之可易言乎?且吾不知其所谓知止者,谓一知无复知者耶,抑一事有一事之知止,事事有事事之知止,一时有一时之知止,时时有时时之知止耶?如其然也,则今日之知止,则自今日而后,而定、静、安、虑、得之无不能,不待言也。脱他日又有所为知止焉,则他日之中,而又纷然有所为定、静、安、虑、得者存,斯旨难通,固已不待其辞之毕矣。《大学》之所谓"知止",必不然也。必也,其一知无复知者也。一知无复知,惟禅学之诞有之,圣学则无是也。①

引文对"知止"的论述,显然是在上述与"知止"相关内容的第二个方面来阐述的。依引文之意,陈确将"止"作为"知"的对象,以"知止"作为心之"知识"。依据陈确的知行观,知必须由行而得。因此,判定"知止"是空知还是实知,就在于知止是否由行而得。陈确以远行为例,来分析这一问题。在他看来,"税驾"必须通过在远行过程中的具体实践,才能称为"已知税驾"。如果尚未远行即言"已知税驾",那只是空知。以此为例证,他指出《大学》的"知止"即是尚未远行时的"已知税驾"。显然,他的意思是:仅说"知止",则实际上并无所谓"知"。因为这样的

---

① 陈确:《大学辨》,《陈确集》下,北京:中华书局,2009年,第554页。

"知"并非由行而得来。此即意味着,"知止"在陈确看来是指未在践履、行的基础上而空言"知"。既然"知止"已经是空言,则基于此的定、静、安、虑、得也只是空言。然则,何以"知止"不是由行而得来的呢?对这一问题的回答,显然又必须要以他的《大学》解释为根据。如前所论,陈确首先将一切具有工夫意涵的诚、正、修、齐、治、平等完全视为知止工夫之效验,并以知止作为《大学》的唯一工夫。然后基于此再来讨论知止,那么工夫本来已经滑落,当然不能有践履、行的工夫一面。因此,陈确断定《大学》的知止并非由行而来,只是空言知。

此外,为论证知止是空言知,陈确还对"止"作了讨论。他指出,"止"应该有两种可能:其一,一知止则不须再有知止的工夫,即知止是对"止"之根本的认识;其二,知止的"止"是一事、一时的"止"。陈确将这两种"止"分别称为"深言"与"浅言"的知止,他说:

> 夫知止之说,不攻自破。将深言"知止",则白首无穷期;浅言"知止",则未宜即有定、静、安、虑、得之效。而兄则欲浅言"知止"者。浅言"知止",则亦不得不浅言定、静、安、虑、得,而《大学》之旨索然矣。观下文物格知至之义,则决非浅言"知止"可知。夫"知止非艰,行之惟艰",自古言之。定、静、安、虑悉属止功,固不费丝毫气力;虑亦是空思索,未有力行深造之功也;何遽至于能得乎?①

陈确之所以区分"深言"与"浅言"的知止,其目的在于否定知止的可能,即认为知止只是空言知。在他看来,如果是"浅言"的事事、时时上的知止,则由于事事的无限与时时的无止境,因此"止"同样是无穷的,就不能说"知止"。然则《大学》所谓"知止"就只能是空言知止,即空言知。据此,陈确认为《大学》并非是"浅言"知止,而是"深言"知止。不过,"深言"的知止规定了"止"应当是根本的"止",但这显然与陈确反对专言本体相悖。陈确认为本体必须是由工夫来确立,因此离开工夫即不可言本体。但根本的"止"即是不依据工夫的专言本体。这样一来,陈确同样否定可以言说"根本的止"。而《大学》却以"知止"立论,则只能说它是空言知止,即空言知。

---

① 陈确:《大学辨·答沈朗思书》,《陈确集》下,北京:中华书局,2009年,第573页。

总之，陈确认为，《大学》的知止是不由行而得来的空言的知止，《大学》是只言知而不言行的。

再看第二个问题。一般而言，宋明儒都是从本体上来判分儒释的。因本体的实有，从而肯定世界的实有。如张横渠以太虚之实有以判分儒释、朱子以理为实有以判分儒释等。即便是被理学家批评为最近禅学的阳明，也指出儒释的区别在于儒学肯定理、肯定家、国、天下等实有；而被称之为宋明儒学之殿军的刘宗周，更是时刻以意根、独体来严守儒释之辨。足见，在宋明儒的一般理解中，儒释之别首先是在本体上有别，即儒学强调本体之实有，而佛教以之为"空无"；继而在事物的存在上，儒学由本体之实有从而肯定世界之实有，而佛学由本体之为空无则不能肯定经验的世界。但陈确反对专言本体，认为应当即工夫以言本体，因此，他判分儒释的标准显然与宋明儒有别。上文指出，陈确的为学宗旨是重行、重践履的孔孟之道，因此，陈确判分儒释的标准自然与此有关。他认为，儒学的本质是注重在日用伦常中践行人伦之理，与此一致的学说即为儒学；相反，强调可以离开日用伦常的践行而以思虑空、无为主或者强调空言本体、守静的学说即为佛学（主要是禅学）。所以他甚至认为"老庄已是禅宗，况汉儒耶！"①并且，基于重行、重践履的孔孟之道，陈确对"知行合一"一说极为赞赏。可以说，"知行合一"一说是重行、重践履的孔孟之道的重要内容之一。因此，陈确对儒释的判分实际上是以知行来判分的。正是在这一意义上，陈确说："《大学》言知不言行，必为禅学无疑。"②

既然陈确以重行、重践履作为判分儒释的标准，又认为《大学》是只言知而不言行的，那么可以推知，在他看来，《大学》乃是禅学，从而力倡罢黜《大学》。所以他说：

> 夫《大学》之崇尚空觉，畔经诬圣，自不待言。即朱子亦以为无他左验，则《大学》之为圣经绝无证据可知。嗟乎！学至于孔、孟，可以已矣；书至于《论》、《孟》，可谓有证矣。③

据上文所论，陈确所理解的孔孟之道就是重行、重践履之道，据此，他必

---

① 陈确：《大学辨·答恽仲升书》，《陈确集》下，北京：中华书局，2009 年，第 607—608 页。
② 陈确：《大学辨》，《陈确集》下，北京：中华书局，2009 年，第 557 页。
③ 陈确：《大学辨·答沈朗思书》，《陈确集》下，北京：中华书局，2009 年，第 574—575 页。

然会对"崇尚空觉"的《大学》加以批评。"空"与"实"对,按陈确的解释,是指《大学》的"知止"。因为在他看来,《大学》是一知止即无工夫,而知止只是言知,没有落实于日用伦常的工夫,因此认为"知止"就是"空"。由此,陈确必然要辩驳《大学》非圣经。所谓"觉"还是指《大学》的"知止"。在陈确看来,《大学》一"知止"即无工夫,那么就是一种"觉"的顿悟的工夫。陈确极力反对此种顿悟之说,认为它是禅学。所以他由此亦必然反对《大学》。

总之,陈确就是在其对《大学》的特殊解释下,将《大学》视为禅学,从而认为它有悖于孔孟的重行、重践履之道,所以必须加以辩驳,以复归孔孟之道。但必须指出的是,他的这一解释只能说是自圆其说,毕竟其中诸多立论显然不能成立。就其论证来看,显然其理论效力不高。首先,就对禅学的判定而言,陈确所论失之简单。他仅仅从"知行"上来判定儒释之别,或者说认为重行、重践履、重视在人伦日常中从事人伦实践才是儒学,这显然未能接触到儒释之辨的根本问题。即未能从本体上去判别儒释,而仅仅从经验表现上去判断,必然不如从本体上做超越的判断之有效。并且这一判断标准,向无儒者持论,足见其理论效力的有限。其次,陈确对《大学》的理解缺乏一贯性,甚至有自相矛盾之处,这一点上文已有述及。即便是他最为着力的论证"知止"为空言这一观点,也存在问题。因为他的论证有循环论证的嫌疑。如他首先将一切工夫推至知止,并以知止为唯一工夫;然后又说"知止"只能是"深言",这是因为"浅言"的知止需要工夫,而《大学》则除知止外并无工夫。这是极为明显的循环论证。因此,笔者以为陈确的论证是有限的。再次,陈确认为以"知止"为工夫只是"空言"知。其实,这一说法难以成立。因为"知止"本身亦可是一种实行的工夫。如刘宗周即以知止为《大学》的工夫,并认为知止即是慎独,而慎独必须于修身、齐家、治国、平天下上见其效果;因此,"知止"并不一定就只是"知"而已,亦可具有行的意涵。最后,陈确以"觉"是顿悟而以之为禅学的判定,同样理据不足。其实,在儒学"觉"亦未尝不可言,如杨时即以觉训仁。"觉"并不能作为判教的标准,判断"觉"的关键在于所觉的对象。如儒学强调对本体的觉悟亦是一种工夫。因此,可以说陈确所用以区分儒释的标准,在宋明儒学的一般规定中均难以成立。

当然，以知行为角度从根本上判断《大学》是禅学，从而辩驳《大学》非圣经，只是陈确从"理"上辨《大学》的根本缘由、立场和原则。正是在这一根本原则之下，陈确还从其他方面展开对《大学》的辩驳。对这一问题，学者多有探究。詹海云先生将陈确从"理"上辨《大学》概括为三个方面：第一，从虚实观点分析《大学》的内容涉及夸大；第二，从知行关系商榷《大学》的归重知止；第三，从修为工夫评论格物诚正的先后次序。其中，第三点又可分为两个方面：其一，格致与正心之先后；其二，心与意的分合。①王瑞昌先生将其概括为三个方面：第一，三纲领、八条目"支离舛谬"；第二，《大学》言知不言行；第三，《大学》是禅学。②汤建荣将其概括为：第一，从《大学》"三纲"方面辩驳；第二，对《大学》"格致诚正"工夫次第的批驳；第三，对《大学》"知止"的批驳。③申淑华将其概括为：第一，《大学》支离；第二，《大学》近禅；第三，《大学》重知轻行，分知行先后；第四，《大学》不知慎独。④就上述四人的研究而言，他们对陈确从"理"上辨《大学》的概括基本一致。亦可看出，在陈确的辩驳中，都是围绕着笔者所揭示的知行关系来展开的。当然，四人的概括中所提及的"格致与诚正关系"问题，的确不可由知行去概括，因此，有必要作简要分疏。

陈确在概括自己从"理"上辨《大学》时，除提出以"知行"为纲领外，还指出他辨《大学》的另一重要内容。他说：

> 《大学》之非圣经，至公之论也。以《大学》还《礼记》，至平之事也。知止之为禅学，格、致、诚之不可先于正心，至当之说也。⑤

> 弟《大学辨》所亟争者，惟在先格致而归重知止。后正心而先致知，则驰外而荒；归重知止，则诞而坠于禅；故辨之最详。⑥

---

① 詹海云：《陈乾初大学辨研究——兼论其在明末清初学术史上的意义》，台北：明文书局，1986年，第105—140页。
② 王瑞昌：《陈确评传》，南京：南京大学出版社，2002年，第327—342页。
③ 汤建荣：《陈乾初哲学研究——以工夫实践为视阈》，昆明：云南大学出版社，2010年，第240—259页。
④ 申淑华：《素位之学——陈乾初哲学思想研究》，北京：中国社会科学出版社，2012年，第121—124页。
⑤ 陈确：《大学辨·答查石丈书》，《陈确集》下，北京：中华书局，2009年，第569页。
⑥ 陈确：《大学辨·答沈朗思书》，《陈确集》下，北京：中华书局，2009年，第575页。

从这两段引文可知，就从"理"上辨《大学》而言，陈确认为自己是从两个方面来展开的：其一，《大学》归重知止，从而判定它是禅学；其二，《大学》先格致诚于正心，从而导致驰外而荒。前一方面，上文已经作了详细论述。后一方面，的确有待进一步的阐释。如上文所述，陈确认为《大学》的八条目是严守先后的次序。因此，格物、致知自当在诚意、正心之先，诚意自当在正心之先。但陈确显然不以此说为然，他批评说："至正心以往，益加舛谬。既言'正心'，不当复言诚意。既先诚、正，何得又先格、致？夫心之于意，固若此其二乎？"①陈确认为，如果已经有正心的工夫，则不当再有诚意的工夫。他的理由是：心就是意，不当分心、意为二。并指出，如果已有诚意即正心的工夫，则不当再有格致的工夫。但他并未说明持这一观念的理由。笔者以为，要厘清陈确此说，首先需要弄清陈确对这些概念的解释。

先看"格致"。王瑞昌先生指出，"格致"在陈确哲学中有两种解释：其一，套在《大学》上的专论，指知止；其二，在一般的意义上讲，基本相当于朱子的格物穷理说②。再看"诚意"。陈确认为意与心不可分，自然不当再有诚意之说，因此，他将"诚意"准确地说是"诚"解释为"诚身"。他说：

> 故《大学》所谓诚者非诚也，凡言诚者，多兼内外言。《中庸》言诚身，不言诚意。诚只在意，即是不诚。朱子之解"诚意"曰"实其心之所发"。心之所发者，欲正也，欲修也，欲齐、治、平也。而苟有未正、未修、未齐治平焉者，则是心之所发犹虚而不实也，而何以谓之诚乎？故曰"诚者非自成己而已也，所以成物也"，又曰"反身而诚，乐莫大焉"，并兼物言。是故言诚可不更言正、修、齐、治、平，而分别若此者，则是所谓诚者非诚，所谓正者非正，所谓修者非修。③

陈确指出，《大学》所谓的"诚意"之"诚"并非"诚"的真义，"诚"应当是指"诚身"。他的理由是，如果意是心之所发，那么身、家、国、天下作为心的所发者，本身应当是诚的效验。而《大学》却强调有未正、未

---

① 陈确：《大学辨》，《陈确集》下，北京：中华书局，2009年，第555—556页。
② 参见王瑞昌：《陈确评传》，南京：南京大学出版社，2002年，第332—333页。
③ 陈确：《大学辨》，《陈确集》下，北京：中华书局，2009年，第555—556页。

修、未齐、未治、未平者，说明心之所发本身即是不诚于心。因此，《大学》不当以"诚意"为说，而是当以"诚身"为准。显然，陈确是将"心—身"对举，以身为"心之所发"，身包括身、家、国、天下等。又因为他将修身、齐家、治国、平天下视为格致的效验，那么诚身实际上就包括家齐、国治、天下平等效验。这显然是他对诚身的全新解释。据此解释，他将八条目消解为格致、正心及诚身。

最后来看"正心"。陈确对正心的解释是：

> "正"亦可释"敬"，《易》"君子敬以直内"是也。心惟敬，故致知而无不致，格物而无不格。山阴先生曰："主敬之外，更无穷理。"至哉师言！程子亦曰"入道莫若敬"，又曰"未有致知不在敬者"，则固已知正心之先于格致矣。①

> 正心，如孔子言志学、志道、志仁之类，哪得更在诚后！②

由引文可知，陈确至少在两个方面来解释正心：其一，主敬；其二，持志。对于"主敬"，陈确显然是遵从程朱的解释，即指"使心专一"。所谓"持志"，陈确认为是孔孟所谓的"志于道"、"志于仁"等。然而"使心专一"必然意味着"使心专一"于某物。若仅限于心的范围内，且结合陈确以孔孟之道为旨归来看，则心定当专一于志，即专一于孔孟之道、专一于仁义。因此，实际上正心的两个方面是一致的。并且，正是因为对正心作如此解释，陈确依据程子的"未有致知不在敬者"，反对《大学》的"先格致而后正心"。不过，陈确之所以反对"先格致而后正心"，并非仅仅基于这一原因，而是有更深一层的原因。他说：

> 且弟之辨《大学》，亦何莫非读书穷理之事乎！其曰格致功夫，彻始彻终，必不可以格致为学之始事者，亦理也。曰心为一身之主，心正则格致皆正，心偏则格致皆偏，必不可先格致于正心者，亦理也。③

如前所论，陈确认为《大学》是严守八条目的先后之序，因此，格致诚正四者当以格物为先。但陈确认为这一说法欠妥，其理据在于"心为一身之

---

① 陈确：《大学辨》，《陈确集》下，北京：中华书局，2009 年，第 556 页。
② 陈确：《大学辨·答张考夫书》，《陈确集》下，北京：中华书局，2009 年，第 586 页。
③ 陈确：《大学辨·与吴裒仲书》，《陈确集》下，北京：中华书局，2009 年，第 580 页。

主"这一观念。陈确的意思是,心既然是身的主宰,而格致又是心的活动,那么格致必然由心来决定。因此,如果心本来不正,则格致必然会有所偏离。据此,他认为不可先格致于正心,而是一定要先正心。只有在心正的基础上,方可去格致。

此外,对于诚意与正心关系,陈确同样认为不可遵从《大学》的"先后之序"。如前所论,他主张"消意于心",因此,"意"不具有独立的意义,必须依附于心方可。这样一来,诚意之说即不成立。有鉴于此,陈确将诚意改为"诚身"。但同样主张不能依从《大学》的先诚身后正心之序,他的理由是:"曰正心是先端趋向,而诚是到头学问,必不可先诚于正者,亦理也。"① 与不当先格致于正心一样,陈确认为,心是身之主宰,如果先诚身于正心,那么如何保证身主宰的心本身是端正的。因此,他主张应当以正心为先。

既然陈确认为正心是先于格致与诚身的工夫,那么自然会反对严守格致诚正的先后之序的《大学》观点。然而,其论述似乎存在矛盾之处。最为明显的问题是,八条目究竟是工夫还是效验。如上文在阐释陈确的《大学》诠释时已经指出,他是以效验来看待八条目的。但细究他在辩驳《大学》不当先格致于正心时,他似乎又将格致、正心等均视为工夫。其实,关键在于区分陈确哲学与他的《大学》诠释。质言之,陈确之辩驳《大学》即是依据其哲学思想去批评他所理解的《大学》。具体而言,他将格致、正心等视为工夫的观念,属于陈确哲学的范畴;他将格致、正心乃至八条目均视为效验,属于陈确的《大学》诠释的范畴。这也是为何本书一定要先将陈确的《大学》诠释梳理于前,而后再阐释其《大学辨》的原因。也只有在这样的意义上,方可理解陈确何以对"格致"作了两个方面的解释,即套着《大学》讲和脱离《大学》讲。最后,不得不指出的是,陈确对《大学》的辩驳完全是基于他所理解的《大学》。并且,他的《大学》解释是异于一般宋明儒的极具个人特色的解释。因此,基于此的辩驳之理论效力亦可想见。

综上,已阐释了陈确的《大学》诠释及辨《大学》。首先,本书对陈确诠释《大学》的基础之为学宗旨作了重新分析,从经典与义理两个角度

---

① 陈确:《大学辨・与吴裒仲书》,《陈确集》下,北京:中华书局,2009 年,第 580—581 页。

论证了其宗旨是重行、重践履的"孔孟之道"。其次,分析了陈确辨《大学》非圣经的原因,认为它固然与《大学》在宋明儒学的特殊地位有关,但从根本上讲是因为它与陈确的为学宗旨相悖。再者,陈述了陈确以"知止"为中心的诠释。在陈确看来,知止是《大学》的唯一工夫,三纲领、八条目都是知止的效验。显然,这一看法深受其师刘宗周的影响,但又绝非刘宗周所及。正是由于陈确将知止视为唯一的工夫,而将三纲领、八条目都视为知止的效验,因此陈确认为,只要一知止则三纲领、八条目即可实现。据此,他以知止将三纲领、八条目贯通起来。当然,也正是基于上述看法,并依据其"知由行得"的观点,刘宗周判定《大学》是只言知不言行的禅学,从而展开对《大学》的猛烈批评。最后,依据陈确自己所提炼的"迹"、"理"两条线索,对其《大学辨》作了分析。在以"迹"辨《大学》上,在借鉴前人研究的基础上,着重分析了陈确以"迹"辨《大学》的理论效力问题,认为它并非如陈确所自认为的那样可信。在以"理"辨《大学》上,本书基于对陈确为学宗旨的重新概括,抓住"知行"这一中心问题,对其《大学辨》进行了分析和批评。在阐述其内容的基础上,对其理论效力作了批判,认为由于陈确之辨《大学》完全是建立在自己对《大学》的独特理解之上,因而其可信度并不如他所认为的那样高。

第五章

明清之际其他诸子的《大学》诠释述要

在详细阐述本书的主要研究对象——刘宗周、王夫之、陈确的《大学》诠释之后，为了更加清晰地揭示明清之际《大学》诠释的全貌，本章将对明清之际其他诸子的《大学》诠释作一综述。

第一节 尊王视域下的诠释：孙奇逢、李颙的《大学》诠释

一、孙奇逢的诠释

孙奇逢解释《大学》的文献主要有两种：一是《四书近指》的《大学近指》，二是《晚年批定四书近指》的《大学近指》①。两相比较，两种文献有三点不同：其一，前者是以"修身为本"为中心来展开论述的，而后者似乎没有一个论述中心；其二，前者内容充实，后者内容简单；其三，后者增加了对格物致知的解释，并表现调和朱子、阳明《大学》诠释的特点。②不

---

① 前者以《文渊阁四库全书》的第208册为准，后者以清华大学图书馆馆藏的《晚年批定四书近指》为准。
② 虽然两种文献有此三点不同，但其思想基本上是一贯的。为全面揭示孙奇逢的《大学》诠释，本书将对两种文献做综合的研究。

过,二者在论述体例上较为一致,都将《大学》分为大学之道章、康诰曰章、汤之盘铭章、邦畿千里章、听讼章、所谓诚意章、所谓修身章、所谓齐家章、所谓治国章以及所谓平天下章等十章,并分别予以解释①。从分章上来看,孙奇逢信从朱子的改本。但从他未列出朱子的格致补传并作解释来看,他并不赞同朱子的格致补传。

在义理上,孙奇逢诠释的要点有二:其一,提出了"以修身为本"的观念;其二,提出了融合朱子、阳明格物说的新格物说。先看第一点。在诠释中,他多次提及这一观念,如"通篇总括于'一是皆以修身为本'一句"②、"一经十传,只'修身为本'一句尽之"③。其意为,《大学》的义理可以用"修身为本"来概括。其理据在于他对八条目之关系的特殊理解,他说:"合格致诚正而始为身之修,总齐治均平而始满修之量。"④在孙奇逢看来,八条目可从修身分为两大部分:第一部分是格致诚正,它们是修身的工夫;第二部分是齐治平,它们是扩充修身之量。换言之,前者是如何修身,后者是发挥修身的功用;前者归于修身,后者推扩修身。足见,八条目都与修身相关。因此可说"修身为本"。当然,以上论述仅以《四书近指》为准。到了后来的《晚年批定四书近指》中,他似乎不再持这一观念,至少在文字上未有提及。不过,从一处细微的论述中仍可看出他是持这一观念的,即:

> 《大学》以明德为宗,明德以致知为宗,致知之功尤在格物。身、心、意、家、国、天下,皆物也;诚、正、修、齐、治、平,皆格也。格物之有本者为明德,格物之有末者为亲民,格物之末不离于本者为明明德于天下。明明德于心、于意、于知者,真身也;明明德于家、于国、于天下者,大身也。⑤

引文将《大学》的三纲领、八条目等核心概念囊括于其中。在孙奇逢看

---

① 孙奇逢:《四书近指》,《文渊阁四库全书》第208册,上海:上海古籍出版社,1987年,第652—657页;《晚年批定四书近指》卷一,《大学近指》。
② 孙奇逢:《四书近指》,《文渊阁四库全书》第208册,上海:上海古籍出版社,1987年,第652页。
③ 孙奇逢:《四书近指》,《文渊阁四库全书》第208册,上海:上海古籍出版社,1987年,第657页。
④ 孙奇逢:《四书近指》,《文渊阁四库全书》第208册,上海:上海古籍出版社,1987年,第657页。
⑤ 孙奇逢:《大学近指》,《晚年批定四书近指》卷一,《文渊阁四库全书》第208册,上海:上海古籍出版社,1987年。

来,《大学》义理的根本在于明德,而落实明德的工夫则在格物。由于将身、心、意、家、国、天下都视为物,将诚、正、修、齐、治、平等均视为格物的范畴,从而将《大学》收摄于格物及明德之中。并且他指出,格物有本末之别,本为明德、末为亲民。而依据一般的理解,明明德包括格致诚正修、亲民包括齐治平,因此,格物之本即是格致诚正修,格物之末是齐治平。在本末之分中,最为关键的是修身。孙奇逢认为,格物之本是"真身",格物之末则是"广身"。这实际上就是"以修身为本"之观念的另一表述。

再看第二点。由上文可知,孙奇逢以格物为中心,将八条目分为格物之本及格物之末,并认为格物之本是明德、其末是亲民,因此,将八条目、三纲领尽摄于格物。在这一意义上,他指出,明德是《大学》的义理根本所在,而格物是明德的落实处。这一点在《四书近指》中亦有体现。他说:"格物无传,此大学最精微处。盖物不可指名,自诚意后,《康诰》、《盘铭》、《邦畿》以及身修正心至平天下章,无往非物,无往非格。"①孙奇逢反对朱子的格致补传,认为格物贯穿于诚正修齐治平之中,即诚正修齐治平即格物。因此,无需专门的格物传。足见,在孙奇逢看来,格物内在于诚正修齐治平之中。关于"格物"的内涵,他说:"身、心、意、家、国、天下,皆物也;诚、正、修、齐、治、平,皆格也。"②对于"物",此说尚有所指,即以《大学》八条目的对象身、心、意、家、国、天下为"物",但因未能包含知而显得颇不一致。而他对"格"的解释却较为怪异,诚、正、修、齐、治、平如何都是"格","格"的意涵并不清晰。不过,在别处他仍有一定的解释,即引用朱子、阳明的解释来申述格物的意涵。他说:"文成之良知与紫阳之格物原非有异,如主文成则天下无心外之物、无物外之心,一切木砾瓦石一览即见,皆因吾心原有此物。起一念事亲则亲即是物,起一念事君则君即是物,知与物不相离者也。如主紫阳则今日格一物、明日格一物,《诗》、《书》文字千言万语只是说明心性。不是灵知原在吾心,如何能会文切理、通晓意义。且一旦豁然则物即是知。物物皆知,水月交涵,光光相射,不复辨别格之与致矣。此亦知

---

① 孙奇逢:《四书近指》,《文渊阁四库全书》第 208 册,上海:上海古籍出版社,1987 年,第 653 页。
② 孙奇逢:《大学近指》,《晚年批定四书近指》卷一,《文渊阁四库全书》第 208 册,上海:上海古籍出版社,1987 年。

与物不相离者也。"①如前所述，朱子、阳明对于格物的解释有本质的区别。从孙奇逢所引阳明的"起一念事亲则亲即是物，起一念事君则君即是物"一说来看，此处并非在言说格物，而是在说致知。因此，二说更显差异。孙奇逢为了疏通二说，提出"物与知不相离"的观念，即认为知与物本来一致。此说在阳明处尚可说通。致良知并非停留在"致"上，而是必须落实于"物"上以使得物合于理、合于良知。在圆融状态下，物即是良知的呈现，亦可说物即良知。但在朱子处则较难说通。朱子以格物为致知工夫，格物是穷究事物之理，其知是对物之理的知，而不是以物为归结点，物与知尚有差异。显然，孙奇逢的这一观念存在不足。基于这一观念，他指出朱子的格物说中所提及的会文切理、通晓意义之所以可能，关键在于人心本具灵知。并且他认为，人心本具的灵知就是阳明的良知，从而论证朱子的格物就是"格"人心本具之灵知，最终将物与知合而为一。此论的关键是人心是否本具灵知。朱子反对此说，否则何以必须通过格物来扩充其知呢？因此，孙奇逢此论无疑是以阳明哲学来解释朱子哲学，其解释颇显支离。

从对格物的解释可知，孙奇逢诠释《大学》的最大特点是调和朱子、阳明的诠释。不过，正因二说在本质上有别，所以孙奇逢的诠释就显得较难理解。当然，作为明清之际心学一系的代表，他的解释明显偏向心学一系。如在格物的解释上，他虽然引用并肯定朱子的格物穷理说，但本质上仍是以阳明的致良知说来解释的。

二、李颙的诠释

李颙诠释《大学》的文献主要见于《四书反身录·大学》中②。关于《四书反身录》一书的性质，李颙后学康乃心有较好的概括，他说："《反身录》何？录二曲征君李夫子之所恒言者也。其以《四子书》何？非疏《四子》也，于其言之有合于《四子》，或时感于《四子》之言，而偶有所发，其诸门人小子笔而存焉，以为可以示家塾、告远近也云尔。"③诚如康

---

① 孙奇逢：《大学近指》，《晚年批定四书近指》卷一，《文渊阁四库全书》第208册，上海：上海古籍出版社，1987年。
② 收在《二曲集》中，下引李颙文献均见此书。李颙：《二曲集》，北京：中华书局，1996年。
③ 康乃心：《四书反身录序》，载于《二曲集》，北京：中华书局，1996年，第398页。

氏所言,《四书反身录》并非对《四书》的注解、解释,而主要是李颙以自己平时的感悟、体悟去说明《四书》与之相契之处。不过,若从广义的诠释来看,此亦可说是一种诠释。并且在此书中,李颙对《四书》也的确有一定的概念辨析。正是因为此书的上述特质,在阐释其《大学》诠释时,主要从上文所概括的《大学》诠释的三大主题来展开论述。

李颙并未讨论《大学》的版本与作者归属问题,因此,直接进入对义理问题的阐释。首先,李颙对三纲领及其关系的论述。关于"明明德",李颙说:"'明德'即心,心本至灵,不昧其灵,便是'明明德'。"①又说:"'明德'是体,'明明德'是明体。"②显然,这与朱子、阳明的解释在形式上是一致的,即都从本体来界定"明德"。不过,以"明德"为心,肯定更合于阳明从本心之良知来界定"明德"。这一点,从李颙论述明德与良知之关系中可以看出。在回答他人的"'明德'、'良知'有分别否"时,他说:"无分别,徒知而不行,是明而不德,不得谓之良。徒行而不知,是德而不明,不得谓之知。就其知是知非,一念炯炯,不学不虑而言,是谓'良知';就其著是去非,不昧所知,以返不学不虑而言,是谓'明德',曰'明德',曰'良知',一而二,二而一也。"③李颙所论较为怪异,显然是夹杂朱子、阳明的观念于其中。他将明德区分为明与德两部分,亦将良知区分为良与知两部分,并将明与知相对应、良与德相对应。其区分的标准在于知行,认为"明—知"是知而不行、"良—德"是行而不知。不过,其目的则较为明确,即强调明德和良知都应当包含知行两个方面,在工夫上强调以行来确定其心之明(知)。因此,明明德作为明其本体就不再仅仅是从知的角度来看的知晓何谓本体,而更重要的是以行来朗现其本体之知。关于"新民"还是"亲民",李颙似乎主张两说并存。他说:"心本与万物为一体,不自分彼此,便是'亲民'。"④这是以"亲民"为准。但他又说:"格、致、诚、正修,乃明之之实,齐、治、平,乃新之之实。"⑤这又是以"新民"为准。就第一处引文而言,他只是在阐释"明明德"与"亲民"一贯的原因。在他看来,由于作为本体的明德之

---

① 李颙:《二曲集》,北京:中华书局,1996年,第402页。
② 李颙:《二曲集》,北京:中华书局,1996年,第401页。
③ 李颙:《二曲集》,北京:中华书局,1996年,第402页。
④ 李颙:《二曲集》,北京:中华书局,1996年,第402页。
⑤ 李颙:《二曲集》,北京:中华书局,1996年,第402页。

心就是万物的本体，因此没有人我、彼此的区分就是"亲民"。就第二处引文而言，这是沿袭朱子之说，以格、致、诚、正、修作为明明德的内容，以齐、治、平作为新民的内容。关于"止于至善"，他的解释是："纯乎天理而弗杂，方是止于至善。"①这显然是从效验的角度来界定"止于至善"的，即要求在明明德、新民的过程中，以"纯乎天理而弗杂"为内在的要求及所欲达到的目标。这已经涉及李颙对三纲领之关系的论述。对此，李颙的看法是："'明德'是体，'明明德'是明体；'亲民'是用，'明明德于天下'、'作新民'是适用。"②显然，这与阳明所论一致，都是从体用来看待明明德与亲民的关系。而他以"止于至善"为明明德、亲民的内在要求及终极境界的观念，与朱子、阳明所论同样一致。

其次，李颙论八条目及其关系。李颙并未对八条目予以一一解释，而仅仅着重讨论了格物。因此，亦未对八条目之关系作出说明。关于"格物"，他说：

> "格物"乃圣贤入门第一义，入门一差，则无所不差，毫厘千里，不可以不慎。"物"即身、心、意、知、家、国、天下；"格"者，格其诚、正、修、齐、治、平之则。《大学》本文明说"物有本末，事有终始"，其用功先后之序，层次原自井然；"古之欲明明德于天下"与"物有本末"是一滚说。后儒不察，遂昧却"物有本末"之"物"，将"格物""物"字另认另解，纷若射覆，争若聚讼，竟成古今未了公案。今只遵圣经，依本文，认定身、心、意、知、家、国、天下之"物"，从而格之，循序渐进，方获近道。③

在李颙看来，"格物"是进入儒学乃至成为圣贤的第一义，即以"格物"作为成就圣贤的根本入门工夫。在"格物"的理解上，是绝对不允许出现任何差池的。但他认为以往的解释，尤其是朱子、阳明的解释都未能揭示格物的确义。并且正是由于朱子、阳明的误解，使得格物这一本来较易理解的概念成为了《大学》诠释中的未了公案。因此，他对格物加以重新解释。首先，他认为以往的误解之根源在于对"物"的误读。如前文所述，

---

① 李颙：《二曲集》，北京：中华书局，1996年，第402页。
② 李颙：《二曲集》，北京：中华书局，1996年，第401页。
③ 李颙：《二曲集》，北京：中华书局，1996年，第404—405页。

朱子、阳明所理解的"物",虽然包含了家、国、天下等,但他们最准确的解释却是以天下万物为"物"。这在李颙看来是完全错误的,他认为"物"实际上即指《大学》所述的身、心、意、知、家、国、天下。他的理由是,《大学》所谓"古之欲明明德于天下"与"物有本末"本来是一贯之论。他的意思是,"物有本末"是对"古之欲明明德于天下"一段论述的总结,因此,"物"当仅置于此一段论述中来界定,从而得出"物"即《大学》所述的身、心、意、知、家、国、天下。其次,基于对"物"的全新解释,李颙认为所谓"格物"即指格其诚、正、修、齐、治、平之则。既然"物"只能在《大学》内部来解释,那么"格"同样只能在《大学》内部来解释。因此,他认为"格物"就是对"物"所对的诚、正、修、齐、治、平之格。当然,他意识到被格的五者似乎均是在工夫上来言说的,故而他指出格物是格五者之则。所谓"则",李颙认为就是"善",他说:"善非他,此天之所以与我者,即身、心、意、知之则,而家、国、天下之所以待理者也。"①正是在这一意义上,他将"格物"等同于"明善",同时亦将格物与致知、诚意、正心、修身、齐家、治国、平天下贯通起来。

最后,李颙对朱子的批评。其实,在上段的论述中,已经提及李颙对朱子的批评,即指责朱子的格物说是对物的误读。但这一批评同样涉及阳明。不过,李颙作为心学一系的哲人,他批评的对象主要是朱子。在他看来,朱子的格物说实际上是"博物"说。他说:"若舍却'至善'之善不格,身、心、意、知、家、国、天下之理不穷,而冒昧从事,欲物物而究之,入门之初,纷纷轇轕,堕于支离,此是博物,非是'格物'。"②从"欲物物而究之"来看,李颙认为格物亦可从朱子的穷理来解释,只是他认为当仅限于身、心、意、知、家、国、天下上去穷理。同时,亦说明这是针对朱子而来,即批评朱子的格物说过于宽泛,从而不能抓住格物穷理的真正对象,会产生支离的弊病。从格物的目标与终极对象来看,李颙的格物与朱子的格物是一致的,二者都是为了明善。并且,朱子的解释同样包括了李颙所强调的身、心、意、知、家、国、天下。这样看来,李颙的批评是较难成立的。

---

① 李颙:《二曲集》,北京:中华书局,1996年,第405页。
② 李颙:《二曲集》,北京:中华书局,1996年,第405页。

当然，对于三纲领、八条目之间的关系，李颙亦有一定论述。他说："格、致、诚、正、修，乃明之之实，齐、治、平，乃新之之实。"①这是沿袭朱子所论，以格、致、诚、正、修作为明明德的内容，以齐、治、平作为新民的内容，从而将三纲领与八条目关联起来。并且如上所述，八条目最终息归于格物，而格物即明善，因此，格物即可贯通八条目、三纲领。此即李颙所谓"格物是《大学》第一义"。

第二节　尊朱视域下的诠释：吕留良的《大学》诠释

明清之际，尊朱一系的哲人主要有王夫之、张履祥、朱舜水、吕留良及陆世仪等。但这些哲人中，真正对《大学》有详细解释的是王夫之、吕留良二人。二人诠释《大学》的特点是：其一，在版本上完全赞同朱子之说，且认为朱子的改本最为可取；其二，在义理上大致与朱子所论无异，只是在某一概念、命题的解释上对朱子所论作了修正、补充。但比较而言，王夫之的解释更具创造性，因此将作为本书论述的主体。在此，只绍述吕留良的诠释。

吕留良的《大学》诠释可以说是对朱子诠释的再诠释，这从其弟子陈鏦的论述中可以看出。在《吕晚村先生四书讲义》的《识语》中，陈鏦首先对道统进行了追述，认为朱子学才是正统所在，而陆王的心学则是阳儒阴释的异端邪说②。继而，他指出吕留良之学是在阳明心学"泛滥"之后尚能接续朱子学者。不过，众所周知，朱子学内容宏丰，那么何者才是朱子学的核心呢？陈鏦认为朱子的四书学乃其核心，而吕留良之学恰好以此为重心。他说："舍四子书之外亦无可讲之学，是以晚年点勘文字，发明章句集注，无复剩义。而凡说之不合于朱子者，辨析毫芒，不使稍混。"③在陈鏦看来，吕留良对于《四书》的解释，完全是以朱子的解释为准，只是针对时人对朱子的误解予以辨析，进一步补充、巩固朱子所论。显然，

---

① 李颙：《二曲集》，北京：中华书局，1996年，第402页。
② 参见吕留良：《吕晚村先生四书讲义·识语》卷一，《续修四库全书》第165册，上海：上海古籍出版社，2002年，第366页。
③ 吕留良：《吕晚村先生四书讲义·识语》卷一，《续修四库全书》第165册，上海：上海古籍出版社，2002年，第366页。

吕留良的解释就是对朱子诠释的再诠释，这在版本和义理上均有体现。在解释体例上，吕留良完全照搬朱子的"经一章、传十章"之说，除格物致知补传外均对之一一作了解释、辨析。因此，在版本上，他以朱子的改本为准。在义理上，吕留良全用朱子之意，只不过在一些细微之处作了补充。以下将以诠释义理的两大问题为中心，对这些细微之处予以阐释。

首先，吕留良在三纲领及其关系上的补充。就这一问题而言，吕留良的贡献在于对"止于至善"的全新解释。朱子以"至善"为明明德、新民的极则，指出明明德、新民必至于至善之地而不迁。此说将至善视为明明德、新民的内在要求、准则与极致状态，认为止于至善与明明德、新民一同构成三纲领。然而对于止于至善是否独立于明明德、新民之外，或者说是否有专门的工夫，则未有论定。吕留良对这一问题作了发挥。他指出："止至善之事之附在明新两纲领上，更无第三项用力处，故止至善只说知不说行，非止至善无行，行即在明新内也。止至善一纲领专重知，故下文急接知止。"[①]与朱子一样，吕氏将至善视为明明德、新民之内在要求的极则，因此，止于至善并无独立的工夫，而只是在明明德、新民中实现。据此，他认为"止于至善"只有"知"的意涵。所以他认为，正是基于以上原因，在列出三纲领之后，《大学》紧接着提出"知止"的"知止于至善"之说。并且，吕氏非常赞同朱子以效验来解释"知止而后有定……虑而后能得"一段文字中的定、静、安、虑、得，认为由于"止于至善"只具有知的一面，则这一段论述是在阐释"知止"的效验而非工夫。但这一论述却存在问题。其一，格物致知是知至善之所在、诚正修齐治平是至善之能得，且"止于至善"落实在格、致、诚、正、修、齐、治、平之中，如果"止于至善"仅属于知，那么是否意味着诚、正、修、齐、治、平即无必要。其二，既然"止于至善"是在明明德、新民中去实现的，那么何以需要单列为一纲领，即"止至善原只在明新二纲领上说，如何又分说处为三？"[②]

对于第一个问题，吕氏似乎未能有效解决。他只是说："以下八条目只就两纲领中条析次第言之，虽止至善即在其中，然却不是此一纲领注

---

① 吕留良：《吕晚村先生四书讲义》卷二，《续修四库全书》第165册，上海：上海古籍出版社，2002年，第386页。
② 吕留良：《吕晚村先生四书讲义》卷一，《续修四库全书》第165册，上海：上海古籍出版社，2002年，第369页。

脚，故知行并列也。"①吕氏以"止于至善"只属于"知"，故不当言行。因此，按一般的理解，八条目肯定不是"止于至善"的工夫。并且他认为，八条目作为明明德、新民的工夫，虽然以止于至善为内在要求，但它们都是真实工夫所在，是包含知行的工夫，不只有"知"的一面。因此，八条目并非是对"止于至善"这一纲领的解释。吕氏此一解释的逻辑是将八条目与止于至善区分开来，将之视为不同层面的东西，从而希望解决这一问题。不过，此说显然并不足以令人信服。因为在其他地方，吕氏又将八条目视为"止于至善"的工夫。他说："明新二纲领渐次工夫即止至善工夫，如下八条目是也。"②显然，吕氏此说有不一致处，所论不足取。

对于第二个问题，吕氏的解释较为合理。他认为之所以将"止于至善"视为三纲领之一，主要是因为这一纲领极为重要。他说："此节只完得止至善依据纲领，止至善原只在明新二纲领上说，如何又分说处为三，缘此一纲领最重。"③那么，止于至善何以最重要呢？这与他以朱子学作为儒学正统，并以之批评诸家哲学有关。他说：

> 以异端之旨言之，止有明明德一纲领耳，更无二事，安得有三？以俗学论之，已物对待，亦止两纲领耳，何必有三？此两家都信不及者也。不知后世学术之谬正在此一纲领上差去。江西顿悟是知有明明德而不知有至善也，永康事功是知有新民而不知有至善也。方知圣人与明新下急著此一纲领吃紧为人处，是圣学之定盘星、指南针，若少此一纲领则上两纲领都无根柢。④

诚如上文所述，明清之际，朱子理学、阳明心学、回归孔孟之道、经学及礼学等各种儒学思潮并存且相互批评，均欲以儒学正统自居。这就迫使哲人反思何者才是儒学的正统，其标准何在。吕留良以朱子为正统，对其《四书》诠释极为推崇，必然要说明何以朱子学是正统。在吕氏看来，朱

---

① 吕留良：《吕晚村先生四书讲义》卷二，《续修四库全书》第165册，上海：上海古籍出版社，2002年，第368页。
② 吕留良：《吕晚村先生四书讲义》卷一，《续修四库全书》第165册，上海：上海古籍出版社，2002年，第369页。
③ 吕留良：《吕晚村先生四书讲义》卷一，《续修四库全书》第165册，上海：上海古籍出版社，2002年，第369页。
④ 吕留良：《吕晚村先生四书讲义》卷一，《续修四库全书》第165册，上海：上海古籍出版社，2002年，第368页。

子学作为儒学正统，与其他诸家的区别就在于朱子强调三纲领并建。并指出，正统儒学的关键在于以止于至善作为明明德、新民的内在要求，以止于至善作为儒学的本质。所以，吕留良说："圣经之所谓至善正在明新事理上求，丝毫不差之极处耳，故予谓此节止字必要靠实至善说，至善必要靠实明新说方有着落。"①吕氏认为，儒学正统必须以"止于至善"为目的，而"止于至善"必须在明明德、新民中落实。正是在这一意义上，吕氏认为必须将三纲领并列。足见，止于至善显得尤为重要。以此为标准，他指出，与朱子的正统之学相比，陆王的心学只有明明德的一纲领，陈亮、叶适的事功之学只有新民一纲领。因此，前者是异端之学，后者是俗学。这样看来，在作为标准的三纲领中，"止于至善"的确较为重要、不可或缺，所以吕留良认为它是明明德、新民的根柢。

其次，吕留良对八条目的解释。就这一主题而言，他在诚意的解释上推进了朱子之说。如前所述，朱子对诚意的解释是围绕着《大学》的"毋自欺"、"自谦"及"慎独"三概念来展开的，认为诚意指"实其心之所发，欲其一于善而无自欺也"。但并未对毋自欺、自谦及慎独与诚意的关系展开讨论，吕氏对此多有发挥。他说：

> 《大学》"诚"字与《中庸》"诚"字不同，《中庸》"诚"字可以单举，乃实理、实心、实德之美名也，兼《大学》诚正修等义；《大学》"诚"字贴定意字，不可单举，但作实字解。盖意之善不善是致知条下事，此但说实用其力耳。②

在吕留良看来，《大学》的"诚意"之"诚"与《中庸》的"诚者，天之道"的"诚"不同，后者是可以单说的本体；前者虽亦有实义，但不可作单说的本体，而是指工夫。作为工夫的"诚意"，其意涵并非指断定心之所发的意是否为善，而是指"实用其力"。关于"实用其力"，吕氏说："实便自慊，不实便自欺，慊、欺之分，独中自知，故功在慎独。"③ "自

---

① 吕留良：《吕晚村先生四书讲义》卷一，《续修四库全书》第165册，上海：上海古籍出版社，2002年，第369页。
② 吕留良：《吕晚村先生四书讲义》卷二，《续修四库全书》第165册，上海：上海古籍出版社，2002年，第382页。
③ 吕留良：《吕晚村先生四书讲义》卷一，《续修四库全书》第165册，上海：上海古籍出版社，2002年，第382页。

慊",《大学》的原文是"如好好色、如恶恶臭,此之谓自谦。"吕氏以"自慊"为"实用其力",指出其意是,务使意像好好色一样从善、如恶恶臭一样去恶,能如此而为则是自谦,不如此而为则是自欺。显然,自谦、自欺并非真实用功之地,而只是判断是否诚意的标准。吕氏认为,诚意的用功之处在慎独。关于"慎独",吕氏说:

> 然人每不能尽好恶之力者,缘其闲居不肯认真用力,自以为人所不见处可以放松,不知此处一松无所不至,此放松处必有其端倪即谓之几,此是私欲插根处。盖人性本善,未尝有恶,恶由此生,故曰"诚无为几善恶",此时、此地为人所不见而己所独知之者,故谓之独,诚意者于此时加省察,不使自欺之根于此滋长,则好恶之力未有不尽,而意诚矣。①

吕留良认为,人之所以未能诚意,是因为人经常会处于闲居之时,而此时如果不谨守诚意的"实用其力"工夫,则私欲便会在此时生根,从而导致不能诚意。并且吕氏指出,在私欲生根之时、之地,尚有人所不见、己所独知的"几",这就是"独"。"慎独"就是在此"几"上施以省察之功,务使为善如好好色、去恶如恶恶臭。这才是诚意的真实用功之处。当然,这只是闲居时的慎独工夫。而在意之发与未发的将发之际,亦须慎独工夫。吕氏指出,在意尚处于将发之际的初发之几时,应当严加审察并实用其力去为善去恶。此即在意发为事这一动态过程中的诚意。

显然,慎独作为诚意的工夫,有静时与动时的不同。但二者都强调在"几"上严加省察,只是动时的慎独更加强调"实用其力"的为善去恶,即动时将自谦、毋自欺两者融摄于其中。不过,吕留良特别强调应当区分慎独与诚意,即强调不当以慎独等同诚意。他说:"所以不诚皆在初发端时有所未尽,人未见处不实用其力,此属于独,即《易》之所谓'几',乃意之起头,非意之全体,意之全体直彻事为之终始,独只是自静而动之交接关头。"②吕氏认为,慎独的独只是意之"几",并非意之全体,因

---

① 吕留良:《吕晚村先生四书讲义》卷二,《续修四库全书》第165册,上海:上海古籍出版社,2002年,第382页。
② 吕留良:《吕晚村先生四书讲义》卷二,《续修四库全书》第165册,上海:上海古籍出版社,2002年,第384页。

此，慎独只是诚意的工夫之一，而非诚意的工夫的全部。他始终认为，诚意的工夫是"实用其力"，即务使意像好好色一样从善、如恶恶臭一样去恶。所以他说："诚意只是实用其力，所以用力不实者为自欺，去欺之法在慎独，非慎独即诚意也。"①

当然，吕氏强调诚意应当实用其力以为善去恶，则善恶在诚意中极为重要。不过，他承袭朱子之论，自然不以心为本心。他说："天也、性也、理也、道也，皆可以言学，心独不可以言学。心者，所以为学之物，无以心为学者。"②吕氏认为，心以为学为功能，不是像性、道、天及理一样可以作为为学的对象。足见，他认为性、道、天及理是一个层面的概念，心是另一层面的概念。质言之，性、道、天、理是本体，心是复归本体的主体，二者本质有别。既然心不是本心，那么心之所发就无法保证其善恶，故而诚意也就必须先确定何谓善恶。据此，吕氏指出，致知即确定意之善恶的工夫。这与朱子所论完全一致。但作为对朱子说的补充，吕氏指出，致知与诚意完全是两种工夫。关于致知与诚意关系，他说："诚意先致知，不是要知来监察那意之善恶，只是日常间道理明白得尽，到发念时自然该好者好、该恶者恶，发来不错耳。"③吕氏认为，致知的意义仅在于提供善恶的知识，即为诚意指明何谓善恶而使得诚意能够实用其力去为善去恶。但致知绝非诚意的工夫，二者作为工夫是相互独立的。并且为了强调这一区分，吕氏指出："致知是意未发时工夫，到意发后加审几省察乃诚意中之慎独，非先致之知也。"④在他看来，致知虽然为诚意提供了知善知恶之知，但它只是意未发的工夫。而诚意所强调的在意之将发时的审察之慎独工夫，是动时的工夫。足见，二者截然有别。当然，他也并未否定诚意与致知的关系，即他承认致知为诚意提供了知善知恶之知。

最后，就八条目之关系而言，吕氏所论基本同于朱子之说。当然，亦有一些细微的差异：其一，吕氏并未强调八条目当以格致为前提；其二，

---

① 吕留良：《吕晚村先生四书讲义》卷二，《续修四库全书》第165册，上海：上海古籍出版社，2002年，第382—383页。
② 吕留良：《吕晚村先生四书讲义》卷一，《续修四库全书》第165册，上海：上海古籍出版社，2002年，第370页。
③ 吕留良：《吕晚村先生四书讲义》卷一，《续修四库全书》第165册，上海：上海古籍出版社，2002年，372页。
④ 吕留良：《吕晚村先生四书讲义》卷一，《续修四库全书》第165册，上海：上海古籍出版社，2002年，372页。

相对而言，他更加强调八条目各自作为工夫的观念。在朱子的解释中，格致是一体的。但为突出八条目应当各自作为工夫的观念，吕留良说："知与物、致与格是拆不开事，故不言先而言在，看下节云物格而后知至，则层次未尝不明。"①受朱子的影响，吕氏认为知与物、格与致是不能拆开的，即强调格物是致知的工夫。并且他以此解释何以《大学》在阐释格物、致知关系时，不使用一贯的"先"而使用"在"。但他指出，毕竟八条目是各自作为工夫的，因此，在阐释效验时，《大学》还是将物格与知至区分开来，同样使用了一贯的"而后"一词。在吕留良看来，这意味着八条目的关系是各自有别、各自作为工夫的。

综上可知，吕留良的《大学》解释只是对朱子所论的发挥、补充，即便是本书所详述的止于至善与诚意两个方面，他同样也是基本遵循朱子所论，只是在朱子言之不详的地方作了补充。

第三节　回归先秦儒学视域下的诠释：颜李学派、潘平格的《大学》诠释

在明清之际的哲人中，颜元、李塨、潘平格、陈确四人的哲学较为特殊，其特殊处表现在两个方面：其一，重视力行实践；其二，四人都对程朱、陆王为代表的宋明儒学多有批评，而批评的标准则是他们言所必称的孔孟之道。因此，汪学群先生在概括这一时期的学术思想时，以"回归先秦儒学的尝试"来界定潘平格、颜元、李塨三人的哲学②。笔者非常赞同这一观点，但笔者以为，被他归于"王学的批评与修正"一系的陈确哲学同样属于这一系。既然这一系的哲人对宋明理学多有批评，那么他们自然会对宋明儒关注较多的《大学》有所讨论。在宽泛的意义上讲，他们同样对《大学》有所诠释。

一、颜李学派的诠释

颜元、李塨师徒对《大学》均有一定的解释，前者所论集中于《四书

---

① 吕留良：《吕晚村先生四书讲义》卷一，《续修四库全书》第165册，上海：上海古籍出版社，2002年，第374页。
② 汪学群：《明代遗民思想研究》，北京：中国社会科学出版社，2012年，第484页。

正误·大学》①，后者所论集中于《大学辨业》②。二人的《大学》解释以对格物致知的解释为主，兼及《大学》的其他概念，其特点是二人均对朱子、阳明的解释作了详细批评。

颜元的解释是以对朱子的批评来展开的。首先，他对朱子的《大学章句序》作了批评，认为朱子最大的失误在于将《大学》分为经传。他说："《大学》在《记》中通是一篇，而朱子务将古人书装裁就训诂式样，分作十一章，竟指前一段为经，后十段为传。又因有'曾子曰'说不通，复说是曾子之意而门人记之，皆何所本？甚矣！其好自用也。"③颜元认为，《大学》本是融贯的一篇，朱子囿于己见，将之强行分为经一章、传十章。因此，颜元主张以注疏本为准。

继而，颜元对"大学"作为"大人之学"的观念作了讨论，认为"大人之学"是儒学所肯定的人人所能做的学问，其内容是"学为君相、为百职"④。据此，他对《大学》的三纲领做了全新解释。他说："以道治吾身便是明，以道治他便是亲，明亲到十分满足便是至善。"⑤在颜元看来，"明明德"即是以道修身，"亲民"即是以道治民，"止于至善"即指明亲到极致处。相较于朱子的解释，颜元所论突出了"道"在修身、治民中的重要性。正是在这一意义上，他将以往哲学分为儒学正统、异端、曲学。"儒学正统"指以道修身、治民之学，即《大学》的"大人之学"；"曲学"主要指宋明儒学或者宋明儒学的部分观念，此学的特点是只以自身的修养为主，不注重或曰不能治民、平天下；"异端"指佛老之学，此学所论不以道为出发点。并且因对道的重视，在解释"知止而后有定……虑而后能得"一段文字时，颜元是以道为主词的。他说："不知止，则曲学、偏霸、异端都说是道，这道哪有定？知止而后道有定了。"⑥与宋明儒相比，颜元认为道有多种，而只有以至善为内容的道才是正道。因此，与宋明儒将"定"理解为心或者主体的定有别，他认为是道得以确定。在确定

---

① 参见颜元：《四书正误·大学》，《颜元集》，北京：中华书局，1987年，第157—163页。下引颜元原文均以此书为准，只注篇名及页码。
② 李塨：《大学辨业》，《李塨文集》，石家庄：河北人民出版社，2011年，第4—41页。下引李塨原文均以此书为准，只注篇名及页码。
③ 《四书正误·大学》，《颜元集》，第157页。
④ 《四书正误·大学》，《颜元集》，第158页。
⑤ 《四书正误·大学》，《颜元集》，第158页。
⑥ 《四书正误·大学》，《颜元集》，第158页。

至善之道以后，颜元指出朝野因之而不再混乱、搅扰，故而能够静、安。正是由于安稳了，所以人心自有主张、不迷糊，故而在处事时能够"审几度务、出谟定命"①，此即"安而后能虑"之境。而为了凸显道的重要性，颜元将"能得"与道联系起来，认为"物有本末，事有终始，知所先后"即是"能得"的内容。并指出，"能得"的内容即接近《大学》之道。显然，在对定、静、安、虑、得的解释中，道是第一位的，是主词。而从道以"学为君相、为百职"为内容来看，颜元的解释无疑强调的是为政思想之外王一面，这与朱子等宋明儒所强调的内圣一面截然不同。

最后，颜元对朱子、阳明等宋明儒所聚讼不已的格物致知说提出批评，并提出自己的格物说。对朱子的格物说，他批评道："朱《注》'穷至事物之理'，夫穷至，不犹然一'致'字乎？穷至其理，不犹然一'知'字乎？是解成个'致知在致知'矣。"②颜元对朱子以穷至事物之理来解释格物一说极为不满，认为此说实际上是"致知在致知"，而与《大学》的"致知在格物"之说不符。足见，颜氏是以穷理为致知的。并且他认为朱子在解释格物时所提出的具体工夫，如读书、讲问、思辨等内容，都不是致知的工夫。他说："譬如欲知礼，任读几遍礼书，讲问几十次，思辨十层，总不算知。"③那么，究竟如何才算知呢？颜元认为："直须跪拜周旋，捧玉爵，执弊帛，亲手下一番，方知礼是如此，知礼者斯至矣。"④这是颜氏以知礼为例来阐释"知"。在他看来，"知"必须是从行、习行、操练中所得之知。并且为凸显"知"之由行而得的特征，他还对格物作了特殊的解释。颜元认为"知"的一大特点是"无体"。他说："'知'无体，以物为体，犹之目无体，以形色为体也。故人目虽明，非视黑视白，明无由用也。人心虽灵，非玩东玩西，灵无由施也。"⑤颜氏以目之无体为例，认为知之无体，必须像目借形色以为体一样，须以物为体。那么，"物"为何呢？结合上文对致知的解释，"物"必然与"跪拜周旋，捧玉爵，执弊帛"等论述有关。正是在这一意义上，颜元指出："故吾断以为'物'

---

① 《四书正误·大学》，《颜元集》，第158页。
② 《四书正误·大学》，《颜元集》，第159页。
③ 《四书正误·大学》，《颜元集》，第159页。
④ 《四书正误·大学》，《颜元集》，第159页。
⑤ 《四书正误·大学》，《颜元集》，第159页。

即三物之物，'格'即手格猛兽之格，手格杀之之格。"①所谓"格物"，指亲身实践、操行三物。"三物"，依朱义禄之见，即《周礼·大司徒》的"乡三物"，分别指：其一，六德（知、仁、圣、义、忠、和）；其二，六行（孝、友、睦、姻、任、恤）；其三，六艺（礼、乐、射、御、书、数）。②"三物"显然都强调必须由实行、践履而得，六德当由实行而有德行，六行则是人行事、践履的规则，六艺则是人生存时的基本技能。从"物"包含"礼乐"来看，显然与"捧玉爵，执弊帛"等礼仪的实践、操练有关。总之，"格物"就是对六德、六行、六艺的实行、践履，强调的是习行。

基于对格物的全新解释，颜元认为"致知在格物"指的是必须在格物的过程中亲证其知。他举例说："虽从形色料为可食之物，亦不知味之如何辛也，必箸取而纳之口，乃知如此味辛。"③在颜元看来，致知即像欲知辛味一样，必须通过箸取于口的实践才能知晓。如前所述，颜氏此说显然是针对朱子而来，认为朱子的穷理说只是空说，未能以习行为基础。实则朱子的穷理说本已包含此意，只是未能以此为重点。足见，经由对格物、致知的全新解释，颜元将其"习行哲学"贯彻于《大学》解释之中。

与其师的解释强调格物一样，李塨的解释同样是围绕着格物来展开的。有进于其师的是，李塨的解释更加充满着对朱子、阳明的批评，这从他的论述体例中可以看出。在具体的论述中，李塨都是先录一段朱子或者阳明的解释，然后引用与己见一致的观点来批评朱子或者阳明之说，并借此阐述己见。在正式解释《大学》之前，李塨详细讨论了两个问题：一是版本的问题，一是对《大学》结构的看法。前者是后者展开的基础，而后者对于理解他何以分述格致与诚意以下的条目至为关键。先看第一个问题。李塨不仅反对朱子的分经传，而且反对《大学》改本。他说："自二程改经，僭妄者因之，《大学》、《易》、《尚书》，皆被剿削颠越。至于改本《周礼》，竟将五官割补《冬官》，妄人作妄，可怪可哂，亦已至矣。"④李塨认为，正是因为二程的《大学》改本导致了后来的改经现象。从他称此

---

① 《四书正误·大学》，《颜元集》，第159页。
② 参见朱义禄：《颜元、李塨评传》，南京：南京大学出版社，2006年，第77页。
③ 《四书正误·大学》，《颜元集》，第159页。
④ 《大学辨业》卷一，《李塨文集》上，第15页。

一行为为"妄人作妄"来看，他是绝对反对此一做法的，故而主张以古本为准。所以，在《大学辨业》卷二之始，他列出了古本《大学》（即注疏本）并予以解释。但诚如前文所述，李塨以注疏本为准，就必须说明究竟格致传是否缺失，即必须指出格致所指为何①。当然，有效的方法是，如果他能合理地解释何谓格致，何以不需要专门的格致传，则问题即可迎刃而解。这实际上讨论的是《大学》的结构问题，亦即上述两大问题的第二个问题。

关于《大学》的结构，李塨说：

> 自"在明明德"至"虑而后能得"，明其道也。自"物有本末"至"国治而后天下平"，言为其道则有事，而学其事则有物。物者，大学教人之成法，如礼乐等是也。古人事此物以成己成物，先后有定序，而必由于学中学习其物，而后由知以行，成己成物之道，可一一全也。自"天子以至于庶人"至"此谓知之至也"，则承上文先后之序，而言以身为本。盖诚意、正心、修身，明明德也，皆所以修身也，齐家、治国、平天下，亲民也，皆由身而推，所谓"明明德于天下"也。如此，则先后晰矣，此谓知本。如此，则大学格物之事事（笔者按：疑作毕）矣，此谓知之至也……自欺者不可以欺人，诚中者必至于形外，故君子慎独以诚意，要矣……己之意诚，则民之意亦畏之而诚……故修身以及天下，递有先后，谓"修身在正其心者"，心不在则身不可修也；"齐家在修其身者"，身之用情有辟，则家不可齐也；"治国必先齐其家者"，为父子兄弟不能仁以帅民，则国不可治也；"平天下在治其国者"，于国不能絜矩，而理财、用人、好恶拂民，则天下不可平也。至于平天下，而大学之道全矣。②

李塨认为，以"所谓诚其意者"为分段点，可将《大学》（以注疏本为准）分为两大部分：前一部分是在陈述《大学》之事或曰《大学》之道，后一部分是复述"诚意"至于"平天下"六条目。并且他认为《大学》之

---

① 在本书第一章，笔者指出，由于《大学》存在的"所谓"、"此之谓"的论述，使得它似乎呈现出经传的模式。但是《大学》本身尚未明确解释何谓格致，所以为了体例的一致，似乎有必要有解释格致的文字。

② 《大学辨业》卷二，《李塨文集》上，第19页。

事实际上就是格物，所以《大学》没有像复述诚意等一样复述格物。他说："'诚意'以至'平天下'，下皆有覆明之文，而致知格物无者，以致知之功在格物，而格物之事，即在《大学》。"①李塨何以持这一观点呢？这需要回到引文所述的《大学》结构问题上来。在李塨看来，从"在明明德"到"虑而后能得"一段文字是在阐释《大学》之道，认为《大学》之道在于明明德、亲民、止于至善三者。但道只是内在的要求及规定，必须落实到事上来实现，所以他认为从"物有本末"到"国治而后天下平"的文字是论述落实道之"事"。当然，在行"事"的过程中必然会涉及与"事"相应之"物"，为更好地行"事"，则需要对"物"有深入地了解，这就是格物。

这样看来，李塨应当是以八条目作为"事"来落实三纲领之道。不过，他却将格致独立出来，认为这是贯穿于"事"的工夫。因此，"事"实际上只是诚意、正心、修身、齐家、治国、平天下。并且李塨认为，"事"当有先后之序，家、国、天下当以身为本，因此，齐家、治国、平天下都是由身而推出去的亲民，诚意、正心、修身是所以修身而立本的明明德。对于这一先后之序的知，就是知本。而能够知本，则已经囊括《大学》所言之"事"，因此亦将格物之事尽收其中，可以说是知之至。这是李塨对于第一部分的总体看法。显然，他将格物致知消解于诚意、正心、齐家、治国、平天下之中，认为在诚意到平天下之中随时都有格致，且诚意到平天下是对格致的落实。正是在这一意义上，他指出《大学》之事就是格物。这样看来，格物就极为重要。因此，需要先对格物予以讨论。

关于"物"，李塨似乎有两种看法。如上所述，李塨认为"事"主要是诚意、正心、修身、齐家、治国、平天下，如果宽泛地讲，"事"还包括明明德、亲民；与之相应，"物"应当指明德、亲民、意、心、身、家、国、天下②。不过，上述的"事"与"物"都是套在《大学》上来论述的，而在诚意、正心、修身、齐家、治国、平天下中，"事"应当有具体的内容，李塨认为主要是指礼乐。因此，"物"应当是指"周礼"、"礼乐"等。不过，他对"物"的解释并非仅限于此，而是提出更为宽泛的解

---

① 《大学辨业》卷二，《李塨文集》上，第22页。
② 即所谓"物，物有本末之物也，即明德亲民也，即意、心、身、家、国、天下也。"（《大学辨业》卷二，《李塨文集》上，第21页）

释。他说："《周礼》：'大司徒以乡三物教万民而宾兴之，一曰六德：智仁圣义忠和；二曰六行：孝友睦姻任恤；三曰六艺：礼乐射御书数。'此'物'字正'格物'之'物'，古圣之学也。"①李塨的这一解释与其师的解释完全一致。关于"格"，李塨说："盖到其域而通之、搏之、举之，以至于极，皆格义也。"②"通之"是从知的层面来论述的，"搏之"、"举之"是从亲手操练、践履的层面来论述的，"以至于极"是受朱子说的影响而从深浅之别的层面来论述的。足见，李塨的格物说包含了知、实行、至极等多层意涵。但更多的情况下，他是以"学"来解释"格"的。他说："朱子注曰：'文者，《诗》、《书》、六艺之文。六艺，礼、乐、射、御、书、数也。'颜渊曰：'博我以文。'侯氏曰：'博文，致知格物也。'此数条论学、论格物甚当。"③显然，李塨引用朱子等人的文字，与他对"物"的解释极为一致，从而为他以"学"解释"格"奠定了基础，也使得以"学物"解释"格物"颇为一贯。不过，《大学》毕竟是以"格物"为准，因此，李塨对此应当有所说明。在他看来，"学"有深浅的不同，但"学"不具有由浅入深的意涵；然则"格"具有"至极"的意涵，因此包含了由浅入深并达到极致的意思；所以《大学》以"格物"为准。

以上的阐释仅涉及李塨所分的《大学》的第一部分，而对于"复述诚意以至平天下"的部分，李塨也有独特的解释。与第一部分对"格物致知"的解释有别，在第二部分的阐释中，他将格致独立出来，并且是以"知"来界定的④。与"知"对应，则"诚意、正心、修身、齐家、治国、平天下，行也。"⑤这显然是受到朱子的影响。不过，李塨推进一步，指出诚意以下是以诚意统释之⑥。那么，如何以诚意统释正心、修身、齐家、治国、平天下呢？首先，李塨指出，在格致的基础上，必须要有诚意。他说："而必进于诚意者，则以学矣，而好善恶恶不实，自欺也。"⑦李塨认为，以格致为学，虽然可以获得善恶的知识，但并不意味着即能做到好善

---

① 《大学辨业》卷二，《李塨文集》上，第23页。
② 《大学辨业》卷二，《李塨文集》上，第21页。
③ 《大学辨业》卷二，《李塨文集》上，第22页。
④ 即"格物致知，学也，知也"。《大学辨业》卷四，《李塨文集》上，第37页。
⑤ 《大学辨业》卷三，《李塨文集》上，第27页。
⑥ 即"诚意为明亲之首，故统《大学》之道释之"。《大学辨业》卷三，《李塨文集》上，第27页。
⑦ 《大学辨业》卷二，《李塨文集》上，第19页。

恶恶。在行事之时，仍有可能会自欺其善恶之知。因此，必须强调诚意的毋自欺，即强调慎独。其次，通过对意的全新解释从而以诚意贯通正心、修身、齐家、治国、平天下。一般而言，意指心之所发。李塨发挥此义，认为意指"心所欲为之事"①。而按照儒学之道德主义的内在要求，心当然欲求能够正心、修身、齐家、治国、平天下，因此，正、修、齐、治、平都包含与心所欲为的意中，即正心、修身、齐家、治国、平天下都融摄于诚意中。

最后，需要对格致与其他六条目之关系作一讨论。这一点，在上文的论述中已经有所涉及。格致作为学习，是诚意、正心、修身、齐家、治国、平天下的前提，亦即李塨以格致为知、以诚正修齐治平为行时，所提出的行以知为前提之意。不过，在《大学辨业》卷三中，他似乎对此有所不满。在回答他人的"专以格物致知为学，则诚意、正心、修身、齐家、治国、平天下，非学欤"一问时，他说："皆学也，然而有辨也……而诚意、正心、修身、齐家、治国、平天下，不仅在学习时也，犹言礼在中、乐在和，而中和不仅在学习礼乐时也。试思诚意、正心、修身之事，谓在学内即为之，可通；若齐家、治国、平天下之事，谓在学内即为之，不可通矣。世有絜妻子臣民以入学者乎？是学乃学习明亲之事，非即为明亲之事也。"②从李塨以对礼乐等技艺的学习以解释格致来看，《大学》之道更多地指礼乐之道。正是基于这一点，李塨认为诚意、正心、修身尚可依礼乐之道来规范。更准确地说，由于主张"格"有亲身实践之意，因此，诚意、正心、修身实际上是在实践、学习礼乐等技艺中来完成的。不过，由于齐家、治国、平天下等是为政者之事，并非所有从事学习之人均能从事之，因此，三者并非仅仅是学习、践履礼乐等所能完成的。据此，李塨指出，一般人虽可学习齐家、治国、平天下之事，但并非意味着即亲身践履此事。

概括而言，颜元、李塨师徒对于《大学》的解释，主要集中在对格物致知的解释。且二人观点较为一致，都强调格物的亲身实践即习行之意。当然，相较而言，李塨的解释更为系统，更能将《大学》诠释的三大主题作深入的分析；并且在概念辨析上，李塨对格物、诚意等的解释也优于

---

① 即"心所欲为之事曰意"。《大学辨业》卷四，《李塨文集》上，第38页。
② 《大学辨业》卷三，《李塨文集》上，第36页。

颜元。

二、潘平格的诠释

潘平格诠释《大学》的文献主要见于《潘子求仁录辑要》一书的卷三及卷四的《格物致知·上下》中①。从《格物致知》的命名来看，他并未对《大学》作系统的解释，而是对其重要概念——格物、致知作了详细解释。因此，本书的论述也只能以此为中心来展开。

首先，潘平格对格物的解释。或许是因《大学》的"先"、"后"之论，潘平格的论述同样归于格物。他说："《大学》，求仁之全书也，而造道之要，在于格物。"②并且他认为，以往诸贤对于格物的解释可以朱子、阳明的解释为代表。不过，他指出两说似乎各有理据，从而使得后人无从判定格物之义究竟为何。他说："顾格物之说多端，学者所信从，则穷至事物之理与正事之不正以归于正两说而已。入主出奴，迄无定论，将《大学》之旨要究竟何在？后学将何所依据以适道乎？"③显然，潘氏并不以朱子、阳明的解释为确义，而是认为它们导致了纷争。因此，他必须要对格物作出新的解释。他说：

> 夫格物之物即"物有本末"之物，易知也；"物有本末"之本末，必指身、家、国、天下，亦易知也。本乱之本，谓身也；末治之末，谓家、国、天下也。则"物有本末"之本末，必指身、家、国、天下，无容异释矣。"物有本末"之本末既指身、家、国、天下，格物是兼身、家、国、天下，亦无容疑矣。故格物之物，谓身、家、国、天下也。格者，通也，经所云"格于皇天"是也。格物，谓格通身、家、国、天下也。④

一般而言，要厘清何谓"格物"，当先厘清"物"的意涵。潘平格正是依循此一思路来展开论述的。他先指出格物的"物"应当就是"物有本末"之"物"，其理由应当是，《大学》正式提及"物"的只有此两处。接着，

---

① 潘平格：《潘子求仁录辑要》，北京：中华书局，2009年。下引潘氏原文以此书为准，只注篇名及页码。
② 《致知格物上》，《潘子求仁录辑要》，第54页。
③ 《致知格物上》，《潘子求仁录辑要》，第54页。
④ 《致知格物上》，《潘子求仁录辑要》，第54页。

在前一观念的基础上，他指出"物有本末"之本末就是身、家、国、天下。继而，他以《大学》的"自天子以至于庶人，一是皆以修身为本。其本乱而末治者否矣。其所厚者薄，而其所薄者厚，未之有也"为依据推知：身是本，而家、国、天下是末。最后，据以上的推理，他指出格物之物就是指身、家、国、天下。据此，他认为格物不是朱子的穷理或阳明的正物，而应当是格通身、家、国、天下的"通物"。

以"通物"来解释"格物"，的确较为奇特，系潘氏的独创。不过，他也有一定的理由。他说："夫人之大患在于有我，有我则与人相待，分我分人，初以为理势之当然，无甚大害。孰知意之不诚，心之不正，身之不修，家之不齐，国之不治，天下之不平，无不繇此。"①在潘氏看来，意之不诚、心之不正、身之不修、家之不齐、国之不治、天下之不平，都是由未能通物所致。而未能通物即表现为"有我"，即有人我之分。但这样的解释仍然非常奇特和难解。其实，这与潘氏所设定的本体有关②。

关于潘平格哲学的本体为何，可以从其为学宗旨中看出。仅从《潘子求仁录辑要》的命名即可看出，潘氏是以孔子的求仁作为其哲学之旨归的。此亦可从他认为"《大学》，求仁之全书也"中看出。此外，在《辨清血脉》中，他一开始即指出："孔门之学，以求仁为宗。"③对于以回归孔孟之道自居的潘氏而言，孔门之学即其哲学宗旨，因此，求仁同样是潘氏哲学的宗旨。既然以求仁为旨归，则仁无疑是潘氏哲学的最高范畴，亦即相当于宋明儒所谓的本体。关于"仁"，潘氏同样赋予其新义。他说："仁也者，浑然天地万物一体，而充周于未发，条理于发见，吾人日用平常之事也。孩提之童，无不知爱其亲，及其长也，无不知敬其兄，不虑而之，不学而能，浑然亲长一体，则浑然天地万物一体者也。"④潘氏此论显然不是沿用孔子所论，而更多的是与宋明儒的论述一致，尤其是与程颢、王阳明的"万物一体之谓仁"最为接近。无疑，在潘氏的解释中，"仁"的本质意涵是"浑然天地万物一体"。由此才能合理地解释为何"格物"当作"通物"解了。按照一般的理解，人人、事事、物物都是以本体为存在的

---

① 《致知格物上》，《潘子求仁录辑要》，第54页。
② 严格来讲，潘氏是不言本体的。但依据宋明儒学的一般论述而言，他对仁、良知的论述又的确近于本体的意涵，因此，本书仍以本体视之。
③ 《辨清血脉上》，《潘子求仁录辑要》，第1页。
④ 《辨清血脉上》，《潘子求仁录辑要》，第1页。

根据的。既然潘氏认为仁作为本体的本质是"浑然天地万物一体",那么就意味着人人、事事、物物都是一贯相通的,不存在人我、物我之别。正是在这一意义上,潘氏认为格物就是要在身、家、国、天下之物上格通物我、人我,从而复归"浑然天地万物一体"之仁。

其次,潘平格论致知及"致知在格物"。上文论述何谓"仁"时所提到的"孩提之童"一段文字,实即孟子对良知的论述。潘氏引入此段以释"仁",使得良知和仁成为潘氏哲学的最高范畴①。这一做法的重要意义,体现在潘氏对致知的解释。在基于赋予格物新义的基础上,潘氏进一步反思了以往学者之所以误解格物的原因。他说:"夫后世格物之说多端,而究无与于《大学》之旨者,非特悞在格物也,悞在知,故悞在格物也。"②潘氏认为,格物说之所以未有定论,完全是因未能恰当理解致知之"知"所致。因此,他必然要重新解释"知"。他说:"夫知者,吾性之良知也,孟子所谓'不虑而知者'是也。"③而依据上文所引的潘氏释"仁"的文字来看,仁即良知。这样一来,在潘氏哲学中,性、良知、仁应当是同一事物的不同称呼,都指本体。显然,潘氏所论与阳明之说极为相近。既然"知"是良知,那么潘氏即顺着孟子的思路将致知解释为扩充四端之心。他说:"故恻隐、羞恶、辞让、是非者,真性之直达流行者也,所谓浑然天地万物一体者也。《大学》致知、格物之旨,即孟子扩充四端之说而已矣,岂有他道哉!"④在潘氏看来,良知、性、四端之心均指本体,而由于本体是无有不正的,故而工夫只是致其本体即可。但潘氏认为致知或者扩充四端之心并非工夫的全部,或者说此一工夫尚未达到工夫的完满之境。这是因为,致知毕竟只是将本体推至出去,而本体表现于外,则必须是真实地落实于物上才能说是工夫的完满。正是在这一意义上,潘氏说:"明乎知,则明乎致之之道,致则必不落悬空,必有所在。何在乎?在格物。"⑤不能悬空,即不能只是空说,而必须有所落实。潘氏认为,对致知的落实即是格物。所以《大学》才会说"致知在格物"。

---

① 当然,潘氏以仁和良知两个概念来作为其哲学的最高范畴,无疑与他回归先秦的孔孟之道的为学特质一致。
② 《致知格物上》,《潘子求仁录辑要》,第55页。
③ 《致知格物上》,《潘子求仁录辑要》,第55页。
④ 《致知格物上》,《潘子求仁录辑要》,第55页。
⑤ 《致知格物上》,《潘子求仁录辑要》,第55页。

如前所述，潘氏认为格物即是通物，即格通身、家、国、天下之物，亦即格通人我之分，而复归于浑然天地万物一体之仁。不过，这一通物之说实则颇难理解。因为格通物我之分而达于一体之仁，显然只是一种境界的描述，并没有真正地落实于生活实践之中。所以，潘氏指对"知"加以重新解释，并由此提出了致知的工夫以疏通通物之疑。关于"致知在格物"，潘氏说："致爱亲敬长之知，在'达于天下'；致不忍觳觫之知，在'功及百姓'；致乍见怵惕之知，在'足以保四海'。'达于天下'、'功及百姓'、'足以保四海'，格物也。"①"天下"、"百姓"、"四海"等的确属于家、国、天下的范畴，亦即属于"物"；从良知的角度来看，"爱亲敬长"、"不忍觳觫"、"乍见怵惕"等虽非孟子所明确界定的四端或良知，但从宽泛的意义上讲，潘氏以之为良知亦未尝不可。这样看来，所谓"致知在格物"，即指将仁、良知、性、一体之仁推扩于家、国、天下，从而使得身、家、国、天下复归于一体之仁。

通过对格物致知的全新解释，潘氏将齐家、治国、平天下三者收归于格物、致知之上。而对于诚意、正心而言，他指出，如果不格致，则意不得其诚、心不得其正，所以他总结说："知不致，则如石火电光，虽真性未尝不流露，而易夺于人我利害之私，意将由此而自欺，心将由此而有所，身将由此而有辟，家以是而不齐，国以是而不治，天下以是而不平，害有不可胜言者。致知则意不容自欺而诚，心不容有所而正，身不容有辟而修，宜其家人而家齐，藏恕喻人而国治，絜矩无辟而天下平，一致知焉贯之矣。"②在潘氏看来，要当在致知，亦即要当在格物。总之，由格致即可贯通《大学》。

就《大学》诠释而言，潘平格的主观意愿无疑是以先秦儒学的孔孟之道为宗旨。但从具体的论述来看，其论与宋明儒学关系甚大。尤其是他以良知解释知，以及认为致知必须在格物上落实的观点，无疑都深受阳明的影响。

综上，阐述的是明清之际其他诸子的《大学》诠释，主要包括尊王一系的孙奇逢、李颙的诠释，尊朱一系的吕留良的诠释，以及回归先秦儒学一系的颜李学派、潘平格的诠释。具体而言，对孙奇逢诠释的阐释集中于

---

① 《致知格物上》，《潘子求仁录辑要》，第55—56页。
② 《致知格物上》，《潘子求仁录辑要》，第56页。

以下两点：一是对其"以修身为本"观念的分析，二是对其调和朱子、阳明格物说的分析。沿袭朱子对于明明德、新民与八条目之关系的论述，孙奇逢认为八条目从修身可以划分为两个部分：格物、致知、诚意、正心是所以修身的工夫，而齐家、治国、平天下则是发挥修身的功效。据此，孙奇逢认为《大学》最终当以修身为根本。在对格物的解释上，孙奇逢认为不论是朱子的格物以致知，还是阳明的致良知以格物，其最高境界都是知与物的合二为一。因此，他主张朱子的格物实即阳明的致良知。与孙奇逢一样，李颙也特别重视格物，并以之批评朱子的格物说。在李颙看来，格物是儒学的入门工夫。他认为，"物"就是《大学》"物有本末"之"物"，即《大学》的身、心、意、知、家、国、天下，与之对应，"事"就是修、正、诚、致、齐、治、平。基于上述解释，他将格物解释为格其修、正、诚、致、齐、治、平之则。显然，李颙是希望在《大学》内、以《大学》本有的概念来解释"格物"。正是基于对格物的如上解释，李颙批评朱子的格物说并非格物，而是"博物"或者"广物"。相对于孙奇逢的调和朱子、阳明的诠释，李颙的批判朱子之诠释，吕留良的诠释可谓是继承和完善朱子的诠释。首先，在三纲领及其关系的理解上，吕留良更加强调"止于至善"，认为它是判断儒学与异端的标准，并指出阳明的心学即是只有明明德而无止于至善之学。其次，在八条目及其关系的理解上，吕留良赋予诚意以新意。最明显的是，虽然沿袭朱子以致知作为诚意的前提，但他更加注重诚意本身的工夫意涵。在吕留良看来，毋自欺、自谦及慎独均非诚意的本质工夫，其本质工夫是真实地去为善去恶。对八条目之关系的理解而言，相较于朱子所论，吕留良只是更加强调八条目各自作为工夫的观念。作为回归先秦儒学的代表，颜元、李塨师徒均将《大学》置于《礼记》中来理解，亦即以礼学为视域来解释《大学》。因此，在对格物致知的解释上，颜李二人都以对礼的践行来解释格物，而以在践行过程中所得的关于礼的知识为致知。虽然同样主张以先秦儒学为视域来解释《大学》，但与颜李学派以礼学来解释《大学》不同，潘平格对格物致知的解释却更多地与阳明的解释相关。在对"物"的解释上，与李颙以《大学》的心、意、知、身、家、国、天下来解释"物"一样，潘平格同样如此解释"物"。不过与李颙有别，潘平格认为"物"之本体是天下万物一体之仁，因此，他认为格物是通物。而关于"致知"，潘平格认为致知就是致良知，并认为致良知的落实工夫就是格物，所以《大学》说"致知在格物"。从潘平格的解释来看，虽然套在"孔孟之道"上来理解，但显然其解释更多地受到阳明的影响。总的看来，上述诸家的解释都未能对《大学》做系统的解释，而仅仅是更多地关注格物、致知，因此，就理论价值而言，显然不及前文详述的刘宗周、王夫之、陈确三人的诠释。

结语

明清之际《大学》诠释的启示、理论贡献及评价

在系统而详细地阐释了明清之际的刘宗周、王夫之、陈确三人的《大学》诠释,以及简要论述了明清之际的孙奇逢、李颙、吕留良、颜元、李塨及潘平格等人的《大学》诠释之后,作为结语将以众人的诠释为基础,对明清之际《大学》诠释的启示、理论贡献及评价等问题作一理论反思。

一、明清之际《大学》诠释的启示

由前文所述诸家的《大学》诠释之来看,在整个《大学》诠释史中,任何一家的解释似乎都有不一致的地方。此即意味着,在《大学》诠释史上,任何一家的解释都是对《大学》的独一、唯一的解释。这显然是《大学》诠释的一大特征,亦可说是中国经典解释的一大特征。然而,仔细堪比朱子、阳明之后诸家的解释可知,他们或多或少都会受到二人诠释的影响。

首先,朱子、阳明的诠释对于刘宗周的影响。朱子的《大学》诠释所涉甚广,包含了《大学》诠释的三大主题。就其对刘宗周的《大学》诠释之影响而言,可谓亦包含了这三个方面。

第一,版本问题。刘宗周的诠释有《大学古记》本和《大学古文参疑》本两个版本。就版本的内容而言,无疑与朱子的改本完全不同。极为

明显的是，朱子为《大学》作了《格物致知补传》，但刘宗周却极为反对此做法。无论是在《古记本》还是《参疑》本中，他都从《大学》原文中移动文句组成所谓"申致知在格物之义"章及"释格物致知"章，以批评朱子对文本的改变。在《大学古记》时，刘宗周认为朱子增补"格致传"完全没有必要，在朱子所隶定的第一章（即经章）中，实际上可以从"修身为本"一句以下划分出"格致传"。这一观念在《大学古文参疑》中体现得更为明显。刘宗周专门以自己所定的"格致传"去——对应朱子的"格致补传"的内容①，从而进一步论证朱子补传的不必要。但他之所以斥斥于朱子此说，正足以说明朱子此说的影响之大。当然，这种影响是反面的。不过，在版本上，朱子亦对刘宗周有正面的、直接的影响。这一点集中表现为他对朱子所提的经传文本模式的认同，亦即对朱子以三纲领、八条目为核心的解释架构的认同。无论是在《大学古记》还是在《大学古文参疑》中，刘宗周都将《大学》区分为"总论大学之道"和解释八条目两大部分，只是在《参疑》中更加明确地区分为：总纲—分论八条目—总论《大学》（即解释三纲领）的文本结构。这显然是受朱子经传的文本模式，以及以三纲领、八条目为核心的解释架构之影响。

　　第二，义理方面的影响。就《大学》诠释的义理方面而言，在对八条目的意涵的解释上，朱子、刘宗周二人几乎在任何一个概念的理解上都无相同或者相近之处②。但在八条目之关系的解释上，二人似乎有较多一致之处，集中体现在由"先"、"后"之论而重视格致这一点上。仅从《大学》解释的角度来看，这与八条目之间的"先"、"后"之论有关。朱子欲解释《大学》，必然注意到它所提出的"先"、"后"之论，若对之加以推衍，则始点即在格物；而由于在论及格物、致知时，《大学》改"先"、"后"为"在"。因此，朱子认为格物和致知是关联的一体，从而指出八条

---

① 刘宗周的详细论述及解释，参见刘蕺山：《大学古文参疑》，《刘宗周全集》第1册，杭州：浙江古籍出版社，2007年，第612页。
② 关于"格物"，朱子认为是即物而究其理，并要求必须达到极至；刘宗周则认为是"格其'物有本末'之物"，其目的在于知本。关于"致知"，朱子认为是通过格物以求使得人心形成理之知识；而刘宗周则认为是致其知本、知止之知。关于"诚意"，朱子认为是使得心之所发的意真实于心之知、合于理；而刘宗周则认为是心之所发当合于意根之好善恶恶。关于"正心"，朱子认为可以存心作为工夫；而刘宗周则消解了正心的工夫。这是二人对八条目中前四条目的解释之差异。若作详细比勘即可发现，二人对于后四条目的解释同样存在差异，只是不及前四条目的差异之大。总之，就八条目之意涵而言，二人的解释不尽相同。

目当以格致为先。这一点,刘宗周显然也是如此看待的。在早期的以知止为中心的诠释中,刘宗周以格致作为知止的工夫,因此,非常重视格致。然而,他对知止的解释即是知先、知后,而对知先、知后的解释又正是《大学》涉及"先"、"后"的两段文字。因此可以说,刘宗周同样是基于朱子所特别重视的"先"、"后"之论而重视格致的。显然,朱子基于"先"、"后"之论所阐释的观念,对于刘宗周有重要影响。

第三,作者及学派归属问题的影响。朱子沿袭二程之说,且在分为经传的基础上,提出了经为"孔子之意,而曾子述之"、传为"曾子之意"而曾子弟子"述之"的观点①。刘宗周深受朱子此说的影响,并进一步完善之。在朱子的解释中,对于"曾子之门人记之"的"门人"所指为谁尚无定论。刘宗周认为朱子所说的"曾子之门人"应当指子思②。

就上述的三点可知,虽然在概念的意涵上,刘宗周与朱子的解释有根本的差异,但他并非无视朱子的解释,而是深受朱子某些观念的影响,从而在自己的解释中有明显的体现、继承。

阳明的诠释观念对于刘宗周的诠释之影响,集中地体现在"诚意"说上。在阳明的诠释中,不管是早期以诚意为中心的解释,还是晚期以致良知为中心的解释,诚意一直较为重要。在早期的《大学古记》时期,因刘宗周是以"知止"为中心去诠释《大学》,所以他对阳明以"诚意"为中心的诠释提出批评。刘宗周认为,由于在诚意之前尚有格致,因此阳明的"《大学》之要,诚意而已矣"的说法不能成立。这一现象说明,刘宗周在解释《大学》时,极为重视阳明的《大学》诠释,尤其是注意阳明对诚意的解释。这一点,在刘宗周晚期的诠释中,亦有体现。在晚年提出诚意说之后,刘宗周又对阳明以"诚意"解释《大学》大为赞许。他说:

> 如阳明所谓"大学之道,诚意而已矣"是也。③
> 汉疏八目先诚意,故文成本之曰:"大学之道,诚意而已矣。"

---

① 即"右经一章,盖孔子之意,而曾子述之。凡二百五字。其传十章,则曾子之意而门人记之也"。朱熹:《四书章句集注》,《朱子全书》第6册,上海、合肥:上海古籍出版社、安徽教育出版社,2002年,第17页。
② 详述请参看本书第一章第一节中关于"作者及学派归属问题"的讨论。
③ 刘蕺山:《大学古文参疑》,《刘宗周全集》第1册,杭州:浙江古籍出版社2007年,第614页。

极是。①

刘宗周赞许阳明的"《大学》之道，诚意而已矣"一说，归因于其诠释宗旨由以知止为工夫转为以诚意为工夫。但即便在确立诚意说之后，在《大学古文参疑》及同期的文献中，仍可看到刘宗周对阳明诚意说的批评。如在第一段引文之后，他接着指出："今先置一《格致传》，而后以诚意接之，则先后次第终不可紊。安见诚意之为专义乎？"②刘宗周认为，阳明依据古本，必然要依循"先"、"后"之序，所以在诚意之前仍有格致，从而未能以诚意作为第一义。显然，他对阳明的诚意说仍有不满。而这恰恰说明，在《大学》诠释中，刘宗周时刻以阳明的解释为背景，亦可说明阳明对他的影响。

虽然刘宗周对阳明的诚意说多有批评，但就形式而言，在解释八条目之关系上，刘宗周又有借鉴阳明之处。阳明以致良知诠释《大学》，首先肯定了良知的人人本有和现成，从而认为人人只需将此良知呈现于经验之中即可。因此所谓修身、齐家、治国、平天下，实际上就是致良知。刘宗周以诚意解释《大学》，同样是首先肯定了人人具有意根，并且肯定了意根能够直接呈现为经验事物。因此，人人只需将意根呈现出来即可。这样一来，刘宗周将修身、齐家、治国、平天下都视为诚意的效验，以诚意为唯一工夫来统摄修身、齐家、治国、平天下。两相比较即可发现，二人论述的模式完全一致。足见，在形式上，刘宗周还是受到了阳明的影响。

其次，朱子、阳明的诠释对王夫之的诠释之影响。如前所论，王夫之的《大学》诠释是对朱子《大学》诠释的沿袭与修正。其沿袭的内容，实际上就是他深受朱子影响之处。其一，在版本上，王夫之完全以朱子的改本为准。在《四书笺解》、《四书训义》及《礼记章句》中，王夫之即用朱子的改本；在《读四书大全说》中，他虽然并未指出具体的版本，但就他肯定朱子的"格致补传"而言，显然也是以朱子的改本为准。其二，在三纲领之关系的理解上，王夫之所论与朱子之说几无差异。并且，就三纲领与八条目的对应而言，王夫之完全照搬朱子所论，以格致诚正修为明明德、以齐治平为新民。其三，在对格物的解释上，亦是全用朱子之说。其

---

① 刘蕺山：《学言中》，《刘宗周全集》第 2 册，杭州：浙江古籍出版社 2007 年，第 422 页。
② 刘蕺山：《学言中》，《刘宗周全集》第 2 册，杭州：浙江古籍出版社 2007 年，第 422 页。

四，就八条目的关系而言，虽然王夫之另作新解，但其说显然深受朱子影响。在论述的形式上，王夫之的"以格物为始事"的说法与朱子的"格物为先"颇为相似，两说都是基于严守《大学》的"先"、"后"之序而来。并且，王夫之在多处提到要遵从八条目的"先后"之序。如他说："故大学之道，本明德以新民，而必止于至善，其要归之所在，次序之所循，圣教经言，深切著明，信矣哉！"①他之所以认为必须遵从"先"、"后"之序，是因为他与朱子一样，强调八条目应当各自作为工夫。

据上述五点可知，朱子的诠释的确深深地影响了王夫之。而阳明的《大学》诠释似乎完全被王夫之所抛弃。就文字表述而言，随处可以看到王夫之对阳明《大学》诠释乃至阳明学的批评，甚至是完全的否定，直斥之为"禅学"。然而深入研究王夫之的《大学》诠释则会发现，它实际上也在多处受到阳明的影响。其中，最为明显的是他对致知、诚意的解释。

上文在述及王夫之对致知的解释时，已经提及他的解释与阳明的致良知说颇为相似，此处将予以专论。如前所论，王夫之首先肯定了致知之知是不依于物的知②，那么这一知显然只能是内在于人心的知。并且，就他对致知之知的界定而言，显然这一知可以称之为德性之知，即只是知善知恶、只是对孝、悌、慈的知。此外，他将格物之知界定为如何实践德性之知（即致知之知）的具体方法、途径，那么也可以说，两种知相对于工夫实践的主体而言有内外之别，即以致知之知内在于主体之中，而格物之知外在于事物之中。由于致知之知是知善知恶的内在于人心而不依于物的知，曾昭旭、陈来二位先生即将此致知之知等同于阳明的良知③。不可否认，王夫之对致知之知的解释的确与阳明论良知极为相近，都强调它是不在于物、不可由格物的工夫而得的知；就内涵而言，知都是以知善知恶以及孝、悌、慈等德性为内容。因此可以说，王夫之对致知之知的解释，显然受到阳明良知说的影响。

---

① 《四书训义》，《船山全书》第 7 册，第 98 页。
② "致知之知"与"格物之知"是笔者为行文之便所使用的概念，王夫之本未有此界定。但观在王夫之的"格致相因"说中所区分的两种知，笔者以为使用这样两个概念有一定的根据。
③ 陈来先生只是说"此知是知非之知，似有取于阳明良知之说"，他的意思是这一说法受到阳明良知说的影响；而曾昭旭先生则直接肯定这一知善知恶之知就是阳明的良知，他说："其言致知则实同于阳明，乃是显心知是知非之良能，以裁物成用者。"参见陈来：《诠释与重建——王船山的哲学精神》，北京：生活·读书·新知三联书店，2010 年，第 80 页；曾昭旭：《王船山哲学》，台北：远景出版事业公司，1983 年，第 303 页。

就诚意而言，亦是如此。阳明的致良知说虽然是指致吾心之良知于万事万物，以使万事万物息归于正，但其中最为重要的一点就是诚意。阳明肯定良知的至善性、能动性、主宰性，因此，良知可以直接呈现出来；但在良知呈现之时，在尚处于将发之几时，如果不加以诚意的工夫，则极有可能随物而发，最后不能致良知而正物。足见，在致良知过程中，诚意是极为重要的。如前所论，王夫之的致知并无推致其知于外的意思，即致知并不包括行。但诚意却包括行。在王夫之看来，诚意是指"以诚灌意"，即将已存之志心推至于意中，以使人的言行举止合于理、合于道义。这样看来，王夫之的诚意包含了由内而外的过程，这显然与阳明的致良知是一致的。并且他强调诚意是将志心"遇着事物撞将出去，令其吃个满怀"，这与阳明致良知的"推致吾心之良知"极为相似。此外，王夫之认为诚意的关键在于慎独于将发之几，这与阳明致良知过程中强调在将发之际务使几合于良知的说法同样颇为相近。总之，船山的诚意说的确有与阳明致良知说相近之处。

综合以上分析可知，船山的《大学》诠释无疑受到了朱子、阳明诠释的影响。当然，朱子的影响无疑更大。这也体现了船山哲学的总体定位，即修正程朱而反对陆王。不过，船山虽然极度反感陆王之学，然而在《大学》诠释上，又对阳明的诠释多有吸收。总之，王夫之的《大学》诠释受到朱子、阳明的诠释的共同影响。

再次，朱子、阳明的诠释对陈确的诠释之影响。陈确曾自谓"弟于《大学》，信程、朱之说者四十余年矣，信阳明之说者踰年，信己之说踰月，而皆弃之。"[1]如前所论，陈确之师刘宗周同样对《大学》着力颇多，有两种不同的解释，然而陈确却自认曾深信朱子、阳明的《大学》诠释，对其师之说却并未提及；此外，在《大学辨》中，他对朱子、阳明之说多有批评，而对于其师刘宗周之说却不予提及。由此可知，其《大学》诠释必然深受朱子、阳明的诠释之影响。

朱子的影响集中体现在陈确对八条目之关系的解释中。如前所论，陈确的《大学》诠释极为强调八条目之间的"先"、"后"之序，认为必须谨守这一次序。陈确甚至认为朱子此论就是《大学》的本意，他说："《大

---

[1] 陈确：《大学辨·答吴仲木书》，《陈确集》下，北京：中华书局，2009年，第570页。

学》纷纷言先言后,有目共见,朱子反得凭《大学》之势,而终以说胜阳明子,故其辨至今未息。呜呼!此亦阳明之过也。"①此段引文中,陈确意在批评阳明未能以知行合一之说去辩驳《大学》非圣经。陈确认为,阳明依附《大学》去与朱子争论知行问题,是不可能取得成功的。其原因在于,朱子的"先"、"后"之论乃是《大学》的原意。因此,阳明要与朱子争论知行,唯有以之辩驳《大学》即可。这无形中流露出陈确对朱子的"先"、"后"之论的推崇。亦可说明,在《大学》的诠释上,陈确深受朱子诠释的影响。

此外,朱子由"先后"之序,从而推出"格物为先"之说。陈确受其影响,提出了"格致为始事"的观念。并且,他认为自己的"以格致为始事"即朱子的"格物为先"。他说:"自程、朱揭出致知之义为《大学》始事,于是学者皆舍坐下工夫,争求了悟。"②如前所论,朱子由"先"、"后"之序所推论的结论是"格物为先",在此,陈确却将之视为自己的"以格致为始事"。不过,两说在本质上实有区别。首先,就对"格致"的解释而言,陈确与朱子的看法有别。朱子的"格致",是指即物而穷究事物之理以求在人心中形成关于理的知识。而陈确的解释则如上文所述,存在着两个层面的意义,即套着《大学》讲的"只是知止"以及脱离《大学》讲的等同于朱子的"格物穷理"。显然,在陈确此处是套着《大学》讲。因此,他将"格致"解释为"知止",并以之为唯一的工夫。而朱子对"知止"的解释则是"知止于至善"。足见,二人对"格致"的理解不同。因此,陈确不能以自己所说的"格致为始事"等同与朱子的"以格物为前提"。其次,"以格致为始事"和"格物为先"在内涵上有别。在陈确看来,工夫只在"格致",其他条目只是"格致"的效验。这就意味着,一"格致"则工夫即已完成。而朱子则认为八条目虽然当以"格致"为前提,但八条目应当各自作为工夫。因此,在格物之后仍需有诚意、正心、修身、齐家、治国、平天下的工夫。足见,看似一致的"以格致为始事"与"以格物为前提"实际上本不相同。然而陈确却将本不等同的两说强行合一,认为程、朱只是揭示了《大学》"本有"的"以格致为始事"。这只能说明,朱子之说的影响过于强大。亦即说明,在这一点上陈确深受朱子

---

① 陈确:《大学辨·翠薄山房贴》,《陈确集》下,北京:中华书局,2009年,第565页。
② 陈确:《大学辨·与刘伯绳书》,《陈确集》下,北京:中华书局,2009年,第576页。

的影响。

当然，陈确的《大学》解释不仅受朱子的诠释之影响，而且受到阳明的影响。不过，与朱子的影响主要体现在《大学》的解释上不同，阳明的影响主要体现在辨《大学》上。如上文所述，陈确之意不在解释《大学》，而是在于辩驳《大学》。陈确辨《大学》有两大步骤：第一步，判定《大学》是只言知不言行的禅学；第二步，依据自己的知行观去辨《大学》。显然，在陈确辩《大学》的两个步骤中，都无法离开知行观。因此，知行观是其辨《大学》的根本。而提及知行观，则必须提及朱子、阳明。陈确对此有明确的意识，并且他同阳明一样批评朱子基于《大学》解释的"知先行后"说[①]，而将自己的知行观追溯至阳明的"知行合一"说，认为这是他认同并吸收阳明之处。他说："弟于象山之学，未许者十之三四，于阳明之学，未许者十之一二，正不敢效时贤之各护门户，是则全掩其非者。所深信不疑者，惟阳明'知行合一'之说耳。"[②]陈确自认对阳明之学是基本信服的，尤其是对阳明的"知行合一"说更是深信不疑。正是在这一意义上，他认为阳明不应当据此去与朱子争格致的解释，而应当直接以知行合一去辩驳《大学》。他说："每恨以阳明子之贤圣，知行合一之说，决可以与孟子道性善同功无疑者，奈何不直辨《大学》非圣经，而徒与朱子争格致之解！"[③]如前所论，陈确自认为他是继承孔孟之道而来，并且也只认可孔孟之道。在此，他将阳明的"知行合一"说视为与孟子性善同功者，足见他对阳明此说的推崇。这说明，阳明的"知行合一"说的确对他影响深远。在陈确看来，《大学》的本质是言知不言行，这与朱子的"知先行后"说是一致的；阳明看到了朱子此说的不足并提出了对治朱说的"知行合一"说，但他未能以之批判《大学》，却希望借《大学》来与朱子争辩知行问题，显然是无法成功的。足见，陈确认为最为可取的方法应当是，以阳明的"知行合一"说去辩驳《大学》。这样看来，我们有充足的理由得出结论：在辨《大学》上，陈确受益于阳明，至少在他的意识里是

---

① 需要说明的是，这一观点必须有明确的限定，即朱子此说仅限于《大学》解释中。因为诚如陈来先生所指出的，就朱子哲学而言，他的知行观绝非仅此而已，而是包含了知在行先、行重于知、知行互发三个当面。参见陈来：《朱子哲学研究》，北京：读书·生活·新知三联书店，2010年，第363—377页。
② 陈确：《大学辨·答张考夫书》，《陈确集》下，北京：中华书局，2009年，第599页。
③ 陈确：《大学辨·答查石丈书》，《陈确集》下，北京：中华书局，2009年，第569页。

如此。

　　继而，孙奇逢、李颙的诠释。如前所论，二人的诠释主要集中在对格物的解释上。孙奇逢解释格物的特色在于调和朱子、阳明的格物说。他认为朱子今日格一物、明日格一物的穷理说，与阳明致良知的正物说在本质上是一致的。这是因为，他认为二说都涉及知与物的关系，都是强调知与物不相离。为我们所熟知，朱子、阳明的致知、格物确有本质之别，但孙奇逢如此调和二说，说明其意识中始终以朱子、阳明的诠释为理论背景。作为极力倡导心学的哲人，李颙最反感和批评最多的是以朱子为代表的理学。就《大学》诠释而言，他批评朱子的格物说是"广物"、"博物"。因为在他看来，朱子的格物说已经脱离人心的至善，只是获取物之知，其知并非良知、至善的本体。显然，就其批判而言，无疑是以阳明的良知说为依据。总之，在其诠释中，始终关注着朱子、阳明的诠释。

　　再者，吕留良的诠释。无论是在版本问题上，还是在义理问题上，吕留良都推尊朱子所论。在三纲领及其关系上，在遵从朱子诠释的前提下，他指出朱子的诠释尚不彻底，因此，他以止于至善作为判断儒释的标准，判定朱子的解释才是儒学的正统，而阳明的解释是属于只有明明德而无止于至善的禅学。在对八条目关系的解释上，吕留良所论几乎完全同于朱子，只是更加强调八条目各自作为工夫这一点。然而面对阳明的解释，他即将之视为异端。足见，吕留良的解释也深受朱子的影响并以朱子、阳明的诠释为背景。

　　最后，颜元、李塨及潘平格的诠释。由于主张回归先秦儒学，所以颜元、李塨师弟在其诠释中对朱子、阳明的诠释多有批评。其一，二人均反对朱子的改本，尤其是反对其分经传的做法。其二，二人均反对朱子、阳明对于格物的解释。二人认为，以往的格物说以朱子、阳明的解释最具影响力，也最具误导性。朱子、阳明解释最大的错误在于，使得《大学》本来极为重视行、重视礼的传统丧失。与颜李师弟的解释一样，潘平格对于格物的解释也是从批评朱子、阳明入手。他同样认为，朱子、阳明对格物的解释最具影响力，因此，也最具误导性。他甚至认为朱子、阳明对格物的解释，使得《大学》尚无定论，导致《大学》之道无法彰显于世。足见，颜元、李塨及潘平格的诠释同样以朱子、阳明的诠释为背景。

　　综上可知，明清之际哲人的《大学》诠释都受到了朱子、阳明诠释的影响，换言之，朱子、阳明的诠释是刘宗周、王夫之及陈确在解释《大学》或者辨斥《大学》时所无法绕过的。其实，不仅上述三人的解释是如此，即便是近现代的学者在解释《大学》时仍是如此[①]。因此可以说，朱子、阳明的诠释是《大学》诠释的范例。这是明清之际《大学》诠释的重要启示。

二、明清之际《大学》诠释的理论贡献

诚如上文所论证的，《大学》诠释的确是以朱子、阳明的诠释作为范例。这一点在明清之际的《大学》诠释上体现得最为明显，几乎任何一种解释都受到朱子、阳明诠释的影响，都无法绕开朱子、阳明的诠释。但这并非意味着明清之际哲人的诠释即无理论贡献，实则综观整个《大学》诠释史，它们仍有非常重要的理论贡献或理论意义。当然，就本书所述的近十位明清之际哲人的《大学》诠释而言，实际上真正对《大学》作了详细而全面的诠释者只有刘宗周和王夫之。不过，若置于整个《大学》诠释史来看，陈确的《大学辨》也的确具有一定的理论意义。因此，将以《大学》诠释史为背景，着重讨论本书所详述的刘宗周、王夫之、陈确三人诠释的理论贡献。此外，由于三人的诠释是明清之际哲人中最具理论价值的诠释，因此，亦当以明清之际的《大学》诠释为背景，讨论三人诠释的理论贡献。

首先，刘宗周诠释的理论贡献。如前所述，刘宗周的《大学》诠释涉及《大学》诠释基本问题的三个方面，因此，此处即以此来阐释其理论贡献。先看版本问题。在刘宗周的诠释中，涉及《大学古记》本与《大学古文参疑》本两个改本。前者实际上并非由他提出，而是转述了崔铣的改本；后者是他依据伪石经本所作的改本。毋庸置疑，刘宗周提出的《大学古文参疑》本，其首要的理论贡献在于丰富了《大学》诠释的内容。当

---

① 近现代的学者对《大学》有多种解释，如钱穆、徐复观、唐君毅、刘又铭、丁为祥及梁涛等先生，虽然他们对《大学》有不同的解释，但他们的解释总是围绕着朱子、阳明的诠释来展开，甚至吸收了朱子、阳明的一些观念。这一点，与本书所详细论述的刘宗周、王夫之及陈确三人是一致的。参见钱穆：《四书释义》，北京：九州出版社，2011年，第277—313页；徐复观：《中国人性论史·先秦篇》，北京：九州出版社，2014年，第238—282页；唐君毅：《中国哲学原论·导论篇》，北京：中国社会科学出版社，2005年，第181—212页；刘又铭：《大学思想证论》，政治大学中国文学研究所，1992年博士论文；丁为祥：《〈大学〉今古本辨正》，《陕西师范大学学报》（哲学社会科学版）2011年第4期，第77—91页；梁涛：《〈大学〉早出新证》，《中国哲学史》2000年第3期，第88—95页。

然，若深入版本问题本身，则更能发现刘宗周《大学古文参疑》本的价值。如前所述，产生版本问题的原因在于《大学》的概念、命题与解释之间不能一一对应。其中，最明显的是格物、致知缺乏解释，并且与明明德、亲民、止于至善最相关的内容却在解释诚意的文字中。为解决这一问题，二程、朱子等提出了诸多解决方案。其中，朱子的改本无疑影响最大。仅就本书所述及的近十人的诠释中，只有刘宗周、颜元及李塨不以朱子版本为准。客观地讲，朱子改本的确使得三纲领、八条目似乎都有与之对应的解释。但问题在于，他所作的格致补传系借用程子所论而有，其内容显非《大学》所及。正是针对朱子的这一问题，在《大学古文参疑》中，刘宗周移动《大学》本身文字组成了新的格物致知传，并以其内容与朱子的格致补传对应，认为朱子完全无必要作一补传。从义理上来讲，刘宗周与朱子对格致的理解显然有本质之别。不过，刘宗周的做法却将其认为《大学》本身是完善的观念表露出来，而这一做法也符合《大学》诠释史的一般做法。此外，刘宗周的《大学古文参疑》本在文本结构上亦有特殊的意义。在二程、朱子之后，经传模式几乎成为《大学》固有的文本结构。这一点，连反对朱子的阳明都持这一看法。刘宗周同样持这一看法，但他又有所推进，即提出了"总—分—总"的模式。具体而言，在沿用朱子经传结构之下，补充了具有总结性的文字。他将《大学》分为八章，第一章是总释《大学》之道，第二至第七章分别解释格物致知、诚意、修身之先义、齐家之先义、治国之先义、平天下之先义，第八章则"释明明德于天下，以畅全经之旨"。显然，第一章是总论《大学》之道，第二至七章是分论《大学》之道的八条目，第八章是总结明明德于天下之效。在文本上，是典型的包含经传模式在内的"总—分—总"模式，这是对长期以来占主导地位的朱子模式的突破。虽然不一定符合《大学》"原意"，但若依据刘宗周的"《大学》为疑案"的说法，这一文本的确为《大学》的全新解释提供了一种新的可能方向。

其次，刘宗周在义理问题上的贡献。如前所述，在《大学》诠释史上，二程的贡献在于提出了版本问题；朱子的贡献主要体现在提出义理问题，并做了极具影响的解释；阳明的贡献同样体现在义理问题上，即以心学来阐释《大学》。而对于义理问题而言，各家最为根本的差异体现在对格物致知的解释上。二程提出的版本问题是解决如何理解格物致知的出发点，基于对《大学》是否缺乏格物致知传形成了两种完全不同的解释。朱子认为《大学》本身缺乏格物致知传，因此取程颐之意作了一个补传，从而以程颐借用《易传》而来的穷理以解释格物①。阳明虽然反对朱子的格物致知说，认为此说的理论前提是理在物、知在心，从而有心与理为二的弊病，但他对致知的解释却是借用改造《孟子》的良知说而来。显然，二者共同的问题在于以非《大学》的概念来解释格物致知。而刘宗周的《大学》解释却另辟蹊径，即以《大学》本身固有的概念来解释格物致知，从而提出了不同于朱子、阳明的全新解释。

在简述二程的《大学》版本时，笔者指出，程颢将"自天子以至于庶人……此谓知之至也"视为对格物致知的解释。但较为遗憾的是，他并未对何以这样解释作出说明。在义理问题上，刘宗周的解释很好地解决了这一问题。在《大学古记》及《大学古记约义》中，刘宗周认为格物的物并非朱子所说的泛指一切的事和物，亦非阳明所解释的人伦之事，而是指《大学》所内含的天下、国、家、身、心、意、知等。更进一步，他将"物"分为本物和末物：就身、家、国、天下而言，他认为身是本物，家、国、天下是末物；就身与心、意、知而言，他认为心、意、知是本物。并且他认为：末物由本物而生，只要立足于本物，即可决定末物。此外，他还将八条目称为事，并对应物的本末之分，将事作先后之分。基于以上观念，刘宗周将格物解释为"格其'物有本末'之物"，其意为：格物是要厘清物的本末之分，从而立定于本物，由本物以决定末物。关于致知，刘宗周认为致知的知由知止而来，而知止即包括知先、知后、知本。并且他认为：致知的结果在于知本，即知"物有本末"之本物。显然，在刘宗周看来，致知与格物无本质之别，致知以格物为工夫。而关于知先、知后，他分别以"古之欲明明德于天下……致知在格物"、"物格而后知至……国治而后天下平"来解释；关于知本，刘宗周以"物有本末……则近道矣"、"自天子以至于庶人……此谓知之至也"、"子曰：'听讼'……此谓知本"三段文字来解释之。这样看来，他的确是以《大学》本有的观

---

① 这里需要说明两个方面的问题：第一，此处所谓的"程颐借用《易传》而来的穷理"，只是指出这一概念最早见于《易传》，程颐恰好以此来解释格物；但这绝非意味着程颐所理解的穷理就是《易传》的穷理。第二，朱子以格物为致知工夫、致知为格物效验，二者基本等同。所以在表述上，如言及格物，则包含致知在内。

念来解释《大学》的。

由以上分析可知，刘宗周对格物致知的解释具有非常明确的目的，他希望从《大学》内部来解释《大学》。这就形成了新的解释格物致知的路向，即从《大学》本身出发，以其本有概念来解释格物致知。并且难能可贵的是，刘宗周不仅以《大学》本身的概念来解释格物致知，而且他还将《大学》与之相关的内容全部收摄在格致的解释中，使得其解释具有高度概括性和形式上的一致性。相对于以往解释，尤其是相对于朱子、阳明的解释而言，刘宗周的全新解释的确为《大学》解释引入了一种全新的解释方向，丰富了《大学》解释的可能性。当然，在早期的解释中，也的确存在一定的问题，最为明显的是，刘宗周本将解释知先、知后的文字放在"统释《大学》之教"章，然而这一做法却将解释与被解释者混在一起，予人以模糊不清之感。或许正是基于这一原因，在后期的解释中，刘宗周将解释格致的文字独立出来，在文本上更加合理。此外，在明清之际的《大学》诠释中，并非只有刘宗周一人主张从《大学》本身来解释格致，如上文述及的孙奇逢、李颙及潘平格等都持这一看法。然而能在文本予以系统说明的，则只有刘宗周一人。对比诸家的解释，只有刘宗周的解释可谓有一定的文本根据，而其他诸家的解释难免有臆测之嫌。

当然，无论是以知止为中心还是以诚意为中心的诠释，刘宗周的解释都是对《大学》诠释的一种创新。在《大学》诠释史上，除了刘宗周、陈确师徒外，其他解释者极少以知止为中心的解释。当然，笔者曾对这一问题作了一定的说明，认为主要是因为解释者在诠释《大学》时大都以八条目之一作为宗旨。而自朱子的诠释以来，解释者大都依循朱子所论，以至善作为本体、作为八条目之工夫的根据和目的。刘宗周以知止为宗旨来诠释《大学》，无疑是对朱子及依循朱子之诠释的突破。据此可说，只要抓住诠释的可能性，都可予《大学》以贯通的解释。在《大学》诠释史上，郑玄的《注》与孔颖达的《疏》都以诚意为中心去疏解《大学》，但二者强调的是名物训诂，而对义理问题却少有阐发，甚至可以说，从严格的诠释角度而言，二者不可视为一种诠释。因为二者均未对《大学》诠释中所涉及的义理问题作系统的阐释。而据此来看刘宗周的解释，则会发现其意义重大。在后期的诠释中，刘宗周通过对意的特殊解释，以意统摄心、知、物、身，认为意是本体之意根，从而依据其末物由本物而生、本物决定末物的观念，以诚意统摄三纲领、八条目，使得《大学》在诚意的统摄下亦可有贯通的解释。这可以说是真正实现了以诚意为中心的解释，是有别于朱子、阳明诠释范例的全新解释。

总之，无论是在版本上还是在义理上，刘宗周的解释都是一种全新的诠释路向，是构成《大学》诠释多样性的重要部分。

再次，王夫之诠释的理论贡献。本书在第一章详细比较朱子、阳明的《大学》诠释时，指出二人在格物、致知的理解上存在着本质之别：朱子格物致知说的前提是心具众理，即强调一定要通过格物的工夫才可以达到心合于理之境，从而由诚意以见诸行；阳明格物致知说的理论基础是心即理，即认为心就是良知之本心，只需致良知并以格物见诸行。两说提出之后，尊朱者指责尊王者是主张顿悟的禅学，尊王者指责尊朱者是不见道的支离之学。总之，持两种不同看法的学者一直相互批评，使之成为中国哲学史上争持不下的未了公案。然而明清之际的一些哲人却试图提出一种解决方案，力求调和或解决这一问题。

就本书所述而言，孙奇逢与王夫之是希望通过解释《大学》来解决上述问题的哲人。孙奇逢的解决方案所依据的原理是"知与物不相离"。他认为，无论是朱子的格物还是阳明的致良知都涉及知与物的关系，且二说在境界上都表现为知与物的合一，因此，他指出阳明的致良知以格物与朱子的格物以致知在本质上可以相通。显然，孙奇逢的解决方案采取的是调和方式，即从境界上的一致来判定二说本不矛盾。不过，这无法从根本上解决问题。因为二说的实质是工夫论而非境界论，不能因境界的一致而否定工夫的差异，以及工夫所设定的本体之差异。相比之下，王夫之的解决方案更为可取。为解决这一问题，王夫之提出了著名的"格致相因"说[①]。其方案大要如下：首先，他将道德行为中所需的知识区分为两种。以孝为例，他认为人之所以会有孝行，有两个方面的知识：一是为什么人须要行孝的知识，一是如何行孝的知识。前者他称之为德性之知，后者他称之为闻见之知。其次，王夫之认为，针对两种不同的知识，其工夫亦当不同：德性之知的工夫是致知，按曾昭旭、陈来二位先生之见，实际上与

---

① 需要说明的是，从自觉意识来看，王夫之对朱子哲学多有肯定，而对阳明哲学则直斥为阳儒阴释之学。因此，他不可能去肯定阳明之学，并解决它与朱子哲学的争论。不过，此处是以理论效果来立论的，即讨论的是王夫之哲学所引起的理论效验，而不以其自觉意识为准。

阳明的致良知无异；闻见之知的工夫是格物，实则即是朱子的格物穷理。最后也是最为重要的是，王夫之认为致知必须在格物上予以检验、充实，而格物必须由致知来决定，此即"格致相因"。其意思是，致知所得的德性之知，由于它是内在反思的逆觉之直悟本体的工夫，所以必须由具体的行为来检验和充实，而不能仅仅停于未发的状态中，否则即无具体的德行；人之德行的完成，必须是具体的行为，因此需要格物所得的闻见之知，但人为什么会去从事某一德行，则是由德性之知去决定的。显然，从王夫之对德性之知与闻见之知的区别来看，前者属于本体的范畴，后者属于本体之用的范畴。而将这一区分对应于朱子、阳明对于格物致知的解释，的确较为相似。因此可以说，通过"格致相因"说，王夫之为解决上述哲学史难题提供了一种方案，即将朱子、阳明所述的工夫分属不同的层面，然后予以贯通。无论是从中国哲学史还是从《大学》诠释史来看，王夫之此说都具有非常重要的意义。

当然，王夫之《大学》诠释的理论意义绝非仅限于此。上文指出，王夫之《大学》诠释的一大特点是对朱子诠释的修正。因此，如果作为诠释范例的朱子诠释本身存在着一定的问题，而王夫之又有一定的解决，那么可以说，这些修正的地方就是王夫之诠释的重要贡献。最为明显的是，王夫之对朱子"八条目各自作为工夫"这一观念的落实和完善。

如前所述，朱子在论及八条目之关系时，提出了"八条目各自作为工夫"的观念，即认为八条目虽然以格物为前提，但不能由格物取代其他条目，而是应当各自作为工夫。不过在其阐释中，以下问题导致他不能真正落实这一观念：一是他主张致知以格物为工夫，因此致知实际上并无工夫可言；二是他对正心的解释较为含混，使得正心亦无工夫可言。然而，王夫之的解释却很好地解决了这一问题。首先，为弥补致知工夫的缺失，他将德行所需之知作了区分，认为人为何须要德行的知是德性之知，以致知为工夫。这一点，在阐释王夫之解决朱子、阳明格物致知说的冲突时已有详述。其次，在对正心的解释上，朱子有三种不同的解释：一是认为心就是无有不正的本心，因此不存在正心之说；二是认为通过格物致知达到物格知至的心是心具众理之心，亦是无有不正的；三是保持此心不为外物所引，并在其发用时仍保持本心的状态，此即本书所概括的"存心"。阳明对于心的解释较为简单、直接，他以心为本心，无需正心的工夫。这与朱子的第一种解释极为相近。如果正心之心是朱子所理解的第一、二种心，则显然会导致正心工夫的缺失，从而未能落实"八条目各自作为工夫"的观念。有鉴于此，王夫之重新解释正心，认为正心实即持志。他指出，《大学》既然提出正心这一条目，自然不是虚说，而是一种真实的工夫。但如果依朱子之意①，则心是统性情之本心，本身无有不正，显然与《大学》以之为工夫之一相悖。因此，他认为正心之心是可以向善亦可向恶的志。并因志作为心之所之，具有恒存性，所以可以有持志的工夫。所谓"持志"，指的是常存其道义之志以为志心。显然，王夫之的这一解释使得正心的持志工夫成为可能，甚至成为其《大学》诠释中极为重要的工夫。因为如果不持志，如何保证格物所得之知一定合于道、义。这样看来，通过王夫之的全新解释，持志成为八条目作为整体工夫的重要一环，弥补了朱子解释的不足。

当然，上述王夫之的理论贡献主要体现在对朱子、阳明诠释的修正与完善上。实则就整个《大学》诠释史而言，王夫之的诠释亦有其重要贡献，主要体现在对《大学》所内含之内圣外王问题的突破性解释。

经由二程的表彰、朱子和阳明的创造性诠释，《大学》不断被理学化。然而理学化的解释却蕴含了较为严重的问题。按照刘宗周之见，《大学》包含了人道之全体，即包含了修身的内圣与齐家、治国、平天下的外王两个方面。理学化的解释成于朱子，他以本末来看待修身与齐家、治国、平天下的关系，即以本末来看待内圣外王问题。此说一经提出即成为宋明儒诠释《大学》的共识，甚至批判朱子诠释的阳明亦持这一看法。这一看法的根本问题是，在《大学》诠释上以内圣之学取代外王之学，从而导致中国外王问题长期得不到有效解决。最为明显的体现是，作为外王内容的齐家、治国、平天下三者，只是以修身为内容之内圣的附属。在《大学》诠释史上，王夫之无疑是首位注意此问题，并从经典解释上予以解决的哲人。

在"八条目各自作为工夫"这一观念的指导下，王夫之对修身与齐家、治国、平天下三者之关系做了全新的解释，认为其关系是"理同而事异"。所谓"理同"，指的是齐家、治国、平天下三者的对象都是人之身，

---

① 即朱子对心的第一、二种解释。

其目的都是对治此身，而对治此身的原理即在于修身的内圣之学；所谓"事异"，指的是齐家、治国、平天下三者的具体方法、途径存在差异：齐家即立德教，指的是先以孝、悌、慈等德行彰显自己的德性，从而使得家人可以效法其德行；治国之事包括散财用人、絜矩之道、忠信之德、外末内本、以财发身、见贤先举、远退不善等内容；平天下之事包括命德讨罪、省方问俗、柔远能迩之政、制礼作乐等内容。当然，强调齐家、治国、平天下三者之间存在差异，从主观意愿上讲，是为了落实其"八条目各自作为工夫"的观念；但就理论的客观效果而言，却突破了自朱子以来宋明儒对内圣外王问题的看法。如前所述，自朱子以来，宋明儒都以本末之说来看待内圣外王的关系，即都以本末关系来界定修身与齐家、治国、平天下之关系。但王夫之认为齐家、治国、平天下三者在具体的方法、途径上存在差异，就意味着三者不能等同、三者是独立的。更为关键的是，如果仅从修身与齐家来看，齐家仍需以修身的孝悌慈为前提，但治国、平天下则与修身、齐家有别，其方法、途径是专门针对国、天下而来，本身是绝对独立的。质言之，王夫之此说赋予外王以不同于内圣的内容，并且强调了外王与内圣之间的差异。从根本上上讲，内圣与外王是各自独立的，外王不再由内圣决定。显然，王夫之的这一观念打破了自朱子以来的宋明儒之共识，其构思是明清之际的刘宗周、吕留良、孙奇逢、李颙、陈确、颜元、李塨、潘平格诸儒所未及的。

总之，无论是从对朱子诠释的补充、修正，还是从《大学》诠释史本身来看，王夫之的诠释都具有非常重要的理论意义。

最后，陈确诠释的理论贡献。如前所述，陈确的《大学》诠释以"知止"为中心，其要义是：其一，知止即格物致知，知止是《大学》的唯一工夫；其二，三纲领及诚意、正心、修身、齐家、治国、平天下等都是知止的效验，甚至认为格物、致知亦是知止的效验；其三，由于知止并非由行而来，因此《大学》是只言知不言行的禅学。以知止为中心诠释《大学》，显然是秉承其师刘宗周之说；而由强调八条目之间的先后之说，从而以"工夫—效验"来看待知止与三纲领、八条目之间的关系，这显然是对朱子诠释的过度发挥。就《大学》诠释史而言，陈确的解释极为特殊。首先，他跟其师刘宗周一样，跳出三纲领、八条目等《大学》的核心概念、命题，而以"知止"为中心去解释《大学》。在《大学》诠释史上，这是除了刘宗周师徒之外再无人秉持的看法。其次，以知止为唯一工夫，以三纲领、八条目作为知止的效验。在《大学》诠释史上，这一观念是绝无仅有的。自朱子提出以三纲领、八条目作为《大学》的工夫后，此说成为解释者的共识，即便是针对朱子诠释的阳明，也同样持这一看法。并且与陈确一样以知止为中心去诠释《大学》的刘宗周，都必须以三纲领、八条目去落实知止，亦即必须赋予三纲领、八条目一定的工夫意涵。然而陈确却一反以往的解释，只以知止为工夫，而以三纲领、八条目为工夫的效验，这的确是一种创造性的全新解释。最后也是最为特殊的是，他竟然以《大学》为禅学。环顾《大学》诠释史，除杨简与陈确外，各家一致认为《大学》是儒家文献，只是对其理解存在差异。陈确的这一判定，可以说是言古今之所未言。并且最为特殊的是，其判断标准竟然不是宋明儒用以判分儒释的本体论，而是知行关系。这不仅在《大学》诠释史极为特殊，即便在中国哲学史上亦是特例。

显然，就陈确诠释的三大内容而言，其特色就在于发古今无有之殊义。当然，若从广义的诠释之角度来看，陈确的解释同样符合一以贯之的基本要求，即他能以知止为中心将《大学》的三纲领、八条目贯通起来。因此可以说，陈确的诠释同样是《大学》的一种可能解释。其意义在于，丰富了《大学》诠释的多样性。不过，陈确的目的并非解释《大学》，而是要批判《大学》，要彻底否定自朱子以来宋明儒推崇《大学》的观念。无论是从《大学》诠释史，还是中国哲学史来看，陈确辨《大学》都具有非常重要的理论价值。

为我们所熟知，《大学》本为《礼记》的一篇，其内容应当与礼相关。然而随着韩愈、李翱引之以对抗佛老之学，经由二程的表彰，《大学》逐渐进入宋明儒的视域。尤其是在朱子以理学诠释《大学》，阳明以心学诠释《大学》后，《大学》不断地理学化，并形成了以朱子、阳明的诠释为范例的特质。不过，诚如上文所述，朱子、阳明的诠释有本质之别，并且阳明的诠释是针对朱子诠释而来，因此在阳明之后，在理解《大学》的问题上即产生了尊朱、尊王之争。这一争论引发的更为根本的问题是，理学、心学作为相互对立的学说[①]，为何均可以《大学》这一经典作

---

① 需要说明的是，这里的理学是专指伊川—朱子一系的程朱理学，心学是指以象山—阳明为代表的心学。诚如本书第一章所述，在一般的理解中，理学与心学是宋明儒学中两大对立的系统。

为论说、争辩的根据？它迫使人们去思考《大学》与理学、心学的关系为何。陈确的《大学辨》正是在这一背景中提出来的，其目的之一是希望通过辨《大学》从而解决宋明儒的理学、心学之争。在陈确看来，之所以会有理学、心学之争，从根本上讲是朱子、阳明等宋明儒为《大学》所惑，将儒学发展为背离孔孟之学的禅学。因此，陈确认为必须彻底否定《大学》，才能解决宋明儒的理学、心学之争，才能使得儒学正统的孔孟之学彰显于世。显然，陈确的《大学辨》提出了一个更为根本的问题，即《大学》的本意为何。这为《大学》诠释的发展清理了基础，使得《大学》诠释不一定必须沿着理学、心学之争去发展，而是将之重归《礼记》。这一点，与同时期的颜元、李塨等人看法较为一致，并且迥别于明清之际的刘宗周、孙奇逢、李颙、王夫之、吕留良诸儒仍郁于朱子、阳明的诠释，只是或作辩护、或作调和。不过，相对于颜元、李塨师徒而言，陈确辨《大学》的意义更大。因为他从"迹"、"理"两个方面作了详细论证，而不仅仅是赋予一种新的解释，其理论基础更为深厚。质言之，陈确的《大学辨》促使《大学》的诠释必须开辟新的路向。这一点，从清人及今人多将《大学》置于《礼记》中来解读中可以看出。

此外，陈确的《大学辨》在中国哲学史上同样具有重要的意义，最明显的是体现了宋明儒学的转型。就以往对明清之际哲学的研究而言，无论是持"启蒙"说还是持"内在理路"说，学者都肯定了明清之际哲学的转型特质。所谓"转型"，指的是明清之际哲学表现出由宋明儒学向清代义理学的转向过程。大体而言，宋明儒学是天道性命心性相贯通之学，而清代义理学则是重性情、强调通变、肯定经验效验等偏重实践、经验之学[①]。就为学方法而言，宋明儒学以基于工夫论的体证为方法，而清代义理学则以训诂、考据为方法。这样看来，陈确的《大学辨》的确体现了由宋明儒学向清代义理学转型的特质。

就义理形态而言，陈确哲学体现了向清代义理学转型的特质。本书在阐释陈确的《大学》诠释及《大学辨》之前，曾对其为学宗旨做了重新考

---

① "清代义理学"是张丽珠教授的提法。关于"清代义理学"的特质，郑宗义先生认为是"达情遂欲"哲学，张教授认为是"重情性、强调通变、肯定经验效验等偏重'实践'传统的理论建设"。在此，我们暂且采用张说。参见郑宗义：《明清儒学转型探析——从刘蕺山到戴东原》，香港：中文大学出版社，2000年，第171—183页；张丽珠：《清代的义理学转型》，台北：里仁书局，2006年，第40—43页。

察，认为他以重行、重践履的"孔孟之学"为为学宗旨。但不可否认的是，虽然陈确自以为其学是孔孟之学的重现，实则通过学者及本书的分析可知，其人性论、性情论更加强调的是经验的情性，而非宋明儒所一贯强调的天命之性。正是在这一意义上，郑宗义先生认为陈确哲学开启了"达情遂欲"哲学。并且陈确扩充情才的工夫论，显然是以经验的情性为基础，而不是以天命之性为基础。这样看来，从人性论和工夫论上来讲，其学已经偏离天命性命相贯通的心性之学，更加接近清代的重情性、重经验之学，凸显了向清代义理学转型的特质。

就其《大学辨》而言，同样体现了向清代义理学转型的特质。按照余英时先生之见，理学发展至明清之际，其核心问题之一是如何解决程朱—陆王的理学与心学之争。为有效解决这一问题，余先生认为较为可取的途径是对经典的"本意"加以考定。而确立经典"本意"的方法，自然不再是宋明儒以工夫论为基础的体证法。这是因为，产生这一问题的缘由就在于程朱、陆王都是以其体证工夫来解释经典的。这样看来，欲解决上述问题，就必须在方法上有所突破。所以余先生认为，清代以考据、训诂为方法的义理学应运而生①。从余先生的上述观点来看陈确的《大学辨》，我们会发现它对于中国哲学史的意义。上文在陈述陈确辨《大学》的原因时指出，不满于朱子、阳明都以《大学》为经典而导致了理学、心学之争是其重要原因之一。这意味着，陈确已经意识到程朱理学与陆王心学长期争论的原因是《大学》。然而为解决理学、心学之争从而使得孔孟之学复现于世，较为可取的方法就是辨斥《大学》作为儒学经典的地位。这样看来，陈确之辨《大学》就与余先生所阐述的明清儒学之所以转型不谋而合，是其转型的重要一环。

当然，陈确《大学辨》对于宋明儒学向清代义理学转型的更为重要的意义在于其方法。如前所述，清代义理学的方法是考据和训诂。在明清之际的《大学》诠释上，王夫之同样采用了一定意义上的考据、训诂之法，可以从其《四书稗疏》及《四书考异》中看出。当然，王夫之只是为了确定自己的解释才使用这一方法的。显然，他使用这一方法的目的是解释《大学》，而不是辨伪《大学》。并且这一方法只有辅助之用，不是根本的

---

① 余英时：《论戴震与章学诚——清代中期学术思想史研究》，北京：生活·读书·新知三联书店，2012年，第346—356页。

方法。以王夫之为对照,我们会发现陈确辨《大学》的意义。与王夫之有别,陈确明确使用了考据之法并以之作为重要的方法。陈确将其辨《大学》分为"迹"、"理"两部分,并认为"迹"上辨《大学》是显而易见的。所谓从"迹"上辨《大学》,其内容主要有:第一,"大学"一词不妥。陈确认为大学、小学是学宫,而不是学问,因此,不能名为学问的"大学",而应当名为学宫的"太学"。第二,《大学》除了两处文字引用了孔子之言,一处文字引用了曾子之言外,并无其他文字引自孔、曾。第三,孔子并未提到大学。第四,自汉有《戴记》,至于宋千百年间真儒辈出,绝未有以《大学》为圣经者。第五,《大学》以三纲领为三事讲不通。第六,《大学》首言"明明"与《易》、《诗》、《书》之崇实的观念不符。①显然,这些论证都是以孔孟哲学及文献为依据来考定、辨伪《大学》。正是在这一意义上,学者才将之称为"从考据、考证"上辨《大学》。此即意味着,学者认为陈确从"迹"上辨《大学》与清人的辨伪经典是一致的,足以说明陈确辨《大学》开启了清代的义理学。

显然,无论是陈确的《大学》诠释还是《大学辨》,无论是就《大学》诠释还是就中国哲学史而言,它们都具有非常重要的理论意义。

综上可知,虽然《大学》诠释以朱子、阳明的诠释为范例,但明清之际的刘宗周、王夫之及陈确三人的创造性诠释,仍是《大学》诠释史上不可或缺的重要组成部分。其理论贡献无疑是多方面的,从整体上讲有以下两点:其一,从三人诠释所体现出来的朱子、阳明的诠释观念足以证明,朱子、阳明的诠释是《大学》诠释的范例;其二,三人的诠释具有丰富、深化《大学》诠释的意义,即三人的诠释都是一种独立的诠释,体现了《大学》诠释的多样性。

三、明清之际《大学》诠释的评价

显然,据上文可知,明清之际的哲人对《大学》的解释都可以视为一种可能的解释,都是《大学》诠释多样性的体现。然而不可否认的是,其中很大一部分是对朱子、阳明诠释的再诠释。并且大部分解释不是系统而全面的诠释,只是对《大学》部分概念、命题的解释(以格物致知为

---

① 此处所列内容为申淑华所整理。参见申淑华:《素位之学——陈乾初哲学思想研究》,北京:中国社会科学出版社,2012年,第120页。

主)。因此,并非所有哲人的诠释都具有非常高的理论价值。不过诚如上文所述,本书所详述的刘宗周、王夫之及陈确三人的诠释的确具有较为重要的理论意义。但这并非意味着三人的诠释即无不足之处,在此将以《大学》诠释史为背景,对三人诠释的不足作简要的评述。

首先,刘宗周的诠释。自朱子提出以三纲领、八条目作为《大学》的核心之后,解释者大都赞同此说,并且以之作为《大学》的本义。如前所论,无论是在早期的《大学古记》、《大学古记约义》,还是在后期的《大学古文参疑》中,刘宗周都是以知止为工夫的。虽然本书详细梳理了刘宗周如何以知止诠释《大学》,即阐释了他如何以知止贯通三纲领、八条目。但由于知止本身并非三纲领、八条目的内容,并且亦非《大学》论述的重心,所以以知止为中心去诠释《大学》,在结构上显得不是十分完整。具体而言,如果知止如此重要,《大学》应当会像解释三纲领、八条目一样有专门的论述。然而《大学》详细解释却是三纲领、八条目,知止则仅有一处提及。因此,以知止为中心与《大学》详细解释三纲领、八条目的结构不一致。并且经由朱子以格致为知、诚意以下为行的解释之后,加之阳明以"致良知"的知行合一来批评朱子,后人在解释《大学》时,总会带入知行问题于其中。刘宗周以知止为中心的诠释,即会予人一种只重知而不重行的印象。这一点,在本书所详述的陈确诠释中即有体现。前文指出,陈确之所以要辨斥《大学》,是因为他认为《大学》只言知止,是只言知不言行的禅学。如本书所揭示的,陈确就是深受其师刘宗周的影响,而以知止为中心去诠释《大学》的。显然,刘宗周以知止为中心去诠释《大学》,极有可能有只重知不重行的弊病。不过,或许正是有鉴于此,在后期的解释中,刘宗周转而以诚意为中心去诠释《大学》。这似乎的确避免了上述两点不足,并且与《大学》详细论述诚意的结构也较为一致。但不可否认的是,他仍是以知止为诚意的工夫,仍有可能陷于上述理论困境之中。

此外,刘宗周还提出了两种不同的改本。这本身就是对《大学》版本的丰富,为探寻《大学》的确定文本提出了两种可能的途径,具有极为重要的参考价值。不过,诚如刘宗周自己所意识到的,《大学古文参疑》本的改动的确过大,以至于有"割裂"之病。综观整个《大学》诠释史,就其上百种改本而言,有如此大改动者仅伪石经本与刘宗周的这一改本。即便承认《大学》文本存在问题,有刘宗周所说的因秦火乱经的问题,但后人在整理时,恐怕也不会出现如此大的错误。因此可以说,刘宗周的《大学古文参疑》本应当不足取。①这从后来他因"割裂"之弊而放弃此改本中即可看出。

其次,王夫之的诠释。如前所述,王夫之《大学》诠释的最大特色在于对朱子诠释的修正。并且其修正之处对阳明诠释多有借鉴,因此可以说,王夫之的诠释对于综合、调和朱子、阳明的诠释具有重要意义。此外,他对正心作持志的解释并以持志作为根本工夫,都是一种创造性的诠释。不过,或许因为对朱子的诠释多有参照,王夫之的解释同样陷入了朱子论正心与诚意之关系的困境中。如前所述,由于朱子主张意是心之所发,因此欲保证诚意,应当是先有正心的工夫,然而《大学》却明确指出,应当是"欲正其心者,先诚其意"。朱子若遵循《大学》的"先、后"之论,以前提来解释"先",那么就陷入了诚意与正心究竟应该以何者为先的困境。王夫之将诚意解释为"以诚灌意",所谓"诚"实际上就是正心中所持之志心。因此,相对于朱子的解释,王夫之更加强调在诚意之前应当先有持志的正心工夫。这样一来,王夫之更为严重地陷入诚意与正心究竟应该以何者为先的困境之中。当然,在上文的分析中,笔者指出,王夫之对"先、后"之说作了全新的解释,认为是指后一条目当以前一条目为工夫来补充、完善。这似乎会避免上述困境。实则不然,正心本身的确是以持志为工夫,并且需要诚意的以诚灌意工夫来补充、完善,这一点较之朱子的确有所修正。但依据王夫之对诚意的特殊理解,其"诚"即持志之志心,因此,若无持志的工夫,则诚意绝无工夫可言。足见,经过王夫之的修正,仍然有正心、诚意究竟以何者为先的困境,并且更为显著。这显然是其诠释中的不足。

此外,上文指出,王夫之赋予齐家、治国、平天下以独立的地位,对始自朱子以本末之说来解释内圣外王之关系的观点有重大突破。然而这也恰恰是其问题所在。王夫之指出齐家、治国、平天下的具体内容应当有别,并认为齐家、治国、平天下有相对于修身为主的内圣之学的不同内容,这无疑使得以齐家、治国、平天下为内容的外王之学取得了独立于内

---

① 由于《大学古记》本实际上是崔铣的改本,所以在此略而不论。

圣之学的地位。这可以说是其处理八条目关系时，指出齐家、治国、平天下三者与修身是"事异"之关系的重要意义。如果能沿着这一思想继续发展，极有可能出现主张内圣与外王完全独立的现代政治观念，从而真正解决劳思光先生所说的"客观化"问题①。当然，这仅是一种理论上的设想。实则，王夫之的解释本身就限制了这一发展。如前所述，王夫之在解释修身与齐家、治国、平天下三者时，不仅有"事异"之说，还有"理同"之说。所谓"理同"是指，因为齐家、治国、平天下的对治对象都是身，所以齐家、治国、平天下仍须以修身为根据。并且，齐家、治国、平天下不仅有为政之事，还有德教一事。而按照王夫之的解释，德教就是孝悌慈之教。因此，王夫之强调德教，实际上还是强调齐家、治国平天下三者当以修身为根据。这是因为，修身内含修孝悌慈之德。基于上述两点理由可知，从整体上来看，王夫之赋予独立地位的齐家、治国、平天下三者仍无法脱离以修身为主的内圣之学，甚至是仍须以修身为前提。这也意味着，对内圣外王关系问题有一定突破的王夫之，仍未从根本上突破此问题，仍无法依据《大学》解释去解决儒学的"客观化"问题。这可以说是王夫之诠释的又一局限。

最后，陈确的诠释。陈确秉承其师以知止为中心诠释《大学》，因此，上文批判刘宗周以知止为中心诠释《大学》的弊病，在陈确的诠释中同样存在。并且更为严重的是，陈确不仅以知止为唯一工夫，还以工夫—效验来看待知止与三纲领、八条目的关系。这样一来，在刘宗周诠释中尚有一定的工夫意涵之三纲领、八条目，在陈确的解释中完全沦为效验。这一解释的问题在于，何以《大学》要如此重视而加以解释其效验，反而对其唯一工夫却仅是提及。质言之，在文本结构上，其解释与《大学》文本的差异过大。并且诚如上文所指出的，陈确在一些解释中认为格致是知止的工夫，但在更多的解释中却认为格致也是知止的效验，其解释显然不能一以贯之。如果细究其解释，则会发现陈确的解释多有臆测之嫌。比如他以"格物而后知至……国治而后天下平"一段文字，推理出"格致"亦是知止的效验一说，显然有悖于一般的解释。按照一般解释者的理解，我们可以由这一段文字推出格物是格物的境界或效验，但绝不能推出它是知止

---

① 所谓"客观化问题"，即如何由心性之学开出客观的政治架构之制度问题。参见劳思光：《新编中国哲学史·三卷上》，桂林：广西师范大学出版社，2005年，第387—395页。

的效验。因此，此说是典型的臆测之解释。当然，这样的解释在陈确的解释中还有多处，上文均有论及，此处不作赘述。总之，陈确《大学》诠释的弊端在于臆测之辞过多。

在以往的研究中，学者对陈确的《大学辨》之价值多有讨论。梁启超、侯外庐等先生基于其将陈确哲学视为对宋明儒学的"反动"或者"启蒙"的视角，充分肯定了《大学辨》的意义，认为它集中体现陈确对宋明儒学的经典予以反驳，最终走向了宋明儒学的"反动"或者"启蒙"的一面[1]；钱穆、余英时等先生基于将明末清初之际哲学视为由宋明儒学向清代哲学转型的视角，认为陈确之辨《大学》恰好是这一观念的反映，因而也颇为肯定陈确的《大学辨》[2]。以上两种观点，均是基于其不同的视角而对《大学辨》予以肯定。但从何种意义上去肯定《大学辨》则明显不同。前者只是限于其所主张的"理学反动说"、"启蒙说"，而肯定《大学辨》。但这一肯定并未对陈确哲学与清代哲学的意义做出说明，而仅仅只是说陈确哲学具有"理学反动说"、"启蒙说"的为学特质。后者看到了前者在论述上存在的过于"断章取义"的不足，指出哲学发展应当具有一贯性。所以在"儒学转型"这一视角上，肯定了《大学辨》所体现出来的对宋明儒学的反思、批评与开启清代儒学的意义。

詹海云、王瑞昌、申淑华、汤建荣诸贤基本上都肯定了《大学辨》所体现出来的"开启清代哲学"的意义，并且都认为陈确之辨《大学》并非是"反理学"，而是对理学的批评与修正[3]。更为重要的是，王瑞昌、申淑华、汤建荣三人还深入到义理的层面对《大学辨》做了评价。其中，以王瑞昌先生的论述最为详备。他指出陈确的《大学辨》所得有三：其一，《大学》非孔曾之作；其二，《大学》"八条目"有支离之病；其三，《大学》"非圣经"，即非代表孔孟精神。所失则在于：其一，陈确对三纲领中

---

[1] 参见梁启超：《中国近三百年学术史》，北京：人民出版社，2008年，第169页；侯外庐：《中国思想通史》（第五卷），北京：人民出版社，2011年，第169—175页。

[2] 参见钱穆：《中国近三百年学术史》，北京：九州出版社，2011年，第49—54页；余英时：《论戴震与章学诚——清代中期学术思想史研究》，北京：生活·读书·新知三联书店，2012年，第346页。

[3] 参见詹海云：《陈乾初大学辨研究——兼论其在明末清初学术史上的意义》，台北：明文书局，1986年，第158—173页；王瑞昌：《陈确评传》，南京：南京大学出版社，2002年，第369—377页；申淑华：《素位之学——陈乾初哲学思想研究》，北京：中国社会科学出版社，2012年，第126—136页；汤建荣：《陈乾初哲学研究——以工夫实践为视阈》，昆明：云南大学出版社，2010年，第260—270页。

"在"的解释过于臆断;其二,以《大学》工夫仅在"知止",即"一知止而无余事"之说过于武断;其三,《大学》致知之"知"并非就是"知止";其四,陈确辨《大学》过于执定于《孟子》、《中庸》的"诚身"这一概念;其五,最大的过失在于将《大学》视为禅学[①]。

综上可知,如何看待陈确的《大学辨》完全取决于对陈确哲学的定位。在笔者看来,陈确的为学宗旨乃是复归重行、重践履的孔孟之道。因此,不当以"反理学"、"启蒙"等观念看待陈确的《大学辨》,但可以修正宋明儒学、返归孔孟之道来看待《大学辨》。虽然陈确的本意在于力辨《大学》非孔孟之道,但在客观效果上来讲,又的确与清代儒学有着必然关联,甚至可以说开启了清代考据学。不过,深入其辨《大学》的具体内容则会发现,其问题的确较多。就以"迹"辨《大学》而言,诚如上文所指出的,其辨斥的原则本身即多有问题[②]。就以"理"辨《大学》而言,同样存在问题。上文曾指出,陈确以"理"辨《大学》的根本在于"知行"问题。陈确辨《大学》的思路是:首先确立了《大学》是以知止为宗旨的,以知止为唯一的工夫;继而指出,知止是只言知不言行的禅学;最后批判《大学》。显然,如果《大学》并非以知止为中心的话,陈确辨《大学》就多有问题。然而纵观《大学》诠释史,以知止为中心去诠释《大学》的,实际上仅有刘宗周、陈确师徒。此即意味着,陈确辨《大学》的基础实际上是自己建构的,亦即上文所批评的,陈确的诠释大多出于臆测。因此,依据此基础的辩驳显然理论效力不高。这可以说是陈确辨《大学》非圣经的最大不足。

综上可知,就《大学》诠释史而言,以刘宗周、王夫之及陈确三人为主的明清之际的《大学》诠释,的确对以往的诠释有所突破,具有较为重要的理论意义。当然,他们的诠释本身也存在着一些不足。

---

① 王瑞昌:《陈确评传》,南京:南京大学出版社,2002年,第369—377页。
② 关于这一问题,本书第四章的第三节已有详细论述,不再赘述。

参 考 文 献

（一）古籍类

［1］郑玄注，孔颖达疏，龚抗云整理：《礼记正义》，北京：北京大学出版社，2000 年。

［2］程颢、程颐：《二程集》（上下），北京：中华书局，2004 年。

［3］朱熹：《朱子全书》第 6、13、14 册，上海、合肥：上海古籍出版社、安徽教育出版社，2002 年。

［4］王守仁：《王阳明全集》（上中下），上海：上海古籍出版社，2011 年。

［5］刘蕺山：《刘宗周全集》，杭州：浙江古籍出版社，2007 年。

［6］王夫之：《船山全书》，长沙：岳麓书社，2011 年。

［7］陈确：《陈确集》（上下），北京：中华书局，2009 年。

［8］李颙：《二曲集》，北京：中华书局，1996 年。

［9］潘平格：《潘子求仁录辑要》，北京：中华书局，2009 年。

［10］孙奇逢：《四书近指》，《文渊阁四库全书》第 208 册。

［11］孙奇逢：《晚年版批定四书近指》，清华大学图书馆馆藏。

［12］吕留良：《吕晚村先生四书讲义》，《续修四库全书》第 165 册。

［13］颜元：《颜元集》（上下），北京：中华书局，1987 年。

［14］李塨：《李塨文集》（上下），石家庄：河北人民出版社，2011 年。

［15］陈荣捷编著，杨儒宾等译：《中国哲学文献选编》，南京：江苏教育出版社，2006 年。

（二）刘宗周研究专著

［1］陈启文：《刘蕺山之道德主体理论分析》，新北：花木兰文化出版社，2011 年。

[2] 陈永革:《儒学名臣:刘宗周传》,杭州:浙江人民出版社,2005年。
[3] 东方朔:《刘蕺山哲学研究》,上海:上海人民出版社,1997年。
[4] 东方朔:《刘蕺山评传》,南京:南京大学出版社,1998年。
[5] 杜保瑞:《刘蕺山的功夫理论与形上思想》,新北:花木兰文化出版社,2009年。
[6] 杜维明、东方朔:《杜维明学术专题访谈录——宗周哲学之精神与儒家文化未来》,上海:复旦大学出版社,2001年。
[7] 何俊、尹晓宁:《刘宗周与蕺山学派》,北京:中国人民大学出版社,2009年。
[8] 胡元玲:《刘宗周慎独之学阐微》,台北:学生书局,2009年。
[9] 黄敏浩:《刘蕺山及其慎独哲学》,台北:学生书局,2001年。
[10] 黄锡云:《刘宗周研究》,北京:中华书局,2012年。
[11] 牟宗三:《从陆象山到刘蕺山》,上海:上海古籍出版社,2002年。
[12] 劳德用:《刘蕺山黄梨洲学案合辑》,台北:中正书局,1954年。
[13] 李振纲:《证人之境:刘宗周哲学的宗旨》,北京:人民出版社,2000年。
[14] 廖俊裕:《道德实践与历史性:关于蕺山学的讨论》,新北:花木兰文化出版社,2008年。
[15] 王俊彦:《刘蕺山之成学经过》,新北:花木兰文化出版社,2010年。
[16] 袁光仪:《晚明之儒家道德哲学与世俗道德范例研究——以刘蕺山的〈人谱〉与〈了凡四训〉、〈菜根谭〉之比较》,新北:花木兰文化出版社,2009年。
[17] 张瑞涛:《心体与工夫:刘宗周〈人谱〉哲学思想研究》,北京:人民出版社,2014年。
[18] 张天杰:《蕺山学派与明清学术转型》,北京:中国社会科学出版社,2014年。
[19] 衷尔钜:《蕺山学派哲学思想》,济南:山东教育出版社,1993年。
[20] 钟彩钧主编:《刘蕺山学术思想论集》,"中央研究院"中国文哲研究所筹备处,1998年。

(三)王夫之研究专著

[1] 蔡家和:《王船山〈读孟子大全说〉研究》,台北:学生书局,2013年。
[2] 蔡尚思:《王船山思想体系》,长沙:湖南人民出版社,1985年。
[3] 陈来:《诠释与重建——王船山哲学的精神》,北京:生活·读书·新知三联书店,2010年。
[4] 陈力祥:《王船山礼宜乐和的和谐社会理想:以礼之调适为中心》,北京:社会科学文献出版社,2014年。
[5] 陈力祥:《王船山礼学思想研究》,成都:巴蜀书社,2008年。
[6] 陈启文:《王船山"两端而一致"之思维的辩证性及其展开》,新北:花木兰文化出版社,2010年。
[7] 陈远宁、王兴国、黄洪基:《王船山认识论范畴研究》,长沙:湖南人民出版

社,1982年。

[8] 陈远宁:《中国古代易学发展第三个圆圈的终结——船山易学思想研究》,长沙:湖南大学出版社,2002年。

[9] 陈赟:《回归真实的存在——王船山哲学的阐释》,上海:复旦大学出版社,2002年。

[10] 陈章锡:《王船山礼学研究:以两端一致论为研究进路》,新北:花木兰文化出版社,2009年。

[11] 崔海峰:《王夫之诗学范畴论》,北京:中国社会科学出版社,2006年。

[12] 崔海峰:《王夫之诗学思想论稿》,北京:中国社会科学出版社,2012年。

[13] 戴景贤:《王船山道器论》,台北:广学社印书馆,1982年。

[14] 戴景贤:《王船山学术思想总纲与其道器论之发展》,香港:香港中文大学出版社,2013年。

[15] 邓辉:《王船山历史哲学研究》,长沙:岳麓出版社,2004年。

[16] 邓辉:《王船山道论研究》,湘潭:湘潭大学出版社,2010年。

[17] 方克:《王船山辩证法思想研究》,长沙:湖南人民出版社,1984年。

[18] 高志成:《王夫之、李光地对朱子易学的继承、批判与发展》,新北:花木兰文化出版社,2009年。

[19] 季蒙:《主思的理学——王夫之的四书学思想》,广州:广东高等教育出版社,2005年。

[20] 嵇文甫:《王船山哲学论丛》,北京:生活·读书·新知三联书店,1962年。

[21] 韩振华:《王船山美学基础》,成都:巴蜀书社,2008年。

[22] 侯外庐:《船山学案》,长沙:岳麓书社,1982年。

[23] 胡发贵:《王夫之与中国文化》,贵阳:贵州人民出版社,2000年。

[24] 湖南社会科学院、湖南省哲学社会科学学会联合会、湖南省船山学社编:《王船山学术思想讨论集》,长沙:湖南人民出版社,1984年。

[25] 黄胡同:《王船山历史观与史论研究》,长沙:湖南人民出版社,1986年。

[26] 林安梧:《王船山人性史之哲学研究》,台北:东大图书公司,1987年。

[27] 刘用瑞:《船山〈论语〉诠释之研究》,新北:花木兰文化出版社,2008年。

[28] 陆复初:《王船山学案》,武汉:湖北人民出版社,1987年。

[29] 罗光:《王船山形上学思想》(《罗光全书》第18册),台北:学生书局,1996年。

[30] 潘美月:《王船山〈张子正蒙注〉研究》,新北:花木兰文化出版社,2008年。

[31] 陶水平:《船山诗学研究》,北京:中国社会科学出版社,2001年。

[32] 涂波:《王夫之诗学研究》,武汉:湖北人民出版社,2006年。

[33] 汪学群:《王夫之的易学——以清初学术为视角》,北京:社会科学文献出版社,2002年。

［34］吴龙川：《船山〈易学〉"乾""坤"并建理论新探》，新北：花木兰文化出版社，2009年。

［35］夏青：《王夫之法律思想研究》，北京：中国人民公安大学出版社，2007年。

［36］萧驰：《抒情传统与中国思想——王夫之诗学发微》，上海：上海古籍出版社，2003年。

［37］萧萐父主编：《王夫之辩证法思想引论》，武汉：湖北人民出版社，1984年。

［38］萧萐父：《船山哲学引论》，南昌：江西人民出版社，1993年。

［39］萧萐父、许苏民：《王船山评传》，南京：南京大学出版社，2002年。

［40］许冠三：《王船山的致知论》，香港：香港中文大学出版社，1981年。

［41］杨松年：《王夫之诗论研究》，台北：文史哲出版社，1986年。

［42］曾春海：《王船山易学阐微》，新北：花木兰文化出版社，2009年。

［43］曾昭旭：《王船山哲学》，台北：远景出版社，1983年。

［44］张立文：《正学与开新——王船山哲学的精神》，北京：人民出版社，2001年。

［45］张齐政：《王船山研究拾遗》，长沙：中南大学出版社，2013年。

［46］郑富春：《王船山生死观与其义理体系研究》，新北：花木兰文化出版社，2010年。

［47］周兵：《天人之际的理学——王夫之〈读四书大全说〉思想研究》，成都：巴蜀书社，2006年。

［48］庄凯雯：《王船山〈读四书大全说〉研究——由心性论到知人之学》，新北：花木兰文化出版社，2009年。

（四）陈确研究专著

［1］邓立光：《陈乾初研究》，台北：文津出版社，1992年。

［2］侯外庐：《陈确哲学选集》，北京：科学出版社，1959年。

［3］申淑华：《素位之学——陈乾初哲学研思想究》，北京：中国社会科学出版社，2012年。

［4］孙广海：《陈确〈葬书〉研究》，新北：花木兰文化出版社，2013年。

［5］汤建荣：《陈乾初哲学研究——以工夫实践为视阈》，昆明：云南大学出版社，2010年。

［6］王瑞昌：《陈确评传》，南京：南京大学出版社，2002年。

［7］詹海云：《陈乾初大学辨研究：兼论其在明末清初学术史上的意义》，台北：明文书局，1986年。

（五）相关研究专著

［1］陈来：《朱子哲学研究》，北京：生活·读书·新知三联书店，2010年。

［2］陈来：《有无之境——王阳明哲学的精神》，北京：生活·读书·新知三联书

店，2009 年。

[3] 陈来：《宋明理学》，北京：生活·读书·新知三联书店，1991 年。

[4] 陈来：《宋明儒学论》，上海：复旦大学出版社，2010 年。

[5] 陈来：《中国近世思想史研究》，北京：生活·读书·新知三联书店，2010 年。

[6] 陈来：《宋元明清哲学史教程》，北京：生活·读书·新知三联书店，2010 年。

[7] 陈来：《传承与开拓：朱子学新论》，上海：华东师范大学出版社，2014 年。

[8] 陈立胜：《王阳明"万物一体"论——从"身—体"的立场看》，上海：华东师范大学出版社，2008 年。

[9] 陈时龙：《明代中晚期讲学运动》，上海：复旦大学出版社，2007 年。

[10] 陈卫平：《第一页与胚胎：明清之际的中西文化比较》，上海：上海人民出版社，1992 年。

[11] 陈义海：《明清之际：异质文化交流的一种范式》，南京：江苏教育出版社，2007 年。

[12] 陈昭瑛：《儒家美学与经典诠释》，上海：华东师范大学出版社，2008 年。

[13] 陈祖武：《清代学术源流》，北京：北京师范大学出版社，2012 年。

[14] 邓克铭：《晚明四书说解研究》，台北：里仁书局，2013 年。

[15] 丁为祥：《实践与超越：王阳明哲学的诠释、解析与评价》，西安：陕西人民出版社，1994 年。

[16] 丁为祥：《学术性格与思想谱系：朱子的哲学视野及其历史影响的发生学考察》，北京：人民出版社，2012 年。

[17] 方旭东：《绘事后素：经典解释与哲学研究》，北京：北京大学出版社，2012 年。

[18] 房秀丽：《追寻生命的全体大用：李二曲理学思想及其教育价值》，济南：齐鲁书社，2010 年。

[19] 冯友兰：《中国哲学史新编》，北京：人民出版社，2007 年。

[20] 冯天瑜：《结构专制：明末清初"新民本"思想研究》，武汉：湖北人民出版社，2003 年。

[21] 傅小凡：《晚明自我观研究》，成都：巴蜀书社，2001 年。

[22] 高青莲：《解释的转向与儒学重建：颜李学派对四书的解读》，广州：广东人民出版社，2011 年。

[23] 顾宏义：《宋代〈四书〉文献论考》，上海：上海古籍出版社，2014 年。

[24] 顾宏义：《历代四书序跋题记资料汇编》，上海：上海古籍出版社，2010 年。

[25] [日] 沟口雄三著，龚颖译：《中国前近代思想的曲折与展开》，北京：生活·读书·新知三联书店，2011 年。

[26] 郭齐勇：《儒学与儒学史新论》，台北：学生书局，2002 年。

[27] 郭齐勇：《中国儒学之精神》，上海：复旦大学出版社，2009 年。

[28] 侯外庐：《中国早期启蒙思想史》，北京：人民出版社，1956年。
[29] 侯外庐、邱汉生、张岂之主编：《宋明理学史》（上下卷），北京：人民出版社，1984、1987年。
[30] 侯外庐：《中国思想通史》（一至四卷），北京：人民出版社，2011年。
[31] 胡适：《胡适文集》（六），北京：北京大学出版社，1998年。
[32][日]荒木见悟著，廖肇亨译：《明末清初的思想与佛教》，上海：上海古籍出版社，2010年。
[33] 黄俊杰编：《中国经典诠释传统（一）·通论篇》，上海：华东师范大学出版社，2008年。
[34] 黄俊杰编：《中日〈四书〉诠释传统初探》，上海：华东师范大学出版社，2008年。
[35] 黄俊杰编：《东亚儒者的〈四书〉诠释》，上海：华东师范大学出版社，2008年。
[36] 黄俊杰：《东亚儒学：经典与诠释的辩证》，上海：华东师范大学出版社，2012年。
[37] 简毅铭：《明末清初儒者经世致用之道》，新北：花木兰文化出版社，2010年。
[38] 嵇文甫：《晚明思想史论》，开封：河南大学出版社，2008年。
[39] 姜广辉：《走出理学》，沈阳：辽宁教育出版社，1997年。
[40] 姜广辉主编：《中国经学思想史》（第四卷），北京：中国社会科学出版社，2010年。
[41] 劳思光：《新编中国哲学史》（第三卷下），桂林：广西师范大学出版社，2005年。
[42] 李纪祥：《两宋以来大学改本之研究》，台北：学生书局，1988年。
[43] 李纪祥：《明末清初儒学之发展》，台北：文津出版社，1992年。
[44] 李明辉编：《中国经典诠释传统（二）·儒学篇》，上海：华东师范大学出版社，2008年。
[45] 李明辉编：《儒家经典诠释方法》，上海：华东师范大学出版社，2008年。
[46] 李瑞芳：《李塨思想研究》，北京：科学出版社，2011年。
[47] 梁启超：《清代哲学概论》，北京：人民出版社，2008年。
[48] 梁启超：《中国近三百年学术史》，北京：人民出版社，2008年。
[49] 梁涛：《郭店竹简与思孟学派》，北京：中国人民大学出版社，2008年。
[50] 林聪舜：《明清之际儒家思想的变迁与发展》，新北：花木兰文化出版社，2009年。
[51] 林继平：《李二曲研究》，西安：陕西师范大学出版社，2006年。
[52] 林维杰：《朱熹与经典诠释》，上海：华东师范大学出版社，2012年。
[53] 林月惠：《诠释与工夫：宋明理学的超越向与内在辩证》，台北："中央研究

院"中国文哲研究所，2008年。

[54] 刘述先：《黄宗羲心学的定位》，杭州：浙江古籍出版社，2006年。

[55] 刘笑敢主编：《中国哲学与文化》（第一、二、三、五辑），桂林：广西师范大学出版社，2007年、2008年、2009年。

[56] 牟宗三：《中国哲学十九讲》，上海：上海古籍出版社，1997年。

[57] 牟宗三：《心体与性体》（上中下），上海：上海古籍出版社，1999年。

[58] 钱穆：《四书释义》，北京：九州出版社，2010年。

[59] 钱穆：《中国近三百年学术史》，北京：九州出版社，2011年。

[60] 容肇祖：《明代思想史》，上海：开明书店，1941年。

[61] 尚智丛：《明末清初（1582—1687）的格物穷理之学：中国科学发展的前近代形式》，成都：四川教育出版社，2003年。

[62] 唐君毅：《中国哲学原论·导论篇》，北京：中国社会科学出版社，2005年。

[63] 唐君毅：《中国哲学原论·原教篇》，北京：中国社会科学出版社，2006年。

[64] 汪学群：《明代遗民思想研究》，北京：中国社会科学出版社，2012年。

[65] 王春阳：《颜李学的形成与传播研究》，济南：齐鲁书社，2009年。

[66] 王汎森：《晚明清初思想十论》，上海：复旦大学出版社，2004年。

[67] 王恩俊：《复社与明末清初政治学术流变》，沈阳：辽宁人民出版社，2013年。

[68] 吴根友：《中国现代价值的出生历程——从李贽到戴震》，武汉：武汉大学出版社，2004年。

[69] 吴根友：《明清哲学与中国现代哲学诸问题》，北京：中华书局，2008年。

[70] 吴根友主编：《多远范式下的明清思想研究》，北京：生活·读书·新知三联书店，2011年。

[71] 萧萐父、陈修斋主编：《哲学史方法论研究》，武汉：武汉大学出版社，1984年。

[72] 萧萐父、许苏民：《明清启蒙学术流变》，沈阳：辽宁教育出版社，1995年。

[73] 萧萐父：《吹沙纪程》，上海：上海文艺出版社，1998年。

[74] 萧萐父：《吹沙集》，成都：巴蜀书社，2007年。

[75] 萧萐父：《吹沙二集》，成都：巴蜀书社，2007年。

[76] 萧萐父：《吹沙三集》，成都：巴蜀书社，2007年。

[77] 萧萐父：《萧萐父文选——思史纵横》（上下），武汉：武汉大学出版社，2007年。

[78] 谢国桢：《孙夏峰李二曲学谱》，北京：商务印书馆，1935年。

[79] 谢国桢：《明清之际党社运动考》，上海：上海书店出版社，2006年。

[80] 谢国桢：《明末清初的学风》，上海：上海书店出版社，2006年。

[81] 徐复观：《中国人性论史·先秦篇》，李维武主编：《徐复观文集》（第三卷），武汉：湖北人民出版社，2002年。

［82］许苏民、申屠炉明主编：《明清思想文化变化》，南京：南京大学出版社，2009年。

［83］许鹤龄：《李二曲〈体用全学〉之研究》，台北：文史哲出版社，2004年。

［84］杨国荣：《心学之思——王阳明哲学的阐释》，上海：华东师范大学出版社，2009年。

［85］杨华祥：《实事求是与儒家实学：明末清初实学研究》，武汉：武汉出版社，2011年。

［86］杨儒宾编：《中国经典诠释传统（三）·文学与道家经典篇》，上海：华东师范大学出版社，2008年。

［87］杨祖汉：《黄宗羲与明末清初学术》，桃园："中央"大学出版中心，2011年。

［88］叶守恒：《李二曲思想研究》，新北：花木兰文化出版社，2010年。

［89］鱼宏亮：《知识与救世：明清之际经世之学研究》，北京：北京大学出版社，2008年。

［90］俞国林：《天盖遗民：吕留良传》，杭州：浙江人民出版社，2006年。

［91］张丽珠：《清代义理学心貌》，台北：里仁书局，1999年。

［92］张丽珠：《清代新义理学：传统与现代的交会》，台北：里仁书局，2005年。

［93］张丽珠：《清代义理学转型》，台北：里仁书局，2006年。

［94］张学智：《明代哲学史》，北京：中国人民大学出版社，2012年。

［95］张永堂：《明末清初理学与科学关系再论》，台北：学生书局，1994年。

［96］张玉兴：《明清之际的探索》，北京：社会科学文献出版社，2012年。

［97］赵园：《明清之际士大夫研究》，北京：北京大学出版社，1999年。

［98］赵园：《制度·言论·心态：〈明清之际士大夫研究〉续编》，北京：北京大学出版社，1999年。

［99］赵园：《明清之际的思想与言说》，上海：复旦大学出版社，2010年。

［100］赵园：《聚合与流散——关于明清之际一个士人群体的叙述》，北京：中国文联出版社，2009年。

［101］郑吉雄：《易图象与易诠释》，上海：华东师范大学出版社，2008年。

［102］郑宗义：《明清儒学转型研究——从刘蕺山到戴东原》，香港：香港中文大学出版社，2000年。

［103］郑宗义：《儒家、哲学与现代世界》，石家庄：河北人民出版社，2010年。

［104］周春健：《元代四书学研究》，上海：华东师范大学出版社，2008年。

［105］周春健：《宋元明清四书学编年》，台北：万卷楼图书股份有限公司，2012年。

［106］周天庆：《明代闽南四书学研究：以宗朱学派为中心》，北京：东方出版社，2010年。

［107］朱汉民、肖永明：《宋代〈四书〉学与理学》，北京：中华书局，2009年。

［108］朱义禄：《颜元、李塨评传》，南京：南京大学出版社，2006 年。

［109］［日］佐野公治：《〈四书〉学史的研究》，台北：万卷楼图书股份有限公司，2014 年。

（六）研究论文（含博硕论文）

［1］鲍博：《简论刘宗周的心性思想》，《孔子研究》1988 年第 4 期。

［2］卞僧慧：《关于吕留良的几个问题的剖析》，《天津社会科学》1986 年第 3 期。

［3］蔡方鹿、蒋小云：《宋学经典诠释的哲学意蕴》，《哲学研究》2005 年第 6 期。

［4］蔡方鹿、付春：《王阳明经学思想新探》，《江汉论坛》2009 年第 6 期。

［5］蔡方鹿：《刘宗周对理学的总结与批判》，《河北大学学报》（哲学社会科学版）2011 年第 4 期。

［6］曹树明：《刘蕺山的慎独论》，《河北科技大学学报》（社会科学版）2004 年第 1 期。

［7］崔大华：《刘蕺山与明代理学的基本走向》，《中州学刊》1997 年第 3 期。

［8］陈畅：《论刘宗周晚年思想中的"独体"概念》，《哲学动态》2008 年第 9 期。

［9］陈畅：《刘宗周慎独哲学的政教义蕴》，《集美大学学报》（哲学社会科学版）2014 年第 4 期。

［10］陈代湘：《王船山对朱子格物致知论的继承与发展》，《湘潭大学社会科学学报》2003 年第 3 期。

［11］陈寒鸣：《刘宗周与晚明儒学》，《中华文化论坛》2000 年第 3 期。

［12］陈来：《道学视野下的船山心性学——以〈读四书大全说〉的大学部分为中心》，《中国哲学史》2002 年第 3 期。

［13］陈来：《王船山的〈中庸〉首章诠释及其思想》，《武汉大学学报》（人文科学版）2002 年第 6 期。

［14］陈来：《王船山的气善论与宋明儒学气论的完成——以"读孟子说"为中心》，《中国社会科学》2003 年第 5 期。

［15］陈立胜：《儒学经传的怀疑与否定中的论说方式——以王阳明、陈确的〈大学〉辨正为例》，《中国哲学史》2002 年第 2 期。

［16］陈明：《"修己"与"治人"——王船山对〈大学〉义理的重构与阐发》，《儒家典籍与思想研究》（第二辑）2010 年。

［17］陈荣灼：《蕺山性学与阳明心学的本质差异——一个佛教的观点》，《深圳大学学报》（人文社会科学版）2014 年第 1 期。

［18］陈山榜：《颜元人性论探析》，《河北师范大学学报》（教育科学版）2004 年第 5 期。

［19］陈少明：《经典解释与哲学研究》，《中山大学学报》（社会科学版）2003 年第 2 期。

[20] 陈生玺:《明清之际的历史选择》,《文史哲》2006年第3期。

[21] 陈屹:《王夫之人性生成哲学研究》,武汉大学博士论文,2012年。

[22] 陈赟:《形而上与形而下:后形而上学的解读——王船山的道器之辨及其哲学意蕴》,《复旦学报》(社会科学版)2002年第4期。

[23] 陈赟:《古典世界观的终结与现代性意识的孕育——王船山与中国现代性意识的开端》,《学术研究》2003年第10期。

[24] 陈祖武:《关于李颙研究中的几个问题》,《中国社会科学院研究生院学报》1987年第2期。

[25] 邓辉:《王船山四书学著作与〈船山经义〉年考》,《湘潭大学学报》(哲学社会科学版)2008年第2期。

[26] 邓辉:《王船山元气论阐微》,《湘潭大学学报》(哲学社会科学版)2009年第2期。

[27] 邓辉:《王船山四书学思想研究略论》,《中国哲学史》2010年第3期。

[28] 邓辉、陈伟:《论王船山的"理势"观》,《湘潭大学学报》(哲学社会科学版)2015年第2期。

[29] 丁为祥:《气学——明清学术转换的真正开启者》,《孔子研究》2007年第3期。

[30] 董平:《论刘宗周心学的理论构成》,《孔子研究》1991年第4期。

[31] 冯前林:《浑然至善之意——论刘蕺山对无善无恶说的批判》,《晋阳学刊》2013年第2期。

[32] 高海波:《试论刘宗周的"格物"思想》,《中国哲学史》2009年第3期。

[33] 高海波:《刘宗周对阳明四句教的批评》,《中国哲学史》2014年第3期。

[34] 高青莲:《儒学的重建及其困境——从颜李学派对〈大学〉的解读谈起》,《华南师范大学学报》(社会科学版)2006年第2期。

[35] 桂涛:《"元初—清初"的历史想象与清初北方士人对清朝入主的认识——以孙奇逢为中心的考察》,《清史研究》2013年第3期。

[36] 郭齐勇:《内圣与外王之间的困局》,《东岳论丛》1988年第4期。

[37] 郭齐勇:《朱熹与王夫之的性情论之比较》,《文史哲》2001年第3期。

[38] 郭齐勇:《由"四书学"的形成看儒学的开展》,《中山大学学报》(社会科学版)2007年第6期。

[39] 郭沂:《子思书再探讨——兼论〈大学〉作于子思》,《中国哲学史》2003年第4期。

[40] 韩立森:《陈确思想的特质》,《晋阳学刊》1990年第2期。

[41] 胡治洪:《论〈大学〉的作者时代及思想承传》,《陕西师范大学学报》(哲学社会科学版)2008年第5期。

[42] 黄俊杰:《论经典诠释与哲学建构之关系——以朱子对〈四书〉的解释为中心》,《南京大学学报》(哲学·人文科学·社会科学版)2007年第2期。

[43] 贾庆军：《黄宗羲与陈确论争新探——从"物"之思想谈起》，《西南大学学报》（社会科学版）2011年第6期。

[44] 贾艳红、姜亦刚：《〈大学〉的著述时代考》，《山东师大学报》1998年第3期。

[45] 姜广辉：《颜李学派的功利论及其历史地位》，《中国社会科学》1984年第5期。

[46] 姜广辉：《陈确思想研究》，《中国哲学史》1996年第1—2期。

[47] 姜海军：《二程对〈大学〉的表彰和阐发》，《信阳师范学院学报》（哲学社会科学版）2007年第4期。

[48] 蒋国保：《王阳明"〈大学〉古本"说生成考》，《贵阳学院学报》（社会科学版）2015年第4期。

[49] 景海峰：《解释学与中国哲学》，《哲学动态》2001年第7期。

[50] 乐爱国：《王阳明对朱熹格物论的误读——兼论冯友兰〈中国哲学史〉对朱熹理学与陆王心学的分疏》，《社会科学战线》2014年第9期。

[51] 雷静：《从"理一分殊"、"万物一体"到"一统于万"——刘蕺山融汇朱、王的本体论探析》，《中国哲学史》2010年第4期。

[52] 李长泰等：《王船山的天人合一君子观——以〈读四书大全说〉为中心》，《船山学刊》2009年第3期。

[53] 李长泰：《王船山"明德"释义发微》，《船山学刊》2012年第2期。

[54] 李梦云：《刘宗周气学思想探析》，《中华文化论坛》2013年第8期。

[55] 李伟波：《经世向度下的原典回归——以颜元的四书解释为中心》，《中州学刊》2011年第6期。

[56] 李学勤：《从简帛佚籍〈五行〉谈到〈大学〉》，《孔子研究》1998年第3期。

[57] 李振纲：《心体的重建与理学的终结——兼论蕺山学逻辑向度与历史向度的离异》，《现代哲学》2004年第4期。

[58] 李之鉴：《论孙奇逢的哲学逻辑结构和特点》，《河南师范大学学报》（哲学社会科学版）1987年第4期。

[59] 梁涛：《〈大学〉早出新证》，《中国哲学史》2000年第3期。

[60] 林安梧：《明末清初关于"格物致知"的一些问题——以王船山人性史哲学核心的宏观理解》，《文哲所研究集刊》1999年。

[61] 林安梧：《明清之际：从"主体性"、"意向性"到"历史性"的一个过程——以阳明、蕺山与船山为例的探讨》，《船山学刊》2006年第2期。

[62] 林瀚：《从〈大学〉看朱熹与王夫之的"心"论》，《韩山师范学院学报》2003年第4期。

[63] 刘梁剑：《诠释与对文本的知——论王船山的诠释学思想》，《求索》2007年第8期。

[64] 刘小红：《浅析潘平格的人性论》，《中共宁波市委党校学报》2012年第3期。

[65] 刘依平：《〈大学〉经典地位的确立与宋代理学的关系》，《现代哲学》2012年第 6 期。

[66] 刘又铭：《大学思想证论》，政治大学博士学位论文，1992 年。

[67] 刘又铭：《〈大学〉思想的历史变迁》，载《东亚儒者的四书诠释》，台北：台湾大学出版中心，2008 年。

[68] 刘泽亮：《从〈五经〉到〈四书〉：儒学典据嬗变及其意义——兼论朱子对禅佛思想挑战的回应》，《东南学术》2002 年第 6 期。

[69] 陆建猷：《宋代四书学产生的历史动因》，《西安交通大学学报》（社会科学版）2001 年第 1 期。

[70] 陆建猷：《尊朱学派的四书学思想》，《西安交通大学学报》（社会科学版）2002 年第 2 期。

[71] 陆永胜：《〈大学〉工夫诠释图式重构——以朱熹、阳明的〈大学〉诠释为语境》，《甘肃社会科学》2014 年第 5 期。

[72] 马晓英：《王阳明的〈大学〉诠释及其思想建构》，《哲学动态》2014 年第 11 期。

[73] 孟昭燕：《王夫之〈读四书大全说〉读后》，《华夏文化》2001 年第 1 期。

[74] 潘起造：《潘平格"致知格物"的经世实学思想》，《中共宁波市委党校学报》2007 年第 5 期。

[75] 任大援：《论陈确的性理哲学思想》，《浙江学刊》1983 年第 2 期。

[76] 任文利：《明专制政体下儒家士大夫的宪政理念与行宪努力——从刘宗周之末世谏诤看》，《天府新论》2013 年第 4 期。

[78] 单晓娜、涂耀威：《经典诠释与文化传承——以〈大学〉为中心的考察》，《华中科技大学学报》（社会科学版）2012 年第 4 期。

[79] 申鹏宇：《百年来刘宗周思想研究述评》，《海南师范大学学报》（社会科学版）2012 年第 9 期。

[80] 申淑华：《陈乾初〈大学辨〉研究》，《渤海大学学报》（哲学社会科学版）2009 年第 3 期。

[81] 施炎平：《儒学精神与启蒙思潮的沟通——论李颙（二曲）思想的特征及其价值》，《华东师范大学学报》（哲学社会科学版）1997 年第 5 期。

[82] 史革新：《孙奇逢理学思想综论》，《郑州大学学报》（哲学社会科学版）2007 年第 4 期。

[83] 束景南、王晓华：《四书升格运动与宋代四书学的兴起——汉学向宋学转型的经典诠释历程》，《历史研究》2007 年第 5 期。

[84] 孙宝山：《论潘平格对理学的批判》，《中国哲学史》2013 年第 4 期。

[85] 孙聚友：《论孙奇逢的学术思想》，《齐鲁学刊》2000 年第 1 期。

[86] 孙钦香：《试论船山〈大学〉诠释的义理新路向》，《福建论坛》（社科教育

版）2010 年第 10 期。

[87] 孙钦香：《船山对"格物始教"问题的思考》，《东方论坛》2012 年第 5 期。

[88] 汤一介：《再论创建中国解释学问题》，《中国社会科学》2000 年第 1 期。

[89] 汤一介：《三论创建中国解释学问题》，《中国文化研究》2000 年夏之卷（总第 28 期）。

[90] 汤一介：《关于僧肇注〈道德经〉问题——四论创建中国解释学问题》，《学术月刊》2000 年第 7 期。

[91] 汤一介：《论创建中国解释学问题》，《学术界》2001 年第 4 期。

[92] 陶清：《陈确心性学说的实质和意义》，《学术界》1988 年第 6 期。

[93] 涂耀威：《反思与重建——学术史视野下的王船山〈大学〉研究》，《船山学刊》2009 年第 1 期。

[94] 涂耀威：《从〈四书〉之学到〈礼记〉之学——清代〈大学〉诠释的另一种向度》，《中国哲学史》2009 年第 4 期。

[95] 汪学群：《陈确的性善论》，《江南大学学报》（哲学社会科学版）2011 年第 5 期。

[96] 王凤贤：《评刘宗周对理学传统观念的修正》，《孔子研究》1991 年第 2 期。

[97] 王杰：《明清之际：思想的冲突、批判与创新》，《理论学刊》2003 年第 3 期。

[98] 王俊才：《试论孙奇逢的理学思想》，《河北学刊》1995 年第 5 期。

[99] 王俊义：《论陈确的学术思想和学术风格》，《史学集刊》1988 年第 2 期。

[100] 王瑞昌：《刘蕺山格物致知说析论》，《中国哲学史》2000 年第 2 期。

[101] 王瑞昌：《论刘蕺山的无善无恶思想》，《孔子研究》2000 年第 6 期。

[102] 王泽应：《王夫之义利思想的特点和意义》，《哲学研究》2009 年第 8 期。

[103] 王正：《明体适用：李二曲论〈大学〉》，《山西师大学报》（社会科学版）2013 年第 2 期。

[104] 魏义霞：《王夫之的知行观及其启蒙意义》，《理论探索》2012 年第 1 期。

[105] 吴伯曜：《阳明心学对晚明四书学的影响》，《湖南大学学报》（社会科学版）2006 年第 2 期。

[106] 吴根友：《关于宋元明清哲学研究的范式及其方法诸问题的思考》，《江汉论坛》2005 年第 10 期。

[107] 吴根友：《唐君毅、牟宗三、刘述先的明清思想研究》，《学海》2010 年第 2 期。

[108] 吴光：《从阳明心学到"力行"实学——论黄宗羲对王阳明、刘宗周哲学思想的批判继承与理论创新》，《中国哲学史》2007 年第 3 期。

[109] 吴光：《论吕留良的思想文化成就及其历史地位》，《中共宁波市委党校学报》2010 年第 3 期。

[110] 吴光：《谈谈阳明学的真精神——兼论刘宗周、黄宗羲对阳明学的转型》，

《教育文化论坛》2010年第4期。

[111] 向世陵：《张载、王夫之的"保合太和"说议》，《中国哲学史》2008年第2期。

[112] 肖永明：《论李颙与颜元体用思想之差异》，《广西大学学报》（哲学社会科学版）1999年第2期。

[113] 肖永明：《朱熹〈四书〉学的治学特点》，《湖南大学学报》（社会科学版）2004年第1期。

[114] 肖永明、朱汉民：《二程理学体系的建构与〈四书〉》，《广西师范大学学报》（哲学社会科学版）2004年第4期。

[115] 肖永明、殷慧：《北宋心性之学的发展与宋代〈四书〉学的形成》，《中国哲学史》2008年第1期。

[116] 徐令彦：《试析陈确对"人性善"理论的修正与补充》，《河南社会科学》1999年第5期。

[117] 许苏民：《论王夫之的历史进化论思想》，《江苏社会科学》2007年第2期。

[118] 许家星：《求本义、发原意、砭学弊——朱子四书学诠释旨趣探幽》，《北京师范大学学报》（社会科学版）2009年第6期。

[119] 许家星：《超凡与入俗——朱子四书学圣人观略析》，《孔子研究》2010年第6期。

[120] 许家星：《朱子四书学形成新考》，《中国哲学史》2013年第1期。

[121] 许家星：《朱子四书学研究之回顾与前瞻》，《中华文化论坛》2013年第2期。

[122] 杨国荣：《晚明王学演变的一个环节——论刘宗周对"意"的考察》，《浙江学刊》1988年第4期。

[123] 杨国荣：《刘宗周思想的历史地位》，《中国哲学史》1996年第4期。

[124] 杨浩：《孔门传授心法——朱子〈四书章句集注〉对儒家道统论的理论贡献》，《首都师范大学学报》（社会科学版）2012年第3期。

[125] 杨向奎：《论吕留良》，《史学月刊》1984年第4期。

[126] 姚才刚：《论刘蕺山对王学的修正》，《武汉大学学报》（人文社会科学版）2000年第6期。

[127] 姚才刚：《刘宗周的"改过"说及其伦理启示》，《哲学研究》2014年第7期。

[128] 叶秀山：《试读〈大学〉》，《中国哲学史》2000年第1期。

[129] 张克伟：《从〈大学辨〉看陈确对〈大学〉义理系统的价值重估》，《黄淮学刊》（社会科学版）1995年第2期。

[130] 张立文：《王船山的性命论》，《船山学刊》1997年第2期。

[131] 张立文：《刘宗周慎独诚意的修己之学》，《江南大学学报》（人文社会科学版）2012年第2期。

［132］张慕良：《刘宗周"慎独"思想对周敦颐思想的继承与发越》，《学术探索》2015年第4期。

［133］张慕良：《刘宗周"慎独"思想研究》，吉林大学博士论文，2015年。

［134］章启辉：《"中庸"辩正——王夫之的中庸观》，《湖南大学学报》（社会科学版）2000年第2期。

［135］张瑞涛、陶武：《证心以证人——刘宗周道德哲学探赜》，《学术界》2010年第11期。

［136］张瑞涛：《一体圆融，和合无碍——刘蕺山〈人谱〉工夫哲学探赜》，《人义杂志》2011年第5期。

［137］张瑞涛：《刘宗周与宋明理学"知识论"走向》，《孔子研究》2012年第1期。

［138］张瑞涛：《明儒刘宗周的为学之道》，《光明日报》2012年12月10日，第015版。

［139］张申：《刘宗周"慎独之说"浅议》，《社会科学战线》1990年第1期。

［140］张天杰、肖永明：《陈确与张履祥〈大学〉真伪论辩之辨析》，《浙江学刊》2010年第2期。

［141］张天杰、肖永明：《从张履祥、吕留良到陆陇其——清初"尊朱辟王"思潮中一条主线》，《中国哲学史》2010年第2期。

［142］张武：《论颜李学派的思想特征及其形成》，《哲学研究》1987年第4期。

［143］张显清：《孙奇逢的"以实补虚"论》，《中州学刊》1986年第6期。

［144］张学智：《论刘宗周的"意"》，《哲学研究》1993年第9期。

［145］张学智：《王夫之对礼乐的理学疏解——以〈礼记·乐记〉为中心》，《中国哲学史》2005年第4期。

［146］张学智：《王夫之对礼的本质的阐释》，《北京大学学报》（哲学社会科学版）2006年第6期。

［147］张学君：《〈大学〉原貌与"格物"本义考》，《江汉大学学报》（人文科学版）2010年第2期。

［148］张再林：《王夫之的身体哲学思想》，《陕西师范大学学报》（哲学社会科学版）2008年第1期。

［149］赵炎：《道的居持与充实——船山对正心、诚意关系的一个解读》，《中国哲学史》2011年第4期。

［150］郑晓江：《论王船山的生死哲学》，《中州学刊》2003年第5期。

［151］衷尔钜：《论高攀龙与刘宗周哲学思想之异同》，《中州学刊》1986年第3期。

［152］衷尔钜：《论陈确及其哲学思想》，《甘肃社会科学》1992年第1期。

［153］周天庆、詹世窗：《国内"四书学"研究的现状、问题与出路》，《哲学动态》2012年第3期。

［154］朱汉民：《实践—体验：朱熹的〈四书〉诠释方法》，《中国哲学史》2004年第4期。

［155］朱汉民：《言·意·理——朱熹的〈四书〉诠释方法：语言——文献》，《孔子研究》2004年第5期。

［156］朱汉民：《朱熹〈四书〉学与儒家工夫论》，《北京大学学报》（哲学社会科学版）2005年第1期。

［157］朱汉民：《理学、〈四书〉学与儒家文明》，《湖南大学学报》（社会科学版）2006年第2期。

［158］朱康有、葛荣晋：《论李二曲的心解四书》，《唐都学刊》2006年第6期。

［159］朱修春：《论清初四书学中的经世思想》，《清史研究》2005年第1期。

［160］朱义禄：《论刘宗周的唯意志论——兼论阳明心学的终结》，《东方论坛》2000年第3期。

附录

朱子论《大学》"八条目"之关系[①]

在《大学》诠释史上，朱子的《大学》诠释，与阳明的诠释一样具有诠释范例的重要意义。从义理的展开来看，朱子以三纲领、八条目来统摄经传[②]。而就三纲领与八条目的关系而言，他认为"修身以上，明明德之事也。齐家以下，新民之事也"[③]。因此，只要理清八条目及其关系，即可得朱子《大学》诠释之要义。然而学界已有的研究，主要是对三纲领、八条目的内涵进行梳理，而较少对朱子论三纲领、八条目之关系予以探讨。虽然曾亦以"工夫—效验"为题，对朱子论八条目之关系作了一些探讨[④]，但毕竟未能揭示这一问题的全部。有鉴于此，拟对这一问题作进一步的研究。

一、"格物为先"：八条目以格物为前提

朱子对《大学》"八条目"的诠释，存在着强调格物的现象。如他明确指出：

[①] 本文原载于《中州学刊》2015年第4期，因所论与本书主题相关，故附录于此。
[②] 朱子在《大学或问》中指出："大抵《大学》一篇之指，总而言之，不出乎八事，而八事之要，总而言之，又不出乎此三者，此愚所以断然以为《大学》之纲领而无疑矣。"参见朱熹：《朱子全书》第6册，第509页。
[③] （宋）朱熹：《四书章句集注》，北京：中华书局，2006年，第4页。
[④] 曾亦：《〈大学〉中的"功夫—效验"问题与朱子的工夫论学说》，《湖南大学学报》（社会科学版），2012第6期，第31页。

> 此一书之间，要紧只在"格物"两字。①
>
> 然天下之所平，却先须治国；国之所以治，却先须齐家；家之所以齐，却先须修身；身之所以修，却先须正心；心之所以正，却先须诚意；意之所以诚，却先须致知；知之所以致，却先格物。本领全只在这两字上。②

朱子认为《大学》一书，要紧只在格物；八条目最终当归结在格物上，本领只在这一工夫；足见朱子对格物的重视。这一现象亦可由其论格物与诚意的关系看出。朱子认为格物与诚意分别是八条目的梦觉关、善恶关，并指出"过得此二关，上面工夫却一节易如一节了"③。而就格物与诚意而言，他认为格物是诚意、慎独的源头工夫，只有格物方可诚意，即

> 须是先致知、格物，方始得。人莫不有知，但不能致知耳。致其知者，自里面看出，推到无穷尽处；自外面看如来，推到无去处；方始得了，意方可诚。致知、格物是源头工夫。看来知至便自心正，不用诚意两字也得。④

此处引文似乎将格物与致知等同，这的确是朱子论格物、致知的特殊处。所谓格物，指的是"穷至事物之理，欲其极处无不到也"⑤。按陈来的解释，包含"即物"、"穷理"与"至极"三个方面的意思⑥。所谓致知，即"推极吾之知识，欲其所知无不尽也"⑦。陈来认为："是指主体通过考究物理而在主观上得到的致知扩充的结果。致知作为格物的目的和结果，并不是一种与格物并行的、独立的、以主体自身为认识对象的认识方法或修

---

① （宋）朱熹撰，朱杰人、严佐之、刘永翔主编：《朱子全书》（第十四册），上海、合肥：上海古籍出版社、安徽教育出版社，2002年，第425页。
② （宋）朱熹撰，朱杰人、严佐之、刘永翔主编：《朱子全书》（第十四册），上海、合肥：上海古籍出版社、安徽教育出版社，2002年，第426页。
③ （宋）朱熹撰，朱杰人、严佐之、刘永翔主编：《朱子全书》（第十四册），上海、合肥：上海古籍出版社、安徽教育出版社，2002年，第481页。
④ （宋）朱熹撰，朱杰人、严佐之、刘永翔主编：《朱子全书》（第十四册），上海、合肥：上海古籍出版社、安徽教育出版社，2002年，第483页。
⑤ （宋）朱熹：《四书章句集注》，北京：中华书局，2006年，第4页。
⑥ 陈来：《朱子哲学研究》，北京：生活·读书·新知三联书店，2010年，第330—332页。
⑦ （宋）朱熹：《四书章句集注》，北京：中华书局，2006年，第4页。

养方法。"①致知包含着扩充心之所知与扩充至极两个方面。就格物与致知的关系而言,朱子认为格物是致知的工夫,即"所谓致知在格物者,言欲致吾之知,在即物而穷其理也"②。这意味着致知是以格物为工夫,是通过格物来实现的。所以他甚至说"致知、格物,只是一个"③、"致知、格物,只是一事"④。可以说朱子是将致知视为格物的结果或效验,即"于这物上穷得一分理,即我之知亦知得一分;于理上穷二分,则我之知亦知得二分;于物之理穷得愈多,则我之知愈广"⑤。这样看来,致知就不能单独作为工夫去讨论,而是必须以格物为前提,关联着格物才能有工夫论的意义。仅就格物与致知两者而言,内涵基本相同。因此,曾亦以"工夫—效验"这一概念来界定格物、致知的关系⑥,较为可取。当然,格物、致知也有所区别,即言说角度不同,朱子指出:"格物,以理言之;致知,以心言之。"⑦

基于朱子对格物致知的以上理解,那么他强调致知方能诚意,实际上就是格物方能诚意;格物显得更为重要。然而朱子何以如此重视格物呢?这是由他将格物视为其他条目的逻辑前提决定的,即"格物为先"的内涵。朱子的这一理解,与《大学》所内含的八条目关系有关。《大学》指出:

> 古之欲明明德于天下者,先治其国;欲治其国者,先齐其家;欲齐其家者,先修其身;欲修其身者,先正其心;欲正其心者,先诚其意;欲诚其意者,先致其知;致知在格物。物格而后知至,知至而后意诚,意诚而后心正,心正而后身修,身修而后家齐,家齐而后国治,国治而后天下平。

---

① 陈来:《朱子哲学研究》,北京:生活·读书·新知三联书店,2010年,第334页。
② (宋)朱熹:《四书章句集注》,北京:中华书局,2006年,第7页。
③ (宋)朱熹撰,朱杰人、严佐之、刘永翔主编:《朱子全书》(第14册),上海、合肥:上海古籍出版社、安徽教育出版社,2002年,第471页。
④ (宋)朱熹撰,朱杰人、严佐之、刘永翔主编:《朱子全书》(第14册),上海、合肥:上海古籍出版社、安徽教育出版社,2002年,第473页。
⑤ (宋)朱熹撰,朱杰人、严佐之、刘永翔主编:《朱子全书》(第14册),上海、合肥:上海古籍出版社、安徽教育出版社,2002年,第607页。
⑥ 曾亦认为八条目之间的关系可以用"工夫—效验"来概括。就对格物、致知的解释而言,无疑是可取的,但用在其他条目之间,则恐有不妥。参见曾亦:《〈大学〉中的"功夫—效验"问题与朱子的工夫论学说》,《湖南大学学报》(社会科学版),2012年11月第6期,第31—37页。
⑦ (宋)朱熹撰,朱杰人、严佐之、刘永翔主编:《朱子全书》(第14册),上海、合肥:上海古籍出版社、安徽教育出版社,2002年,第473页。

陈来认为由"欲……先……"、"……而后……"可以得知，八条目最终当以格物为前提；处于中间的条目，当以前一条目为前提，又是后一条目的基础[1]。仅就《大学》本身而言，陈氏的说法只能是一种可能的解释，因为《大学》并未对"先"、"后"的含义加以说明。但朱子在论及八条目关系时，的确是持这一观念的，他说：

> 然天下之本在国，故欲平天下者，必先有以治其国。国之本在家，故欲治国者，必先有以齐其家。家之本在身，故欲齐家者，必先有以修其身。至于身之主则心也，一有不得其本然之正，则身无所主，虽欲勉强以修之，亦不可得而修矣，故欲修身者，必先有以正其心。而心之所发则意也，一有私欲杂乎其中，而为善去恶或有未实，则心为所累，虽欲勉强以正之，亦不可得而正矣，故欲正心者，必先有以诚其意。若夫知则心之神明，妙众理而宰万物者也，人莫不有，而或不能使其表里洞然无所不尽，则隐微之间，真妄错杂，虽欲勉强以诚之，亦不可得而诚矣，故欲诚意者，必先有以致其知。[2]

首先，就修身、齐家、治国与平天下四者而言，朱子是从本末的角度加以阐发的。认为天下之本在国，国之本在家，家之本在身，所以必须以修身为本，即修身是齐家、治国、平天下的前提。这与《大学》"一是皆以修身为本"是一致的。其次，在修身与正心之间，正心又是修身的前提。因为心是身之主宰，只有心正才能合理主宰身之行为。最后，就正心、诚意、致知与格物四者而言，又当以格物为前提。心之所发为意，但其所发极有可能为私欲所蔽，使其好善恶恶不合于理、未一于善，所以必须以诚意为前提。然而欲其好善恶恶均一于善、合于理，则必须知道何谓善恶，因此又必须以致知为前提。虽然朱子认为人心莫不有其妙众理而宰万物之知，但其知毕竟为"气禀所拘，人欲所蔽"[3]，未能尽显其全部内容，因而必须经由格物以充扩其知识，即以格物为前提。经过如上的推理，明确了朱子"格物为先"的观念。

---

[1] 陈来：《有无之境——王阳明哲学的精神》，北京：北京大学出版社，2007年，第142页。
[2] （宋）朱熹撰，朱杰人、严佐之、刘永翔主编：《朱子全书》（第3册），上海、合肥：上海古籍出版社、安徽教育出版社，2002年，第511—512页。
[3] （宋）朱熹：《四书章句集注》，北京：中华书局，2006年，第3页。

以上对朱子"格物为先"观念的分析,涉及"格物为先"之必要性的说明。朱子认为人心所具有的妙众理而宰万物的知,由于会受到气禀的拘限以及私欲的遮蔽,故而不能处于灵明的状态而主宰其心;所以必须通过格物致知的工夫,从而使得心处于灵明之境中。然而这一论述中存在一个需要说明的问题,即何以必须通过格物致知的方式去恢复其心之知,而不是直接从克服气禀的拘限、去除私欲的遮蔽入手做工夫。如阳明同样认为本心之良知会受到气禀之拘、私欲之蔽,但阳明却以致良知为工夫,直接由良知呈现以克服气禀的拘限、去除私欲的遮蔽。较为合理的解释就是,朱子对于心的理解与阳明有别。这应当是朱子坚持"格物为先"的真正原因所在。

朱子对于心的理解极为复杂,至少有心之本体、心之体用、本心以及心为气之灵等众多说法。就心与性、理的关系而言,有两大命题,即"心之体是性"及"心具众理"。"心之体是性"实际上说的是心有体用。朱子认为心之体是性,心之用是情;性情是体用的关系,而心则是因为其统摄性情,而有心之体与心之用之说。因此,不能说心即性。此外,陈来还从心有知觉以及心有善恶等方面区分心与性,认为"如果说心是一个系统,那么性或理只是这一系统的一个方面、一种属性或本质,而不是整个系统本身"[1]。正是因为心有善恶,而性、理是纯善的,所以不能说心即性。"心具众理"是朱子经常提及的命题。朱子在阐释明德时,认为是"人之所得乎天,而虚灵不昧,以具众理而应万事者也"[2]。这是从心的角度论述明德,是心具理的基本表述。心具众理的关键问题是,心是本具众理还是境界地具众理。牟宗三依据其对朱子理气二分的判准,认为心属于气,心具众理是通过格物致知工夫,认知地具众理;其完善境界才是心完全合于理,即心具众理[3]。陈来反对牟宗三关于心属气的判定,认为"心具众理是指理先天地内在人心"[4]。这似乎是心本具众理。但这一说法有其难以解释的问题,即如果心本具众理,那么为何心又会有善恶呢?当然,这或许可以认为是心受"气禀所据,物欲所蔽"。但这只能解释心之

---

[1] 陈来:《朱子哲学研究》,北京:生活·读书·新知三联书店,2010年,第259页。
[2] (宋)朱熹:《四书章句集注》,北京:中华书局,2006年,第3页。
[3] 牟宗三关于朱子的研究,主要见于《心体与性体·上》的《综论部》以及《心体与性体·下》之中。参见牟宗三:《心体与性体》上、下,上海:上海古籍出版社,2007年。
[4] 陈来:《朱子哲学研究》,北京:生活·读书·新知三联书店,2010年,第261页。

所发有善恶，而不能说心有善恶。阳明亦认为人可能受"气禀所据，物欲所蔽"，但阳明只是认为在心之发为意上有善恶，而不认可心上亦有善恶。当然，前文在论述致知时，认为知是人心本具的。但是，人心本具之知是有限的，其有限的原因就在于心在朱子哲学中属于气这一范畴。再结合朱子以理无动静、无计度，知觉、计度者只能是气的论述，不难看出，朱子所说的心，还是在气的层面言说的。总之，心不是性、理。

既然心不是性、理，心本身有善恶，则其发而为意也不能必然地为善，所以首先需要解决的问题就是如何使心纯一于善。这就是朱子提出的格物致知原因所在。朱子认为万物各有其理，人心之灵莫不有知，所以通过格物就可以在心上获得关于某物之理的知识。通过不断格物，积累日久，一旦豁然贯通，则心之知就会获得全体之明。这样万物之理就内化为人之知。当人之知达至其极之后，心就是具众理而一于善的。当心有所发而为意时，心之知能够检查意是否一于善。之所以朱子在阐述诚意、正心时，极为强调格物致知，认为格物是其他条目的前提。就在于若未格物，则所存之心不一定是一于善的心，而所诚之意也未必即是一于善的意。基于以上的分析，可谓揭示了朱子何以主张"格物为先"的真实原因。但朱子对八条目关系的讨论，并非仅止于此。

二、"各有工夫"：八条目各自作为工夫之一

诚然，就八条目关系而言，朱子强调以格物为前提。但并非意味着可以以格物代替其他条目，而是认为八条目各有其工夫。朱子明确指出：

> 物既格，知既至，到这里方可着手下工夫。不是物格、知至了，下面许多一齐扫了。若如此，却不消说下面许多，看下面许多，节节有工夫。①

《大学》中大抵虚字多。如所谓"欲"、"先"、"而后"，皆虚字；"明明德、新民、止于至善"，"致知、格物、诚意、正心、修身、齐家、治国、平天下"，是实字。今当就其紧要实处着工夫。如何致知、格物以至

---

① （宋）朱熹撰，朱杰人、严佐之、刘永翔主编：《朱子全书》（第 14 册），上海、合肥：上海古籍出版社、安徽教育出版社，2002 年，第 515 页。

于治国、平天下，皆有节目，须要一一穷究着实，方是。①

格物致知对于心之知其善恶、一于理否固然最为重要，但也不能以格物致知代替其他条目。这是因为心虽然由格物、致知而具众理，但心毕竟属于气，不能必然地合于理，一为私欲所蔽，即有可能不合于理，所以须要"常存此心以敬直之"，即正心；心发而为意，亦有可能受私欲的引导，从而趋向于恶，所以须要诚意，以使得意常一于善。所以必须强调诚意、正心均有其工夫论的意义。同样，由身、家、国以至于天下，虽然是本末的关系，但只能说明要以修身为本、为前提，不能说修身即可取代其他工夫。此外，不能说必须先做了格物致知的工夫，方去做诚意、正心、修身、齐家、治国与平天下的工夫。这一点，朱子有明确的意识，他说：

> 《大学》自致知以至平天下，许多事虽是节次如此，须要一齐理会。不是说物格以后方去致知，意诚以后方去正心。若如此说，则是当意未诚，心未正时有家也不去齐，如何得！②

因此，八条目虽以格物为前提，但又必须步步落实、节节做工夫。既然需要节节做工夫，那么朱子就必须就《大学》的"先"、"后"问题作出解释，即相邻两条目之间的关系作出讨论，这也是朱子论八条目关系的内容之一。

朱子论格物、致知之间关系，前文已经作出讨论，不再赘述。先看致知与诚意的关系如何。所谓诚意，朱子的解释是"诚，实也。意者，心之所发也。实其心之所发，欲其一于善而无自欺也。"③许家星对朱子的诚意说有较为详细而允当的论述④。概括而言，诚意包含毋自欺、自谦及慎独三个方面，毋自欺与自谦是诚意的实际要求与下工夫处，慎独则是对意诚

---

① （宋）朱熹撰，朱杰人、严佐之、刘永翔主编：《朱子全书》（第 14 册），上海、合肥：上海古籍出版社、安徽教育出版社，2002 年，第 493 页。
② （宋）朱熹撰，朱杰人、严佐之、刘永翔主编：《朱子全书》（第 14 册），上海、合肥：上海古籍出版社、安徽教育出版社，2002 年，第 495 页。
③ （宋）朱熹：《四书章句集注》，北京：中华书局，2006 年，第 4 页。
④ 许家星：《"更是〈大学〉次序，诚意最要"——论朱子〈大学章句〉"诚意"章的诠释意义》，《南昌大学学报》（人文社会科学版），2011 年 1 月第 1 期，第 18-25 页；《论朱子的"诚意"之学——以"诚意"章诠释修改为中心》，载陈来主编：《哲学与时代——朱子学国际学术研讨会会议论文集》，上海：华东师范大学出版社，2012 年，第 57-80 页。

与否的检验。诚意的本质是指"一于善而毋自欺"。意作为心之所发，欲其一于善，则必须在其发动之初，由心知作出判断，使其合于善。那么首先要确定何谓善，这就涉及诚意与致知的关系。如前所论，致知即扩充主体（心）之知以至其极，知也就是知何者为善、何者为恶的知。所以致知与诚意的关系就是，致知为诚意提供了何谓善恶之知，解决了"一于善而毋自欺"中何谓善的问题。正是在这一意义上，朱子认为："须是致知。能致其知，知之既至，方可以诚得意"[①]，"但知未至时，虽欲诚意，其道无由"[②]。

正心，按照一般的理解，即使心不偏倚而归于正，如阳明所谓"正其不正以归于正"。朱子同样持这一看法。《大学》在阐述何以修身在正其心时，指出"身有所忿懥，则不得其正；有所恐惧，则不得其正；有所好乐，则不得其正；有所忧患，则不得其正"。朱子依据伊川的说法，认为其中"身"字当作"心"字。继而指出："盖是四者，皆心之用，而人所不能无者。然一有之而不能察，则欲动情胜，而其用之所行，或不能不失其正。"[③]由此可知，朱子并不否定忿懥、恐惧、好乐、忧患四者，认为它们是心之所发而为用者；然而在心之发而为此四者时，极有可能因为心不存而未能审察之，使四者不得其正。因此，所谓心不正，实际上是指心之发用有所偏离。故而需要在发用之初加以审察纠正，使其归于正，这就是正心。然而朱子认为心之本体无有不正，并且认为心是微有迹而难于捉摸的，故而正心很难有真正的工夫论之意义。是以，朱子特别提出了存心这一概念来作为正心的实际工夫。朱子在注解《大学》"心不在焉，视而不见，听而不闻，食而不知其味"时，指出："心有不存，则无以检其身，是以君子必察乎此而敬以直之，然后此心常存而身无不修矣。"[④]在此，朱子已经明确以存心取代正心，以"敬以直之"作为工夫。所谓存心，指的是事物来感时，心当有所感应，从而当忿懥则忿懥、当恐惧则恐惧、当好乐则好乐、当忧患则忧患；然而事物一过，即不可使忿懥、恐惧、好乐、

[①] （宋）朱熹撰，朱杰人、严佐之、刘永翔主编：《朱子全书》（第 14 册），上海、合肥：上海古籍出版社、安徽教育出版社，2002 年，第 531 页。
[②] （宋）朱熹撰，朱杰人、严佐之、刘永翔主编：《朱子全书》（第 14 册），上海、合肥：上海古籍出版社、安徽教育出版社，2002 年，第 485 页。
[③] （宋）朱熹：《四书章句集注》，北京：中华书局，2006 年，第 8 页。
[④] （宋）朱熹：《四书章句集注》，北京：中华书局，2006 年，第 8 页。

忧患等存留于心中，从而影响其随感随应，即：

> 人心本是湛然虚明，事物之来，随感而应，自然见得高下轻重。事过便当依前恁地虚，方得。若事未来，先有一个忿懥、恐惧、好乐、忧患之心在这里，及忿懥、好乐、恐惧、忧患之事到来，又以这心相与滚合，便失其正。事了，又只苦留在这里，如何得正？①

存心也就是随时保持此心不为任何他物所占据，只是一如其湛然虚明，其工夫就是"敬以直之"。诚意与正心的关系较为复杂，因为意是心之所发，从未发与已发的次序上讲，应当是先正心才能诚意。这也与朱子对心的理解相符。他认为心难以捉摸，不可以在一心之外去寻求另一个心，即心只是一个心；所以朱子的正心实质上是存心，是以诚敬存其致知之知以为一心之主；这就决定了在诚意之前必须要有正心的工夫。因为若心本身并非心正之心，其发为意则不必然合于理。但是朱子限于《大学》本身所设定的逻辑，认为应当是意诚而后心正。即由于心是微有迹、难以捉摸的，故而只能在其所发之意上着手下工夫，所以朱子主张诚意先于正心，正心以诚意为前提。此外，由于朱子认为心正并不意味着其所发一定正，所以诚意亦是必要的工夫。这样看来，朱子对诚意与正心之关系的理解是，诚意与正心互为前提。这明显与《大学》所设定的"先"、"后"逻辑有冲突，造成这一冲突的根本原因就是朱子以气论心的观念。

就正心与修身的关系而言，较易理解。心是身之主，故而必须以存心保证心之正，方能使身接物时得其正。但心正不能必然地保证行为得当，所以在身体力行时，仍须注意行为不得偏离理。具体而言，就是不得因亲爱、贱恶等个人的私情、主观因素影响人的行为处事。至于修身以下，如前所论，朱子以本末的关系来论述，强调为政者应当以"絜矩之道"作为为政的基本原则。而对于齐家、治国、平天下之间的关系，朱子几乎未予讨论。需要说明的是，就八条目关系而言，不能以"工夫—效验"的模式来界定，因为朱子实际上认为除格物致知外，八条目各有工夫的，后一条目虽以前一条目为基础，但仍有其工夫，不能说是前一条目的效验。同样，就格物与物格而言，又是在讨论工夫与境界的问题，即格物必须达至

---

① （宋）朱熹撰，朱杰人、严佐之、刘永翔主编：《朱子全书》（第 14 册），上海、合肥：上海古籍出版社、安徽教育出版社，2002 年，第 538 页。

物格方可。其他条目如致知与知至均是如此，因而亦不可以"工夫—效验"来论定。

三、"敬贯始终"：八条目各自作为工夫之一，始终以敬为前提

如前所论，八条目当以格物为前提。然而在《语类》中，却存在另一说法，即似乎敬才是最根本的。格物就是穷究事物之理以求达至其极，这是朱子在《大学章句》中对格物的最为明晰的界定，然而有时朱子又认为："《大学》须自格物入，格物从敬入最好。只敬，便是格物，敬是个莹彻底物事。"①当然，引文中说"只敬，便是格物"并不是要以敬消解格物，更准确的理解应当是格物要以敬为前提，即所谓"入手处"。不仅在论述格物时是如此，在论及作为八条目"善恶关"的诚意时亦是如此，即"诚意以敬为先"②。甚至朱子明确指出："'敬'字是彻头彻尾工夫，格物、致知至治国、平天下，皆不外此"③、"敬者，彻上彻下工夫"④。那么，这是否意味着敬才是最根本的呢？

首先，须对朱子之敬作必要的分梳。朱子指出："敬，莫把做一件事看，只是收拾自家精神，专一在此。"⑤敬指的就是使心专一。对于如何敬，即敬的工夫，朱子指出：

> 程子于此，尝以主一无适言之矣，尝以整齐严肃言之矣。至其门人谢氏之说，则又有所谓常惺惺法者焉。尹氏之说，则又有所谓其心收敛不容一物者焉。观是数说，足以见其用力之方矣。⑥

这里的程子指伊川，朱子极为推崇伊川论敬，认为"程先生所以有功于后

---

① （宋）朱熹撰，朱杰人、严佐之、刘永翔主编：《朱子全书》（第 14 册），上海、合肥：上海古籍出版社、安徽教育出版社，2002 年，第 443 页。
② （宋）朱熹撰，朱杰人、严佐之、刘永翔主编：《朱子全书》（第 14 册），上海、合肥：上海古籍出版社、安徽教育出版社，2002 年，第 490 页。
③ （宋）朱熹撰，朱杰人、严佐之、刘永翔主编：《朱子全书》（第 6 册），上海、合肥：上海古籍出版社、安徽教育出版社，2002 年，第 570 页。
④ （宋）朱熹撰，朱杰人、严佐之、刘永翔主编：《朱子全书》（第 14 册），上海、合肥：上海古籍出版社、安徽教育出版社，2002 年，第 612 页。
⑤ （宋）朱熹撰，朱杰人、严佐之、刘永翔主编：《朱子全书》（第 14 册），上海、合肥：上海古籍出版社、安徽教育出版社，2002 年，第 378 页。
⑥ （宋）朱熹撰，朱杰人、严佐之、刘永翔主编：《朱子全书》（第 6 册），上海、合肥：上海古籍出版社、安徽教育出版社，2002 年，第 506 页。

学者，最是'敬'之一字有力"①。因此，可以说伊川的敬论就代表了朱子的意见。结合朱子与伊川的说法，"主一无适"应当是指使心集中于一，不为他物所干涉；从而使心常处于清明的状态，以至于心始终处于虚灵不昧的本然状态。牟宗三对朱子论敬有允当的论述，他说："敬，外在地说，即是斋庄之仪容，内在地通于心说，即是心气之贞定。心气自身亦可如此，亦可不如此，故必须先从外部斋庄整肃以收敛凝聚之，使之常如此，此即所谓敬的工夫，亦即涵养也。"②心之自身贞定就是心之专一。牟宗三认为敬的工夫就是涵养的工夫，这是秉持朱子关于工夫论的"涵养须用敬，进学则致知"而来。此外，朱子在参究中和问题时，提出的"未发时涵养，已发时察识"，亦是其工夫论的重要内容。而他关于工夫论的两种提法结合起来，就是"未发时用敬涵养，已发时致知"。这样看来，朱子关于八条目之关系，究竟以格物为前提还是以敬为前提就能得到合理的解释。八条目作为工夫，显然是属于已发时的工夫；而敬是未发时的工夫，这说明格物和敬是分属不同层次的工夫。以敬为前提是就整个工夫论而言的，而以格物为前提则是限于已发时的工夫而言。已发与未发相对，因此，以格物为前提是在以敬为前提下来讨论的。简言之，以格物为前提是就属于已发时的八条目自身来说的；而以敬为前提则是就包括未发、已发的全部工夫论来说的。正是因为敬是就全部工夫论来说的，所以朱子特别强调格物当以敬为入手处，诚意亦是以敬为前提，乃至于八条目均须"以敬贯彻始终"。

然而上述分析中存在一个问题。既然朱子如此重视敬，何以在《大学章句》中，尤其是其《格物致知补传》中并未提及。这一问题在朱子时即有人提出，即"'格物'章补文处不入敬意，何也？"③关此，朱子的解释是"敬已就小学处做了。此处只据本章直说，不必杂在这里；压重了，不净洁"④。但这一解释存在极大问题。首先，朱子区分小学与大学是在教

---

① （宋）朱熹撰，朱杰人、严佐之、刘永翔主编：《朱子全书》（第 14 册），上海、合肥：上海古籍出版社、安徽教育出版社，2002 年，第 371 页。
② 牟宗三：《心体与性体》下，上海：上海古籍出版社，2007 年，第 147 页。
③ （宋）朱熹撰，朱杰人、严佐之、刘永翔主编：《朱子全书》（第 14 册），上海、合肥：上海古籍出版社、安徽教育出版社，2002 年，第 514 页。
④ （宋）朱熹撰，朱杰人、严佐之、刘永翔主编：《朱子全书》（第 14 册），上海、合肥：上海古籍出版社、安徽教育出版社，2002 年，第 514 页。

学内容与方法的层面展开的,即"人生八岁,则自王公以下,至于庶人之子弟,皆入小学,而教之以洒扫、应对、进退之节,礼乐、射御、书数之文;及其十有五年,则自天子之元子、众子,以至公、卿、大夫、元士之适子,与凡民之后秀,皆入大学,而教之以穷理、正心、修己、之人之道"①。但敬却属于工夫论的层面,层次有别。再者,朱子说敬是贯彻于八条目之始终者,何以又认为是在十五岁之前的小学时已经完成了呢?这样看来,朱子对于敬的理解或者对于敬与八条目关系的理解,的确存在问题。此外,上文在论述何谓正心时,提到以敬存心,这就意味着在八条目内也存在以敬为工夫,那么就会重现以敬为前提和以格物为前提的矛盾。这些都是朱子在诠释《大学》时,未能妥善处理的问题。

陈来将朱子学定位为宋明理学中的理性主义者②,的确有一定的道理。就朱子的《大学》诠释而言,对概念的辨析以及对概念间关系的辨析,均远胜于阳明。尤其在对八条目关系的阐发中,力求以《大学》中"先"、"后"为准绳去解释,提出以格物为先和八条目各有工夫去诠释,这足以彰显朱子的理性主义特质。非如阳明全然不顾《大学》的"先"、"后"之论,而只注重自己所体证的"致良知"为中心去诠释《大学》。当然,朱子对八条目关系的论定也的确有一些问题,如上文所分析的。这些存在的问题或许与朱子的实在论的思维方式有关,或者的确是其义理系统无法解决的矛盾。但不可否认,朱子的《大学》诠释具有范例的意义,连阳明都必须以对朱子《大学》诠释加以批判以建构其义理。

---

① (宋)朱熹:《四书章句集注》,北京:中华书局,2006年,第1页。
② 陈来的说法在其《朱子哲学研究》及《有无之境——王阳明哲学的精神》两书中均有表述,所谓理性主主要是针对他称之为具有存在主义的阳明学而言。见陈来:《朱子哲学研究》,北京:生活·读书·新知三联书店,2010年;陈来:《有无之境——王阳明哲学的精神》,北京:北京大学出版社,2007年。

后　记

本书是以我博士期间的研究为基础修改而成的，经过一年多的反复修正，终于要"完结"了。在定稿的那一刹那，我思绪万千、感慨万分，故将彼时所思略陈于此，以为后记。

自 2004 年跨进湘潭大学三道拱门起，我浸润于哲学已达十余年了。在这十几年的摸爬滚打之中，我体会了哲学的魅力，更体会到了生活、生命的意义。在十几年的探寻之中，我遇到了很多人，正是由于他们的出现和存在，正是在与他们的互动之中，才有了我十几年的爱智之路。因此，在即将"完结"这十几年的生命历程之际，我最想向我生命中的"他者"表达最深的谢意。

首先，让我最为感慨的是天地造化之妙。我生于农村，自小即在唯有读书才能"走出去"的环境中成长。面对崇山峻岭，我们在游玩于其间的同时，又无不想着"走出去"看看山外的风景。不过，由于母亲早逝，加之天灾人祸，那时已经全然不敢作"走出去"之想。然而天地造化之妙恰在于此，未曾想到一个农村的野孩子，竟然将一辈子醉心于精研"天地造化"之学。每每思及此，我都会想到夫子所说的"天何言哉"，这大概就是所谓"命矣乎"吧！

其次，我必须向圣哲、先贤谨表敬意、谢意。在当今这样科技当令、物质文化横行的时代，提倡向圣哲、先贤致敬无疑会被视为"怪物"。不过，我之所以在此提别提出感谢，归因于中国哲学给予我的生命的启示。"人能宏道"，中国哲学都是由一代代的圣贤、先哲开创、体会出来的，都是他们用生命来传播生命的真理。如果没有圣贤、先哲的体证，我们或许仍然生活于"万古长夜"之中。在读到牟宗三先生的《生命的学问》一书时，我才真正感受到生命的力量与强度，才真正理解了"天不生仲尼，万古如长夜"。也正是这样的机缘，我才有了"路标"，有了"托生之所"。因此我必须向圣贤、先哲致以最高的敬意、谢意！

再次，我必须向给予我帮助的老师道声谢谢！濂溪说"教可以使天下善"，足见师道之珍贵。非常感谢丁四新师！若非丁师的不弃，我现在一定还在为生计忙碌，哪有可能在珞珈山求学、闻道呢！当然，丁师不仅接纳我，而且还在学业上给予我极大的帮助。每当我读书略有所得以成文时，丁师都会以最严格的标准为我反复订正。丁师的订正极为细微，小到标点、用字错误也不放过。正是在丁师这种严格要求之下，我才慢慢体会到"学术"二字的重量，学会如何从事学术研究。言及丁师在学业上的帮助，不得不提我的学位论文。在博士学习初期，我本来准备研究港台新儒家。丁师明知不可，却未直接否定，而是要我多看书、多思考，等之后有确定想法再作决定。正是在丁师不倦的教诲之下，我才最终选定了后来的题目。并且在写作过程中，丁师还为我找来相关资料，使得研究更为牢靠。而在初稿写成之后，由于过于粗糙，丁师花费大量精力为我订正，逐一指出论文存在的问题。可以想见，仅就博论而言，丁师定是花费了极多时间和精力的。可以说，博士论文若无丁师的指导、订正，不知还得等上多少岁月。此外，在生活上丁师也给予我极大帮助，在我生活遭遇困境时，他总会解囊相助。总之，无论是学习还是生活，我从丁师这都受教、受益良多。

当然，我还要感谢李耀南师。无论是为学还是为人，我从李师处获益都实在太多。犹记得踏进华中科技大学之时，李师即找我谈话，直言我为学上的弊病，并为我开出"良药"；李师在学问上近乎苛求，每每在我自认略有所得之时，他都会循循善诱，带我进入更加深刻和宽广的学问天地，每每让我欲罢不能；我始终保留着李师为我修改的硕士论文，它是指引我从事学问的"路标"。不仅如此，李师在为人上让我获益更多。记得每次吃饭，李师和师母管老师都会特意为我加几个菜，他们总说"你要吃好点，身子骨有点差，会有碍做学问的"；在考博之时，得知家父身体抱恙导致我经济紧张，李师即自掏腰包支助我赴京考试；在我暂时无法继续深造之时，李师以长达数百字的手机短信勉励我……对于李师的恩情，我想我是很难回报的，但或许正如他所教导的"好好做学问就是对我最好的回报"吧。

在珞珈山求学、闻道的四年半里，得益于珞珈学人之处极多。其中，中国哲学专业的郭齐勇老师、李维武老师、田文军老师、胡治洪老师、吴根友老师、欧阳祯人老师、文碧方老师、秦平老师以及刘乐恒老师，他们的教益和道德文章，让我终生难忘。而领我入门的王立新老师、邓辉老师，我也必须向他们致以谢意。另外，我还要特别感谢答辩主席高华平教授。

此外，我必须向我的家人深表谢意。非常感谢父亲，要不是父亲的理解与支持，我肯定没有机会一直读书。感谢哥哥一家，要不是哥哥早年的谦让，我或许亦是众多"打工者"的一员；感谢嫂子为我们家庭的付出，特别是她为我们家增添了两个可爱的"小公主"。我要特别感谢妻子，在我一无所有时，她仍然相伴左右。正是她的支持和付出，我才可以全心投入爱智之中。

我要感谢一路陪伴我的学友、道友。非常感谢廖晓炜师兄，感谢他在百忙之中为我解惑，为我修改论文。感谢刘登鼎、陆畅、吕志鹏、黄晶诸位同学，是他们的勉励与相伴，使得我在求道之路上不再寂寞。感谢邹啸宇、陈中、李攀、薛子燕、胡栋材、黄燕强等同学，感谢他们陪伴我度过美好的四年半的珞珈生活。

最后，我要感谢贵州师范大学历史与政治学院的同仁。感谢原院长唐昆雄教授的知遇之恩；感谢学院领导杨芳老师、阳黔花老师、陈华森老师、蒲文彬老师给予我思考的自由，以及为我们这些"青椒"们创造的学术平台和学术氛围。感谢科学出版社的范鹏伟编辑，正是他的高效工作，才使得拙作能够面世。

无疑，本书是我十几年爱智生涯的"完结"，但它同样意味着我必须"重生"，必须走上新的征程。未来我一无所知，但我必然会从"完结"了的生命中获得教益，从而使她生根发芽，敦促我不断求索、继续前行，只为最终寻得那"至善之所在"的"托身之所"。

陈群记于贵州师范大学凤翔山下

丁酉年（2017）二月